Leere Seelen

Was treibt sie in den Amok?

Zu den Steiner-Zitatangaben in den FLENSBURGER HEFTEN: Die GA-Nummern beziehen sich auf die
jeweilige Bibliographie-Nummer der Rudolf Steiner Gesamtausgabe im Rudolf Steiner Verlag, Dor-
nach/Schweiz. Danach sind in der Regel das Erscheinungsjahr der benutzten Ausgabe, das Vor-
tragsdatum bzw. Kapitel und die Seitenzahl angegeben, von der Autor-, Titel- und Ortsnennung
wird abgesehen. Nach Bibliographie-Nummern geordnet ist die Rudolf Steiner Gesamtausgabe im
Katalog des Rudolf Steiner Verlags aufgeführt. Der Katalog ist durch den Buchhandel erhältlich.

Aus dem Inhalt

Interview mit Prof. Dr. Dr. Manfred Spitzer, *Lehrstuhl für Psychiatrie der
Universität Ulm, Leiter der Psychiatrischen Universitätsklinik in Ulm*
von Wolfgang Weirauch
Der Psychiater und Gehirnforscher Prof. Dr. Dr. Manfred Spitzer beschäftigt sich mit
den Auswirkungen des Fernseh- und PC-Konsums auf den gesamten Menschen. Es
ist mittlerweile wissenschaftlich eindeutig nachweisbar, daß Gewaltfilme und entsprechende Computerspiele Körper, Seele und Geist des Menschen negativ beeinflussen.
Spitzer macht hierauf öffentlich aufmerksam und mahnt eine dringend notwendige
Änderung unseres Medienverhaltens an.

Interview mit Gisela Mayer, *Dozentin und Lehrerin für Ethik*
von Matthias Klaußner
Als Leidtragende spricht Gisela Mayer über den Amoklauf von Winnenden, denn
ihre Tochter ist eines der 15 Opfer des jugendlichen Täters. Sie erzählt in diesem
Interview über ihre Empfindungen und darüber, was sich in ihrer Familie seit dieser
Tat geändert hat. Als Sprecherin des „Aktionsbündnis Amoklauf Winnenden" sucht sie
nach den Ursachen für diese Tat und findet sie in der zunehmenden sozialen Kälte
der Menschen untereinander.

Artikel von Renate Hölzer-Hasselberg, *Psychotherapeutin*
Zu den möglichen Hintergründen eines Amoklaufes äußert sich Renate Hölzer-
Hasselberg in ihrem Artikel. Für sie sind die katastrophalen Lebensbedingungen
eines immer größer werdenden Teiles der Gesellschaft sowie die soziale Kälte die
Hauptauslöser für Taten dieser Art. Die rein materialistisch geprägte Erziehung der
Kinder unter Negierung geistiger Tatsachen empfinden dabei viele Kinder als die
erste und grundlegende Kränkung ihres Selbst.

Interview mit Uwe Buermann, *Dozent an den Lehrerseminaren in
Hamburg, Kassel und Kiel, Autor*
von Wolfgang Weirauch
„In blinder Wut angreifen und töten" lautet nach Uwe Buermann die Übersetzung des
malaiischen Wortes Amok. In seinem Interview vergleicht er diesen Seelenzustand mit
dem der altnordischen Berserker oder dem der modernen School-Shooter, welche
vorwiegend Schulen als Ausgangspunkt für ihren Amok-lauf wählen. Vielfach ist die
Ichpräsenz der ausführenden Person beeinträchtigt. Buermann spricht im weiteren
über mögliche Ursachen hierfür.

Liebe Leserinnen und Leser!

Wenn ein junger Mensch über Monate eiskalt plant, sich selbst umzubringen, aber noch möglichst viele andere Menschen in den Tod mitzunehmen, also zum Amokläufer wird bzw. einen sogenannten erweiterten Suizid begeht, vielleicht noch eine virtuelle Unsterblichkeit erreichen möchte, so ist damit die Kulmination der Zerstörung menschlichen Lebens erreicht – des eigenen Lebens wie des Lebens aller Betroffenen und ihrer Angehörigen. Wie weit ist unsere Zivilisation gekommen, daß so etwas überhaupt möglich ist? Wie leer muß die Seele eines Menschen sein, daß er zu solchen Taten fähig ist?

Menschen werden in dieses Leben geboren und müssen sich hier auf der Erde zurechtfinden. Oft sind die Umstände grauenhaft, andererseits ist diese Welt aber schön, bunt, interessant, lebenspulsierend – in der Natur wie auch durch das, was die soziale Gemeinschaft gestaltet. Aber das muß ein junger Mensch erst einmal mit Interesse entdecken, er muß sich bewähren, er sollte seine mitgebrachten Ideale verwirklichen können.

Durch die immer stärkere Bildschirmpräsenz, oft schon von Geburt an, verändert sich der Blick des Menschen grundlegend: Statt in die reale Welt zu schauen, schaut er immer mehr in die virtuelle Welt. Und das hat Folgen: für die Bildung, die Gesundheit, die Interessen und das Engagement auf unserer gefährdeten Erde und in der menschlichen Gemeinschaft.

Dieses Buch berichtet über die Wirkung der Medien auf den Menschen, über die Auswirkungen von Gewaltspielen auf die Seele, über die eigene Betroffenheit und Sucht durch Computerspiele, über Gewalt unter Jugendlichen, die zunehmende Erlebnisarmut der Menschen und wie man ihr begegnen kann sowie über die lebenszerstörenden Folgen eines Amoklaufs für die Betroffenen.

Wir alle haben es in der Hand, diese Welt zu verändern!

Es grüßt Sie
Ihre
FLENSBURGER HEFTE-Redaktion

Ich kenne mich mit Wahnsinn aus

Interview mit Manfred Spitzer

von Wolfgang Weirauch

Prof. Dr. Dr. Manfred Spitzer: *Jahrgang 1958, studierte Medizin, Psychologie und Philosophie in Freiburg, wo er sich auch zum Psychiater weiterbildete und die Habilitation für das Fach Psychiatrie (1989) erlangte. Er war von 1990 bis 1997 als Oberarzt an der Psychiatrischen Universitätsklinik Heidelberg tätig. Zwei Gastprofessuren an der Harvard-Universität und ein weiterer Forschungsaufenthalt am Institut for Cognitive and Decision Sciences der Universität Oregon prägten seinen Forschungsschwerpunkt im Grenzbereich der kognitiven Neurowissenschaft und Psychiatrie.*

Seit 1997 *hat er den neu eingerichteten Lehrstuhl für Psychiatrie der Universität Ulm inne und leitet die seit 1998 bestehende Psychiatrische Universitätsklinik in Ulm (http://www.uniklinik-ulm.de/struktur/kliniken/ psychiatrie-und-psychotherapie/klinik-fuer-psychiatrie-und-psychothera- pie-iii-ulm.html). Im Jahre 2004 gründete er das Transferzentrum für Neurowissenschaften und Lernen an der Universität Ulm. (http:// www.znl-ulm.de/)*

*   ***Veröffentlichungen:*** *Geist im Netz (1996), Lernen. Gehirnforschung und die Schule des Lebens (2002), Musik im Kopf: Hören, Musizieren, Verstehen und Erleben im neuronalen Netzwerk (2002), Selbstbestimmen. Gehirnforschung und die Frage: Was sollen wir tun? (2003), Vorsicht Bildschirm (2004), Vom Sinn des Lebens (2007), Liebesbriefe und Einkaufszentren (2008), Das Wahre, Schöne, Gute (2009), Aufklärung 2.0 (2010), Medizin für die Bildung. Ein Weg aus der Krise (2010)*

***Videos von Vorträgen von Manfred Spitzer** finden Sie u.a. hier:*
http://video.google.com/videoplay?docid=5026271485979559338#

Eigentlich hat man es ja immer gewußt – aber dezidiert beweisen konnte man es nie: daß Fernsehen, unabhängig vom Inhalt, katastrophale Auswirkungen auf den gesamten Menschen hat, auf seine Intelligenz und Bildung wie auf seine gesamte Gesundheit. Und wenn man seinen gesunden Menschenverstand walten läßt, dann weiß und merkt man selbstverständlich auch, daß Gewaltfilme und Killerspiele Körper, Seele und Geist beeinflussen. Und dies gilt verstärkt für Kinder und Jugendliche. Allein, es fehlten immer die wissenschaftlich eindeutigen Beweise.

Dank der Gehirnforschung liegen diese Ergebnisse nun vor. Dem Psychiater und Gehirnforscher Prof. Dr. Dr. Manfred Spitzer gelingt es seit längerem, speziell die Ergebnisse der Gehirnforschung spannend, verständlich und öffentlichkeitswirksam darzustellen – und zwar so, daß jeder Mensch sofort praktisch handeln und im alltäglichen Leben aus Einsicht Veränderungen einleiten kann.

Und so weist Prof. Dr. Dr. Manfred Spitzer auf der Basis der neuesten Forschungsergebnisse darauf hin, welche Gefahren für den Menschen wirklich von den Bildschirmen ausgehen; vor allem für die Kinder und Jugendlichen. Wenn wir nicht radikal unser Medienverhalten – in Familie, Schule und bei uns selbst – überdenken und verändern, könnte dies den Niedergang großer Teile der Gesellschaft mit sich bringen.

Wolfgang Weirauch: Der Bildschirmkonsum der Menschen, besonders der Jugendlichen, wächst ständig. Wie lange weiß man eigentlich schon um die Gefahren der Bildschirme?

Manfred Spitzer: Um die Gefahren des Fernsehens weiß man schon länger. Bei der Einführung des Fernsehens hatte man gehofft, daß das Fernsehen zu einem Bildungsmedium wird. Es stellte sich dann jedoch bald heraus, daß dies nicht der Fall ist. Ganz im Gegenteil: das Fernsehen tut der Bildung eher Abbruch. Und schon in den 60er Jahren stellte man fest, daß in Filmen vorgeführte Gewalt bei Kindern zu mehr Gewalttaten führt. Man weiß also um diese Gefahren seit mindestens 50 Jahren.

Zum Lernen braucht man alle Sinne

W.W.: Nehmen wir an, ein Kind sieht in den ersten drei Lebensjahren häufig fern. Welche Folgen für das spätere Leben kann die Wissenschaft mittlerweile belegen?

M. Spitzer: Wichtig ist vor allem, daß das Kind in den ersten zwei bis drei Jahren nicht sinnentnehmend vom Bildschirm und aus dem Lautsprecher lernen kann. In den ersten Lebensjahren muß das Kind die einfachsten Grundlagen der Welt lernen, z.b. was Objekte sind, wie diese sich anfühlen, wie diese klingen, was Widerstände sind. Dafür braucht man alle Sinne. Hinzu kommt, daß diese gleichzeitig angesprochen werden müssen, damit die Eindrücke als zusammengehörig erlebt werden. Wenn sich z.b. zwei Kugeln berühren, muß es im Moment der Berührung auch klack machen, und die Erfahrung des kleinen Kindes ist, daß im Moment des Zusammenstoßes eine Berührung stattfindet und ein Geräusch entsteht. Das Kind erschließt sich aus diesem Vorgang ein intuitives Verständnis, aber nur dann, wenn es alles haptisch, akustisch und optisch wahrnimmt, und zwar gleichzeitig. Beim bloßen Betrachten des Bildschirms geht dies nicht, denn hier muß man im Grunde schon vorher kennen, was man sieht. Ohne diese Kenntnis kann man etwas Neues – nur durch den Bildschirm vermittelt – nicht verstehen. Wenn man etwas schon kennt, kann man es auch auf dem Bildschirm verstehen, aber etwas Neues kann man von dort nicht lernen.

Zum wichtigsten, was kleine Kinder schon lernen, gehört die Sprache. Gerade in diesem Bereich gibt es mittlerweile gute Studien, die besagen, daß Sprache im jungen Alter überhaupt nicht vom Bildschirm gelernt werden kann, sondern daß es hierfür die Interaktion mit realen Menschen braucht.

W.W.: Man weiß also heute ganz genau, daß man eine erste Erkenntnis nicht aus dem Bildschirm ziehen kann?

M. Spitzer: Richtig, aufgrund der Erkenntnisse, die wir heute haben, kann man dies definitiv sagen. Das Medium Fernsehen ist, völlig unabhängig vom Programm, zum Lernen bei kleinen Kindern nicht angezeigt. Das hat u.a. die folgende ganz praktische Konsequenz:

Ich wurde hin und wieder schon von Landespolitikern angeschrieben mit der Frage, ob man nicht genauso wie bei den privaten Fernsehanstalten auch bei den öffentlich-rechtlichen Baby-Fernsehen einführen sollte, da man ja in der Lage sei, bessere Inhalte als die privaten zu bringen. Ich habe ihnen geantwortet, daß es gar nicht auf die Inhalte ankommt, sondern daß Fernsehen für kleine Kinder prinzipiell zum Lernen ungeeignet ist. Säuglingsfernsehen sollte es daher nicht geben, schon gar nicht finanziert durch öffentliche Gelder.

Sprache lernt man immer mit einem Weltbezug

W.W.: Zur Gehirnentwicklung in den ersten Jahren des Kindes: Welche Folgen haben die Wahrnehmungen und die daraus resultierenden Impulse für das Gehirn, für die Neuronen und die Synapsen?

M. Spitzer: Bei der Gehirnentwicklung sind mehrere Gesichtspunkte sehr wichtig. Wenn man so will, ist das Gehirn zunächst eine Art Schwamm, der sich vollsaugen will; allerdings nicht mit Wasser, sondern mit Erkenntnissen. Und wenn nichts zum Saugen vorhanden

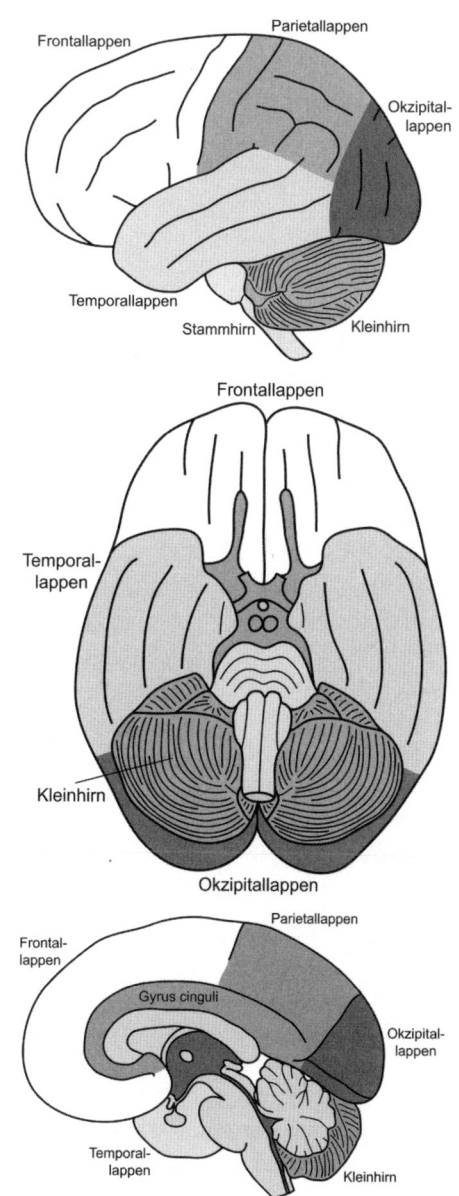

NEUROtiker
Grobe Unterteilung des menschlichen Gehirns von oben nach unten: Seitenansicht, Sicht von unten, Sicht auf die Schnittfläche des halbierten Gehirns

ist, kommt auch nichts in den Schwamm hinein. Damit das Gehirn leistungsfähig wird, muß es sich bestmöglich strukturieren können, und dafür braucht es den richtigen Input. Ein Baby erkundet die Welt mit allen Sinnen: Es sieht, hört, schmeckt, tastet gleichzeitig, und die Sinne informieren sich gegenseitig. Die Erkenntnisse, die im Gehirn als Struktur entstehen, sind dabei keine Einzelheiten, sondern Regelmäßigkeiten. Unser Gehirn ist keine Festplatte und kein Videorekorder. Es ist zum Speichern von Einzelheiten nicht gebaut. Soweit die schlechte Nachricht. Jetzt die gute: Das Gehirn ist besser!

Betrachten wir hierzu ein Beispiel: Beim Laufen-Lernen lernt man nicht, daß man gestern beim linken Tischbein auf die

Elmar Ersch
Kleinkind beim Laufenlernen

rechte Pobacke geplumpst ist, sondern man lernt, wie man oben bleibt. Gerade beim Laufen ist es sehr schön zu sehen, daß nicht die einzelne Begebenheit gelernt wird, sondern es wird gelernt, wie man – ganz allgemein — läuft. Laufen lernt jeder von Fall zu Fall. Und hierbei wird gerade nicht der Einzelfall gelernt, sondern das Allgemeine, das hinter den vielen „Fällen" steckt.

Das ist aber nichts Spezifisches in bezug auf das Laufenlernen. Das Sprechenlernen und viele andere spätere Lernvorgänge vollziehen sich vielmehr ebenso. Bei einem Baby redet die ganze Umgebung mit dem Kind, und das Baby merkt sich keineswegs irgendwelche Lautgestalten, wie sie etwa ein Kassettenrekorder abspeichern würde. Aus den Hunderttausenden von Lautgestalten, die das Baby und Kleinkind hört, extrahiert es Regeln: z.b. welche Frequenzmuster (Laute) immer wieder auftreten, in welcher Reihenfolge bestimmte Laute immer wieder aufeinander folgen (Silben), welche Lautfolgen oft zusammen vorkommen und zugleich mit bestimmten visuellen und haptischen Eindrücken zusammentreffen (Wörter). Die Folgen solcher komplexer Lautgestalten haben eine innere Struktur (Grammatik) und eine Bedeutung, die sich oft nur aus dem jeweiligen Kontext erschließt. Sprache lernt man immer mit einem Weltbezug. Ein Kind fängt schon mit drei Monaten an, die Laute der Muttersprache zu lernen. Mit sieben Monaten beginnt das Kind bereits, die Grammatik der Muttersprache zu lernen. Deswegen kann ein Kind am Ende des Kindergartenalters fehlerfrei die Muttersprache, also z.B. Deutsch, sprechen.

Spuren im Gehirn

W.W.: Wie ist es neurophysiologisch mit den Neuronen und den Synapsen: Werden sie stärker, je mehr Reize über sie hinweggehen?

M. Spitzer: Ja, Verbindungen zwischen Nervenzellen, die Synapsen, lassen sich nicht nur biochemisch genau beschreiben; man kann die Veränderungen ihres Aussehens – sie werden bei Gebrauch tatsächlich größer – mittlerweile auch fotografieren und sogar Videos davon machen. Nervenzellen kommunizieren untereinander mit elektrischen Impulsen, und die werden durch die Synapsen auf chemischem Wege übertragen. Das Wichtige ist, daß die Synapsen sich dadurch verändern: sie wachsen, d.h. die Stärke der Verbindung nimmt zu. Wenn also über eine bestimmte Stelle immer wieder ein Impuls läuft, wird genau diese Synapse stärker, und das wiederum bedeutet, daß dieser Impuls um so leichter über diese Stelle läuft.

Die Informationsverarbeitung im Gehirn ist letztlich nichts anderes als das Laufen von Impulsen von Nervenzelle zu Nervenzelle. Wenn wir also wahrnehmen, denken, fühlen, handeln, dann laufen Impulse über Nervenzellen und hinterlassen dadurch Spuren, so daß langfristig eine Art „Bodensatz" in unserem Gehirn entsteht, ein materieller Bodensatz all dessen, was wir erlebt haben. Und wir lernen

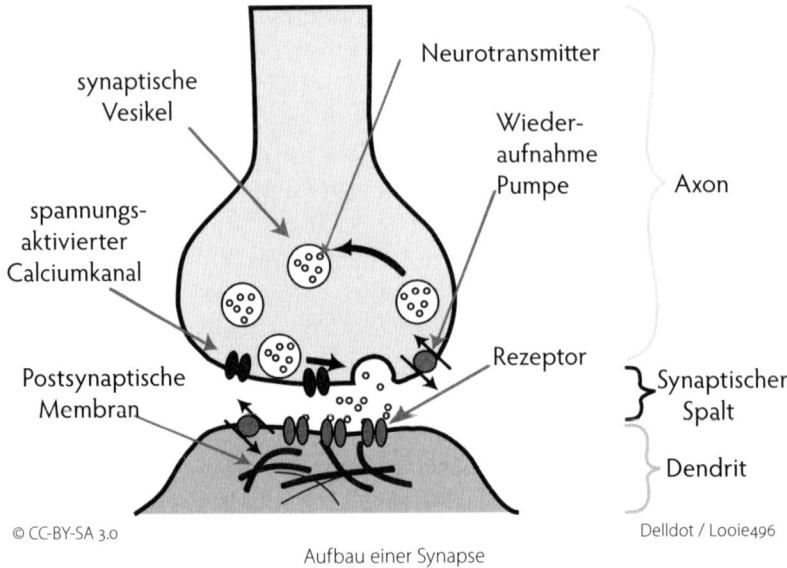

synaptische
Vesikel

spannungs-
aktivierter
Calciumkanal

Postsynaptische
Membran

Neurotransmitter

Wieder-
aufnahme
Pumpe

Axon

Rezeptor

Synaptischer
Spalt

Dendrit

Delldot / Looie496

Aufbau einer Synapse

nicht die Einzelheiten, sondern die Regeln, die Gesetzmäßigkeiten dahinter, also das Allgemeine.

W.W.: Können Sie diese erste Grundebene mit den ersten Spuren noch ein wenig erklären?

M. Spitzer: Besonders in den ersten beiden Lebensjahren werden auf den Hirnebenen, die für Einfaches zuständig sind, Spuren angelegt: wie sich etwas anfühlt, wie eine bestimmte Bewegung abläuft, wie man geht, wie man greift, wie man sitzt usw. Gleichzeitig wird angelegt, wie man spricht, wie man Sprache versteht. Das sind in den ersten beiden Lebensjahren ungeheuerliche Lernprozesse, die bis vor einigen Jahrzehnten überhaupt noch nicht im Blickfeld der Forschung waren, und zwar deswegen nicht, weil sie völlig automatisch ablaufen. Auch in der Schule vollzieht sich das Lernen weiterhin ähnlich: Auch dort lernt man Regeln. Natürlich lernt man gelegentlich auch eine Einzelheit (daß man Neukölln mit zwei l und Köln mit einem l schreibt), aber das ist eher die Ausnahme.

W.W.: Wenn ich es richtig verstanden habe, bilden sich auf den ersten Ebenen (von Sehen, Hören, Tasten etc.) Spuren bzw. vielfältige Muster solcher Spuren, die im ersten Lebensjahr des Kindes anlegt werden. Im Laufe der Gehirnentwicklung lernen dann weitere, jeweils darüber liegende Ebenen und immer so weiter. Und die jeweils nächsthöhere Ebene verarbeitet zunehmend komplexere Aspekte der Muster und bildet damit in sich zunehmend komplexere Muster?

M. Spitzer: Genau. Im Gehirn ist die Informationsverarbeitung so, daß es von den Sinnen zur ersten Ebene der Verarbeitung geht. Diese erste Ebene erledigt einfache Analysen des Inputs und bildet entsprechend einfache Spuren. Beim Sehen ist diese erste Ebene eine Art Landkarte des Augenhintergrundes. Dort, wo wir schärfer sehen, sind mehr Nervenzellen, am Rande eher weniger, aber es gibt noch eine 1:1-Zuordnung zwischen dem Bild am Augenhintergrund und dem Aktivierungsmuster im Gehirn. Man kann seit einigen Jahren sogar aus Bildern der Gehirnaktivierung das Bild auf dem Augenhintergrund rekonstruieren.

Von dieser ersten Ebene im Gehirn geht es dann zur nächsten Ebene; und diese zweite Ebene analysiert bestimmte Muster auf der ersten Ebene, und die nächste (dritte) Ebene analysiert dann Muster von Mustern. Und so geht es über etwa zwei bis drei Dutzend Ebenen weiter. Daraus folgt direkt, daß das Gehirn vor allem mit sich selber verbunden ist, von Ebene zu Ebene, und seine eigenen Aktivierungsmuster zum Input (für die jeweils nächst höhere Ebene) hat. Nur die erste Ebene bekommt die Information nahezu direkt vom Auge. Schon die zweite Ebene analysiert, was auf der ersten Ebene geschieht, die dritte analysiert, was auf der zweiten geschieht.

Und nun kommt noch die Gehirnentwicklung dazu. Die unteren, ersten sinnlichen und motorischen Ebenen der Informationsverarbeitung sind bei der Geburt schon funktionstüchtig. Das Baby kann Impulse empfangen, und es kann auch schon einfache motorische Reaktionen ausführen, also z.b. zucken, wenn man es irgendwo kneift. Ganz einfache Inputs und Outputs sind also bereits gleich nach der Geburt möglich. Komplexere Verarbeitungsprozesse zwischen Input und Output jedoch funktionieren noch nicht. Dies liegt nicht etwa daran, daß die dafür notwendigen Module noch nicht vorhanden sind. Es liegt vielmehr daran, daß die Verbindungen zwischen diesen Ebenen noch nicht voll funktionieren. Sie sind zwar wie die Module selbst vorhanden, doch sie übermitteln Informationen zunächst nur ganz langsam. Erst wenn die Fasern im Laufe der Gehirnentwicklung nach der Geburt mit Fett ummantelt werden, laufen die Impulse (etwa 35 mal) schneller. Das Babygehirn ist nur etwa ein Viertel so groß wie das Gehirn eines Erwachsenen, und das Dreiviertel, das hinzukommt, ist im wesentlichen Fett. Und dieses Fett macht, daß die Informationsverarbeitung schnell geht.

Man kann sagen, daß alle weiteren, höheren Ebenen mit den immer komplexeren Mustern dadurch nach und nach online gehen, daß die Fasern mit Fett ummantelt werden, durch die sie mit den niederen Ebenen verbunden sind. Das geschieht alles vollautomatisch. Es hat jedoch zur Folge, daß jedes Baby zuerst Einfaches lernt, dann etwas Komplizierteres und immer so weiter. Die Hirnentwicklung leistet im Grunde also genau das, was ein guter Lehrer leisten sollte: Sie bereitet den Stoff auf, und sorgt dafür, daß vom Einfachen zum Komplizierten gelernt wird.

In den obersten Ebenen werden die Werte angelegt

W.W.: Und wie viele Ebenen werden in welcher Zeit angelegt?

M. Spitzer: Es sind einige Dutzend Ebenen. Die Zeit der Hirnentwicklung ist länger, als man ursprünglich meinte. Früher dachte man, daß die Hirnentwicklung etwa mit der Pubertät abgeschlossen sei, aber heute wissen wir, daß sie länger dauert. Auf den obersten Ebenen befinden sich u.a. Werte, also: Was ist gut? Was ist schlecht? Was ist für mich wichtig? Moralische Grundwerte lerne ich genauso wie die Sprache, also dadurch, daß ich mich in einer Gemeinschaft von Menschen bewege, andere Menschen beim Bewerten und Entscheiden wahrnehme und selbst vieles bewerte und entscheide. Diese obersten Ebenen, die im Grunde abbilden, welche Prinzipien ich meinem Handeln zugrunde lege, sind die Ebenen, die sich als letztes ausbilden, die als letztes fertig werden, und diese Entwicklung geht bis Mitte des dritten Lebensjahrzehnts.

W.W.: Kann man auch von noch weiteren Ebenen sprechen, die sich im Rest des Lebens ausbilden?

M. Spitzer: Nein, mit etwa Mitte 20 ist die Gehirnentwicklung beendet. Aber natürlich finden danach noch Lernprozesse statt. Dann ist die Hardware fertig, aber dann kommt die weitere gesamte Lebenserfahrung noch obendrauf. Diese hört erst mit dem Tode auf. Dadurch wird die Maschinerie des Gehirns noch weiter modifiziert, denn wir lernen natürlich lebenslang. Es gibt übrigens einige Fachleute, die der Meinung sind, daß sich das Gehirn bis zum 60. Lebensjahr entwickelt.

Babys lernen extrem ganzheitlich

W.W.: Können Sie unseren Lesern erklären, wie sich diese erste Ebene von Spuren im Gehirn eines Kleinkindes entwickelt, welches sich gesund entwickelt, welches z.b. in der Natur spielt, und wie es dagegen mit einem Kind ist, welches lange vor dem Bildschirm sitzt?

M. Spitzer: Wenn man den natürlichen Input für alle Sinne durch Medien ersetzt, dann ist das vom formalen Gehalt her ganz einfach sehr viel weniger. Den Input durch Medien kann man weder anfassen noch schmecken, und es riecht nicht. Mindestens genauso bedeutend ist, daß die „Statistik" nicht stimmt, d.h. die Abstimmung der Sinne aufeinander. Unser Gehirn reagiert nämlich millisekundengenau auf sinnliche Eindrücke. Wenn z.b. zwei Kugeln zusammenstoßen und man beim Zusammenstoß „plopp" hört, dieses Geräusch aber nicht exakt in der Millisekunde des Aneinanderstoßens kommt, sondern nur fünf Millisekunden zu früh oder zu spät, dann wird der Plopp und das Zusammenstoßen der Kugeln nicht mehr als ein zusammengehöriges Ereignis wahrgenommen. Dies kann man im Experiment zeigen, und das bedeutet, daß die Welt nicht mehr als diejenige erkannt wird, die sie in Wirklichkeit ist. Das exakte Lernen hängt mit dem exakten Timing aller Inputs, aller Eindrücke über alle Sinne zusammen. Babys lernen extrem ganzheitlich, viel ganzheitlicher als wir Erwachsenen. Wir sind in der Lage, aus der Flut der Eindrücke einzelne herauszufiltern und beispielsweise allein aus einem Seheindruck das gesamte Objekt vor uns erstehen zu lassen. Wir hören beim Anblick zweier Trinkgläser schon mit, wie es klingen würde, wenn man anstoßen würde. Ein Baby kann dies nicht, denn es muß erst noch lernen, wie Gläser klingen. Dazu braucht es aber die Sinneseindrücke selbst und zeitlich genau auf die Millisekunde, und nicht einen virtuellen Abklatsch davon.

Wenn man also ein kleines Kind in den ersten Jahren vor den Bildschirm setzt, enthält man ihm die Möglichkeit, das zu lernen, was es zu dieser Zeit lernen kann und auch sollte, man entzieht ihm Lerngelegenheiten. Das darf man nicht tun.

Verwaschene Spuren als Basis der Dummheit

W.W.: Und wie legen sich die Spuren in der ersten Ebene des Gehirns beim Kleinkind an, wenn man täglich längere Zeit vor dem Bildschirm sitzt?

M. Spitzer: Spuren entstehen durch den Gebrauch. Wenn man das Gehirn weniger gebraucht oder es einer Umgebung aussetzt, die nicht klar strukturiert ist, dann werden diese Spuren verwaschener, unschärfer, unklarer. Das Wichtige aber ist, daß die nächsthöheren Ebenen ihren Input aus den jeweils einfacheren Ebenen bekommen und dann die Spuren in ihnen gar nicht klar und scharf werden können: Wenn sie ein unscharfes Bild abbilden, wird wiederum ein verwaschenes und unscharfes Bild entstehen. Denn das, was unten unklar ist, kann oben nicht klarer werden. Deswegen ist es ganz wichtig, daß wir so früh wie möglich mit den richtigen Wahrnehmungen, mit dem richtigen Begreifen und Bewegen anfangen, damit dann auch später höhere Denkprozesse klarer werden.

W.W.: Eigentlich ist der Duktus nichts Neues, aber daß Sie das jetzt so richtig schön logisch beweisen können, ist wunderbar.

M. Spitzer: Ja, wenn man einen Apparat zumindest prinzipiell versteht, wird vieles klarer.

W.W.: Wir können also festhalten, daß man in den ersten Jahren definitiv nichts vom Bildschirm lernen kann?

M. Spitzer: Ja, definitiv, es wird vor Bildschirmen und Lautsprechern nichts gelernt.

Baby Einstein

Zur praktischen Bedeutung dieser Einsichten sei ein kleines Beispiel am Rande erwähnt: Der Disney-Konzern hat seit 2003 die *Baby Einstein*-DVDs vertrieben und auch gut Geld damit verdient. Man machte sehr viel Werbung, es stand auf den DVDs auch drauf, daß das Kind zum Sprachgenie würde, und der Titel *Baby Einstein* suggeriert ja ohnehin so manches. Im Jahr 2007 erschien jedoch eine wissenschaftliche Studie, die zum Ergebnis hatte, daß die Sprachentwicklung der Kinder durch diese DVDs extrem negativ beeinflußt wird. Daraufhin hat der Disney-Konzern erst einmal zwei Jahre lang versucht, diese Studie zu unterdrücken, was ihm aber nicht gelang, und seit letztem Herbst nimmt der Disney-Konzern die DVDs gegen Erstattung des vollen Kaufprei-

ses zurück, selbst dann, wenn man keinen Kassenbon mehr hat. Das stand im Oktober 2009 in der *New York Times*. Der Grund ist ganz einfach, auch das stand in der *New York Times*: Der Konzern hat extreme Angst, verklagt zu werden. Denn wenn diese Studie und weitere Studien, die es mittlerweile gibt, zutreffen, hat der Disney-Konzern mit diesen DVDs den Collegebesuch vieler Kinder schon in jungen Jahren mehr oder weniger verunmöglicht. Der ökonomische Effekt eines Collegebesuchs macht in den USA gut eine Million Dollar Mehrverdienst im Leben eines Menschen aus, und in bezug auf diese Summe wird der Konzern jetzt von vielen verklagt.

Medienkonsum im Kindergartenalter beeinflußt die Bildung negativ

W.W.: Es gibt eine Langzeitstudie aus Neuseeland, die Sie hin und wieder zitieren, bei der man von 1972 bis heute nachverfolgt hat, wie lange die Kinder ferngesehen haben und was später aus ihnen geworden ist. Können Sie einmal einige prägnante Punkte darstellen, z.B. in bezug auf die Schul- und Hochschulabschlüsse der untersuchten Menschen?

M. Spitzer: Es waren gut 1000 Kinder, die man von der Geburt an in Süd-Neuseeland untersucht und jahrzehntelang begleitet hat, und auch heute werden sie noch hin und wieder aufgesucht, befragt und getestet. Der Witz ist, daß man heute sogar noch zusätzlich die Genetik dieser Menschen bestimmen kann, so daß man sehen kann, welche Gene mit welchen Umweltfaktoren wechselwirken. Und hier zeigt sich, daß bei einer bestimmten genetischen Ausstattung ungünstige Lebenserfahrungen extrem ungünstig sind, daß bei einer anderen genetischen Ausstattung die gleichen Umwelteinflüsse gar nicht so ungünstig sind. Es hängt also auch von den Genen ab, was Lebenserfahrungen mit einem machen.

Besonders wichtig bei den untersuchten Neuseeländern ist aber, daß der Medienkonsum im Kindergartenalter die Bildung der Kinder ganz wesentlich beeinflußt. Die Gruppe, die am meisten ferngesehen hat, mit über drei Stunden täglich, hatte später nur 8 % Hochschulabschluß und 25 % Studienabbrecher, und die Gruppe, die im Kindergartenalter weniger als eine Stunde ferngeschaut hat, wies über 40 % Universitätsabgänge auf und keine 10 % Studienabbrecher. Das sind wirklich krasse Unterschiede!

Die Standardargumente – wer dumm ist, schaut mehr fern; wer arm ist, schaut ebenfalls mehr fern – stimmen zwar, aber man kann ihnen entgegnen, daß dies keineswegs die einzige Kausalität ist. Man hat die Intelligenz und auch den sozioökonomischen Status gemessen, und weil man sie gemessen hat, kann man sie aus der Gesamtheit herausrechnen; und auch dann bleiben die Zusammenhänge bestehen. Damit wissen wir, daß frühkindliches Fernsehen jeden Menschen in seinem Lernverhalten und seiner Intelligenz negativ beeinflußt.

W.W.: Man widerspricht Ihnen ja oft mit dem Argument, eine halbe Stunde Fernsehen würde angeblich nicht schaden …

M. Spitzer: Im Grunde kann man dazu gar nichts sagen, denn es gibt keine einzige Studie, die ein totales Nichtfernsehen mit einer gewissen Zeitspanne Fernsehen täglich vergleicht; es gibt nur Studien, die z.B. eine Stunde Fernsehen mit drei Stunden Fernsehen vergleichen. Die Forscher würden gerne Nichtfernsehen mit Fernsehen vergleichen, ähnlich wie Raucher und Nichtraucher (zum Studium der Auswirkungen des Rauchens), aber das geht nicht, da die Gruppe der Nicht-Fernseher zu klein ist. Man kann daher gar nicht sagen, daß eine halbe Stunde Fernsehen nicht schadet. Man kann aber sagen, daß der Effekt des Fernsehens eindeutig dosisabhängig ist. Und ich sage dann immer: Wenn man weiß, daß ein Gramm Gift tödlich ist, soll man dann wirklich ein halbes Gramm verfüttern?

W.W.: Bis wann sollten Ihrer Meinung nach Kinder überhaupt nicht fernsehen? Ab welchem Lebensalter könnte man einigermaßen ohne allzu große Folgen wie lange fernsehen; einmal abgesehen von den Inhalten?

M. Spitzer: Bis zum dritten Lebensjahr sollten sie überhaupt nicht fernsehen. Ab dem dritten Lebensjahr sollte man wirklich überlegen, ob eine Fernsehsendung dem Kind schadet, ob sie das Kind davon abhält, etwas Gescheites zu machen, z.B. im Sandkasten zu spielen. Im Kindergartenalter könnte ein bestimmter Tierfilm oder die „Sendung mit der Maus" vielleicht sinnvoll sein. Dagegen ist nichts einzuwenden; aber nur, wenn man es wirklich bewußt und dosiert einsetzt; vielleicht mal eine Viertelstunde.

Simon A. Eugster
Verschiedene Schokoladensorten

Aber wenn es regelmäßig wird, halte ich es für gefährlich, auch in späteren Lebensjahren.

Ein Fünftel des Übergewichts ist fernsehbedingt

W.W.: Wir haben jetzt über die Wirkung des Fernsehens auf die Bildung und Intelligenz gesprochen; kann man auch andere negative Wirkungen des Bildschirms feststellen, z.b. auf das Übergewicht, die Ernährung und den Cholesterinspiegel?

M. Spitzer: Ja. Auch hier gibt es die Daten aus der neuseeländischen Studie, die gezeigt hat, daß der Fernsehkonsum mit dem Übergewicht, dem Cholesterinspiegel und dem Bluthochdruck korreliert. Man kann aus den Daten berechnen, daß etwa ein Fünftel des Übergewichts fernsehbedingt ist. Ein Fünftel der Übergewichtigen sind übergewichtig durch das Fernsehen.

W.W.: Wie kommt das? Weil sie beim Fernsehen Ungesundes essen, oder hat es noch andere Gründe?

M. Spitzer: Es sind mehrere Mechanismen denkbar. Es ist nachgewiesen, daß man beim Fernsehen mehr ißt, und vor allem auch das Falsche ißt, nämlich ungesunde Snacks und Zuckerzeug. Ebenfalls nachgewiesen ist – nicht zuletzt in eigenen Untersuchungen –, daß man sich beim Fernsehen weniger bewegt, als wenn man gar nichts tut, die Muskulatur schlafft völlig ab, weil man nur passiv konsumiert. Wenn man ansonsten nichts tut, dann wackelt oder zuckt man wenigstens noch ab und zu. Und diese kleinen Bewegungen verbrauchen Kalorien. Während des Fernsehens führen wir sie nicht mehr aus, weswegen noch weniger Kalorien als beim (fernsehfreien) Nichtstun verbraucht werden, und das führt zum Übergewicht. Drittens, und das zeigt eine vor wenigen Monaten erschienene amerikanische Studie, hat die TV-Werbung einen sehr starken Effekt, denn die an Kinder gerichtete Werbung während des Kinderprogramms dreht sich zu 60 bis 70 % um Nahrungsmittel, und diese Nahrungsmittel sind zu 100 % ungesund. Und da das Kinderprogramm ständig von Werbepausen durchzogen ist und die Kinder diese Werbung sehen, weiß man zugleich, daß die Kinder ab drei Jahren in der Lage sind, die gesehenen Produkte im Supermarkt wiederzufinden. Man weiß, daß dieses Verlangen der Kinder deutliche Effekte auf das Kaufverhalten der Eltern hat, daß sie von ihren Kindern beeinflußt werden, und man weiß, daß dieses Konsumverhalten mit dem Übergewicht korreliert.

In Deutschland verursacht das Übergewicht Gesundheitskosten von 70 Mrd. Euro und 140.000 Tote jährlich. Diese Zahlen stammen nicht von mir, sondern von Menschen, die sich damit auskennen. Wenn man nun weiß, daß 20 % dieses Übergewichts fernsehbedingt sind, vor allem werbungsbedingt, dann kann man sich ausrechnen, daß ein Verbot von Nahrungsmittelwerbung, die an Kinder gerichtet ist, uns pro Jahr etwa 15 Mrd. Euro einsparen könnte; gleichzeitig könnte man pro Jahr den Tod von mindestens 20.000 Menschen verhindern. Und man muß wissen, daß genau aus diesem Grund in Großbritannien, Südkorea und Schweden ein Verbot dieser Werbung bereits besteht. Die Engländer haben es 2008 erlassen, die Schweden schon seit Anfang der 90er Jahre. In diesen Ländern gibt es keine an Kinder gerichtete Werbung für ungesunde Nahrungsmittel.

Man kann die Gefährlichkeit dieser ungesunden Nahrungsmittel daran erkennen, daß das Gehirn-Zentrum, welches Suchtverhalten steuert, unempfindlicher wird, je mehr man ungesunde Nahrung konsumiert. Man muß immer mehr konsumieren, um den gleichen Belohnungseffekt zu erleben, wie Tierversuche eindeutig gezeigt haben. Die Änderung unseres Suchtzentrums durch Süßigkeiten entspricht der durch Kokain, Opium oder Amphetamin. Hinzu kommt, und das wissen wir erst seit ein paar Monaten, daß dann, wenn man Kokain oder Amphetamin wegläßt, das Suchtzentrum innerhalb von zwei bis drei Tagen wieder normal empfindlich wird; wenn Sie aber Käsekuchen, Chips und Süßigkeiten weglassen, ist es nach 14 Tagen noch immer nicht normal. Mit anderen Worten: Es ist in bezug auf die Suchtentwicklung sogar schlimmer, ungesunde Nahrung zu essen als harte Drogen zu konsumieren. Der Volksmund wußte dies ja schon lange und spricht – wie die Gehirnforschung zeigt – mit Recht von „Freß-Sucht". Wie Millionen übergewichtiger Menschen wissen, die nur zu gerne normalgewichtig wären, ist das Suchtverhalten im Hinblick auf das Essen nur sehr schwer wieder loszuwerden, ganz ähnlich und möglicherweise schwerer als eine Sucht nach Alkohol, Nikotin oder harten Drogen. Man konnte diese Zusammenhänge kürzlich in der Zeitschrift *Nature Neuroscience* nachlesen, was einem wirklich die Augen dafür öffnet, was wir mit der TV-Werbung unseren Kindern antun: Wir fixen die Drei- bis Fünfjährigen durch die Werbung mit der entsprechenden Nahrung an. Rein neurobiologisch besteht kein Unterschied zwischen Zigaretten und fettreichen Süßigkeiten.

Wenn die Deutschen die T-Shirts für die Chinesen nähen

W.W.: Sie haben mitunter den Satz formuliert, daß wir in Deutschland in 30 Jahren froh sein könnten, wenn wir noch für China die T-Shirts nähen. Wenn man aber das, was Sie jetzt alles darstellen, hinzunimmt, ferner die Langzeitstudie aus Neuseeland, und wenn man gleichzeitig weiß, daß die Menschen nicht erst jetzt mit dem Fernsehen beginnen, müßten wir ja eigentlich schon jetzt eine weitgehend übergewichtige und verdummte Gesellschaft haben.

M. Spitzer: Die Deutschen sind die Dicksten in Europa. Vor hundert Jahren war unser Schulsystem so gut, daß es weltweit kopiert wurde, heute stehen wir bei Pisa im unteren Mittelfeld. Eigentlich reicht das schon als Antwort.

W.W.: Ich hatte mir die Folgen trotzdem noch schlimmer vorgestellt, auch schon früher.

M. Spitzer: Die Folgen sind schon schlimm genug. Gerade gestern habe ich einen Vortrag gehalten, auf dem ich darstellte, daß ich in den letzten Jahren zu optimistisch war, als ich formulierte, daß wir Deutschen in 30 Jahren die T-Shirts für die Chinesen nähen würden; vielleicht kommt diese Situation schon sehr viel früher, und vielleicht nähen wir nicht einmal mehr die T-Shirts für China. Es ist einfach wichtig, daß man in der breiten Bevölkerung ein Bewußtsein für diese Zusammenhänge beschreibt.

Sarrazins unhaltbare Thesen

W.W.: Wie stehen Sie zu Sarrazins Thesen in bezug auf die Vererblichkeit der Intelligenz? Ist da auch nur irgend etwas dran?

M. Spitzer: Das ist absolut lächerlich. Was er über Intelligenz schreibt, ist Nonsens.

W.W.: Er sagt ja, daß 50 bis 80 % der Intelligenz vererbbar seien. Stimmt davon irgend etwas?

M. Spitzer: Das ist Quatsch.

W.W.: Woher nimmt er denn das?

M. Spitzer: Das sind veraltete Untersuchungen, das war der Stand der Forschung vor etwa 10 bis 15 Jahren. Aber wir sind heute weiter. Dazu ein kurzes Beispiel: Zwei Bauern wollen wissen, ob der Weizen deswegen hoch wächst, weil entsprechende Wachstumsgene in den Samen sind oder weil der Ackerboden gut ist. Der eine Bauer wirft seinen Weizensamen auf verschiedene Äcker und stellt fest, daß es vom Ackerboden abhängt, denn der Weizen wächst unterschiedlich hoch. Der nächste Bauer wirft verschiedene Weizensamen auf den gleichen Acker und stellt fest, daß die Höhe der Pflanzen nur von den Genen der Samen abhängt. Das Ergebnis – 100 % Vererbung oder 100 % Umwelt – ist dadurch, wie die Studien angelegt waren, schon vorbestimmt.

Bei den Adoptionsstudien zur Intelligenz muß man wissen, daß man sich nur auf das bezieht, was man hat: sorgfältig ausgewählte Adoptiveltern. Es ist also nicht der Fall, daß die Adoptionseltern einen Querschnitt durch die Normalbevölkerung darstellen, sondern im Gegensatz zu normalen Eltern müssen die Adoptionseltern beweisen, daß sie Könner in Erziehung und Elternschaft sind. Das heißt, diese Eltern sind ein guter Ackerboden. Und weil der Ackerboden gut ist und dann auf ihn ganz unterschiedliche genetische Veranlagungen treffen, kann man zu der Ansicht kommen, daß die Genetik einen großen Teil der Intelligenz ausmacht.

Wenn man aber randomisierte Adoptionsstudien durchführt, also die Kinder durch Zufall, per Losverfahren, den Eltern zuweist – und diese Studien gibt es auch, Sarrazin hat sie aber offenbar nicht gelesen –, dann zeigen sich die Auswirkungen der Umwelt auf die Intelligenz sehr deutlich. Hier gibt es eine sehr gute Studie, die im Fachblatt *Science* publiziert wurde. Man hat in rumänischen

Heimen, in denen die Kinder bekanntermaßen schlecht versorgt sind, Kinder randomisiert, also durch Losentscheid, herausgeholt und sie in Pflegefamilien gebracht. Man hat dann festgestellt, daß das bei allen Kindern einen deutlich positiven Effekt auf die Intelligenz gebracht hat. Das hat also die Umwelt gemacht. Das Herausholen der Kinder aus der schlechten Umwelt fand etwa in der Zeit zwischen fünf Monaten und zwei Jahren statt, war also relativ früh.

Eine andere Studie an Kindern, die im Durchschnitt mit fünfeinhalb Jahren adoptiert wurden, also sehr spät, erfolgte ebenfalls durch zufällige Zuweisung der Kinder in Familien der Unterschicht, der Mittelschicht oder der Oberschicht. In dieser Studie fand man, daß die Adoption ganz allgemein den Kindern guttut, der Effekt jedoch deutlich von der sozialen Schicht abhängt: das von einer Familie aus der Unterschicht adoptierte Kind wies im Alter von 13 Jahren eine Verbesserung seines IQs von sieben Punkten auf, dasjenige, welches in der Oberschicht lebte, von 20 Punkten. 13 IQ-Punkte sind können der Unterschied zwischen Hauptschule und Gymnasium sein. Die Umwelteinflüsse auf die Intelligenz sind also erheblich.

Wenn dann Herr Sarrazin von 50-80 % Intelligenzvererbung spricht, so ist das nicht nur falsch, sondern zudem auch sehr schädlich: An den Genen können wir nichts ändern, aber die Umwelt gestalten wir ja selber. Daß unsere Schulen nicht die beste Lernumwelt sind, hat sich mittlerweile herumgesprochen. Wenn die Schulen besser wären, hätten wir kein Nachwuchsproblem für qualifizierte Berufe.

Deutschland als Testland für Killerspiele

W.W.: Wie steht es nun mit gewalthaltigen Filmen und Computerspielen? Immer wieder wird von den Anhängern behauptet, sie würden die Psyche und die Empathie der Menschen nicht beeinflussen, sie würden nicht zu Gewalttaten führen. Wie sehen Sie das?

M. Spitzer: Diese Behauptungen sind unzutreffend! Wenn andere Menschen so etwas behaupten, lesen sie entweder die Literatur nicht, oder sie sagen bewußt die Unwahrheit. Vielleicht wurden sie dafür bezahlt. In Köln gibt es ein Hochschul-Institut für Medien, welches zu 100 % von Electronic Arts finanziert wird, dem bis 2008 noch weltweit größten Hersteller und Entwickler von Computer- und Videospielen, vor allem auch Killerspielen. Man muß wissen, daß Deutschland der Testmarkt für die neuen Spiele ist, denn nur in Deutschland sind die Kinder ab 13 Uhr zu Hause und unbeaufsichtigt. Man muß weiterhin wissen, daß es nur in Deutschland das Wort „Ganztagsschule" gibt.

® von Electronic Arts, Inc.
Logo von Electronic Arts

W.W.: Weil die Kinder in den anderen Ländern auch nachmittags in der Schule sind?

M. Spitzer: Ja, genau, weil die Schule dort sowieso den ganzen Tag geht. Diese Faktoren werden bislang von niemandem zusammen betrachtet. Genau dies muß man jedoch tun. Im Sommer diesen Jahres hat der digitale Medienkonsum mit dem Fernsehkonsum etwa gleichgezogen, aber man hat auch festgestellt, daß der Fernsehkonsum zeitlich nicht darunter leidet; der digitale Konsum – also Internet und Videospiele usw. –, kommt vielmehr einfach noch hinzu. In den USA ist man mittlerweile bei siebeneinhalb Stunden Medienkonsum im Durchschnitt bei den Jugendlichen täglich. Das ist mehr als die durchschnittliche Schlafdauer, die bei sieben Stunden liegt.

W.W.: Soviel schon? Wie ist es bei uns in Deutschland?

M. Spitzer: Je nach Studie zwischen vier und fünfeinhalb Stunden. Zum Vergleich: 35 Wochenstunden Schule à 45 Minuten an fünf Tagen, und das auf die ganze Woche gerechnet, ergibt knapp vier Stunden Schule täglich.

W.W.: Die längste tägliche Zeiteinheit der deutschen Jugendlichen ist also noch das Schlafen, dann der Medienkonsum, dann erst die Schule; bei den USA-Jugendlichen hat der Medienkonsum sogar schon die Schlafdauer überholt.

M. Spitzer: Exakt. Auch bei uns in Deutschland liegt die Schulzeit an der dritten Stelle. Und wenn man dann noch hinzunimmt, was in den Bildschirmmedien geboten wird, dann sind das zum einen die Soaps, zum anderen Sex and Crime. Und das heißt, daß wir mehr Zeit auf die Vermittlung von Werten verwenden, die wir nicht wollen, mehr als die gesamte Schule zusammen. Das ist einfach unglaublich!

Computerspiele fördern das Gewaltverhalten

W.W.: Gibt es Studien, mit denen man beweisen kann, daß die Menschen um so gewalttätiger werden, je mehr sie Gewaltfilme schauen?

M. Spitzer: Die gibt es, ja. – Vielleicht zuerst noch zu den Gegnern, deren Argumente ich gut kenne. Diese Menschen sagen, daß es keine einzige Studie gebe, die nachweisen würde, was ich behaupte. Wenn man das so formuliert, haben sie sogar recht. Wenn man nämlich Kausalität – also Ursache und Wirkung – zeigen will, muß man Experimente machen. Im Experiment kann man z.b. den Bildschirmkonsum kontrollieren; man kann einer Gruppe von Kindern Gewaltvideos zeigen, einer anderen gewaltfreie Videos. Wenn man die Kinder danach mit Teddybären spielen läßt, stellt man fest, daß diejenigen, die Gewaltfilme gesehen haben, gewalttätiger mit den Teddybären umgehen als diejenigen. Solche Experimente hat man tatsächlich schon in den 60er Jahren gemacht. Hier sagen die Gegner, daß dies eine Laborsituation sei, die mit der realen Welt nichts zu tun habe.

Man kann aber auch Studien durchführen, in denen man z.b. die Zeit, die Achtjährige vor dem Fernsehapparat verbringen, feststellt und dann 21 Jahre später untersucht, wer von ihnen im Gefängnis sitzt. Und hier kann man feststellen, daß diejenigen, die mit acht Jahren mehr ferngesehen haben, mit 30 Jahren mit einer größeren Wahrscheinlichkeit im Gefängnis sitzen. Das Gegenargument der Kritiker: Es kann ja sein, daß diejenigen, die ohnehin schon gewalttätiger waren, damals mehr ferngesehen haben. Das Ergebnis der Studie besteht ja nur in einer Korrelation, nicht in der Feststellung einer Ursache-Wirkungsbeziehung. Bei der Ursache-Wirkungs-Studie heißt es, diese bilde nicht die reale Welt ab; bei der Realen-Welt-Studie heißt es, sie zeige keine Kausalität.

Beides stimmt, wenn man es isoliert betrachtet. Wenn man aber beide Studien verbindet, gilt der Einwand nicht mehr. Deswegen ist der Satz, daß es keine „einzige" Studie gibt, die den Zusammenhang zwischen Bildschirmkonsum und Gewalttaten beweist, strenggenommen richtig; aber wenn man viele Studien hat, die alle dasselbe zeigen, dann wird dieser Zusammenhang sehr wohl deutlich.

Hinzu kommt, daß es mittlerweile eine Studie aus dem Jahr 2010 gibt, die auch die schärfsten Kritiker zum schweigen bringt: Amerikanische Wissenschaftler haben zunächst in einer Zeitung eine Anzeige aufgegeben und Eltern von Jungen gesucht, die in der ersten bis dritten Klasse waren und die beabsichtigten, ihrem Buben demnächst eine Playstation zu schenken. Man gab bekannt, daß man eine Studie zur Entwicklung dieser Jungen durchführen würde, und als Belohnung für die Teilnahme eine Playstation verschenken würde. Dann hat man die Jungen nach Zufall einer von zwei Gruppen zugeordnet, also ein Experiment gemacht. Alle wurden zum Test bzw. zur Befragung eingeladen, und nach vier Monaten nochmals untersucht. Die Hälfte bekam die Playstation sofort, die anderen wurden nach Hause geschickt, und ihnen wurde gesagt, daß sie die Playstation in vier Monaten nach der zweiten Untersuchung bekommen würden (was auch der Fall war).

Durch die Art, wie diese Studie angelegt war, konnte man also die Auswirkungen der Playstation auf Jungen im Grundschulalter herausbekommen. Und die bestehen darin, daß sich bereits nach vier Monaten zeigen läßt, daß diejenigen mit Playstation schlechter im Schreiben und schlechter im Lesen sind und mehr Einträge im Klassenbuch haben. Man kann hier nicht sagen, daß sich schlechte Schüler eher der Playstation zuwenden. Die Jungen waren ja zufällig den Gruppen zugewiesen worden, was eine Aussage über Ursache und Wirkung erlaubt. Zudem kommt die Studie nicht aus dem Labor, sondern aus der realen Welt.

W.W.: Auf welche Weise verschlimmern sich die Auswirkungen gegenüber dem bloßen Schauen von Filmen, wenn man bei den Computerspielen aktiv übt, aktiv schießt, aktiv tötet, aktiv foltert?

M. Spitzer: Ich kenne leider keine Studie, die das direkt miteinander verglichen hätte. Aber vor dem Hintergrund dessen, was man über Lernprozesse weiß, kann man ganz klar sagen, daß das aktive Einüben besser funktioniert als das bloße passive Zuschauen. Wenn ich mir Gewaltakte regelrecht antrainiere, z.B. bei den Ego-Shootern, bei denen ich aus meiner Perspektive selber die Gewalt vollbringe, hat das natürlich einen stärkeren Effekt, als wenn ich nur tatenlos zuschaue.

Die wahren Lernerlebnisse finden nachmittags vor dem Bildschirm statt

W.W.: Wie wirken die Eindrücke auf einen Jugendlichen, wenn er stundenlang Ballerspiele spielt oder mit Suchtmachern wie World of

Warcraft spielt, im Gegensatz zu den Eindrücken der Schule, und zwar in bezug auf das Kurzzeitgedächtnis und das Langzeitgedächtnis?

M. Spitzer: Die Emotionalisierung bei Hollywood-Filmen und bei Ego-Shootern ist natürlich viel größer gegenüber dem immer noch ziemlich langweiligen Schulstoff. Die Emotionen bewirken, daß wir schnell lernen. Deswegen können sich viele Menschen der älteren Generation immer noch an die Szene unter der Dusche aus dem Film „Psycho" erinnern, aber alles andere, was sie an jenem Tag des Filmschauens gemacht haben, haben sie vergessen. Emotionen machen, daß sich Dinge rasch in unser Gehirn festsetzen.

Die Kinder und Jugendlichen verbringen also den Vormittag gelangweilt in der Schule, oft auch noch übermüdet, weil sie bis in die Nacht gespielt haben, und die wahren Lernerlebnisse finden dann am Nachmittag und am Abend vor dem Bildschirm statt. Hinzu kommt noch, daß dasjenige, was normalerweise am Vormittag in der Schule gelernt wird, am Nachmittag noch einmal im Gehirn konsolidiert, d.h. verfestigt, wird, und zwar dadurch, daß man Freizeit hat und beispielsweise einen Spaziergang macht. Das Gehirn braucht Aus-Zeiten, in denen nicht dauernd auf Stimuli reagiert werden muß, um das bereits Gelernte zu verarbeiten. Geschieht dies nicht, bleibt nichts hängen. Wenn man sich also nach der Schule vor den Ego-Shooter begibt, löscht man das bißchen, was man am Vormittag in der Schule gelernt hat, sehr effektiv.

W.W.: Wie lange braucht ein Eindruck, etwas Gelerntes, aus dem Kurzzeitgedächtnis bis in das Langzeitgedächtnis?

M. Spitzer: Das dauert beim Menschen Tage, bis Monate. Die Episoden, das kurzfristig Gelernte, gehen erst einmal in den Hippocampus. < Siehe Bilder S. 9 >Der langfristige Speicher, auch für Emotionen, ist dagegen die Großhirnrinde. Das hat man u.a. an Mäusen festgestellt, indem man sie verschiedenes hat lernen lassen. Dann hat man den Hippocampus beidseits entfernt. Wenn man dies gleich nach dem Lernen tut, weiß die Maus das, was sie gerade gelernt hat, anschließend nicht mehr. Wenn man aber eine Woche wartet, und dann erst die Hippocampi entfernt, weiß sie es trotzdem. Daraus kann man schließen, daß das Gelernte zuerst im Hippocampus enthalten ist, eine Woche später aber nicht mehr. Bei Ratten muß man schon sechs Wochen warten, bis das Gelernte aus dem Hippocampus in der Großhirnrinde endgültig abgelegt wurde. Sie haben ein deutlich größeres Gehirn als die Maus, verarbeiten mehr und brauchen dafür eben auch länger. Beim Menschen kann man dieses Experiment natürlich nicht machen. Es gibt aber Menschen, die am Hippocampus operiert werden mußten, und einige dieser Patienten wurden sehr genau untersucht und nach der Operation z.b. nach zurückliegenden Fußballereignissen und weltpolitischen Geschehnissen befragt. Und hier stellte sich heraus, daß es Monate, möglicherweise sogar länger als ein Jahr dauerte, bis die Informationen vom Hippocampus in die Großhirnrinde gelangten.

W.W.: Ich habe früher einmal gelernt, daß man nicht weiß, wo das Langzeitgedächtnis repräsentiert ist. Wie ist das heute?

M. Spitzer: Das weiß man längst; es sitzt in der Großhirnrinde. Das ist auch keine Vermutung, sondern ist mittlerweile recht gut untersucht.

Lehrer auf verlorenem Posten

W.W.: Wenn man das alles Revue passieren läßt, wenn man die heutigen Schüler betrachtet …

M. Spitzer: … dann wird man ganz kribbelig!

W.W.: … genau, und wenn man sieht, wie lange die meisten Schüler entsprechende Filme sehen und Spiele spielen, mit all den Gewalteindrücken, wenn man weiß, daß diese Eindrücke letztendlich von ihnen Besitz ergreifen, sich in der Großhirnrinde speichern, dann steht man doch als Lehrer mit den entsprechenden Lehrinhalten auf einem völlig verlorenen Posten.

M. Spitzer: So ist es. Deswegen werden Lehrer auch krank. Wenn man 25 Jahre auf verlorenem Posten kämpft, kann man nur krank werden! Leider geschieht es sehr häufig, daß Lehrer resignieren oder zumindest sehr viel Streß haben oder sich auch ganz zurückziehen, sich innerlich aus ihrem Job verabschieden. Diese Reaktionen auf die Erlebnisse im Beruf sind gut untersucht. Und hier sind Lehrer von allen Berufsgruppen – bis hin zu Krankenschwestern und Feuerwehrleuten – am stärksten betroffen.

W.W.: Warum wird hier politisch nichts getan? Man müßte doch sofort handeln!

M. Spitzer: Ja, das müßte man. Bildungspolitik ist immer noch nicht grundlagenforschungsbasiert. Wir leisten uns 16 verschiedene

Bildungssysteme in Deutschland, weil es 16 verschiedene Landesregierungen gibt. Wie ein Kind lernt, ist aber keine Frage von Schwarz-Gelb oder Rot-Grün, sondern es ist eine Frage der Wissenschaft. Aber wir tun immer noch so, als sei Bildung eine Frage der Ideologie. Und wechselt dann die Farbe der Landesregierung, bekommen die Schulen tonnenweise Briefe, was nun wieder alles geändert werden muß. Wenn man als Schulleiter oder als Lehrer mehrere solcher „Reformen" hinter sich hat, dann wird einem irgendwann jede Neuerung ziemlich gleichgültig. Man macht dann seinen Unterricht so, wie man ihn für sinnvoll hält. Der Kultusminister von Sachsen sagte mir einmal, warum sein Bundesland beim Pisa-Ländervergleich so gut abschneidet: Sachsen hat zwei tiefgreifende Reformen nicht mitgemacht. Die neuen Bundesländer, mit Ausnahme von Sachsen, hatten nach der Wende erst einmal die Schulzeit bis zum Abitur von 12 auf 13 Jahre erhöht. Wenige Jahre danach kam wieder aus dem Westen die Neuerung des G8, und man hat die Schulzeit wieder auf 12 Jahre verkürzt, wie es vorher schon war. Wer das mitgemacht hat, kann sich doch nur ungläubig und vor allem unwillig an den Kopf fassen! Jede Reform im Bildungsbereich demotiviert diejenigen, die sie umsetzen sollen. Denn eine Reform bedeutet ja auch immer, daß man bis dato etwas falsch gemacht hat und jetzt richtig machen soll. Und wenn dann solche widersprüchlichen Dinge geschehen – und das ist sicherlich schon jedem Lehrer passiert, der lange genug im Beruf ist –, dann muß man als Lehrer schon sehr aufpassen, um nicht demotiviert zu werden! Aus diesem Grunde sollten wir Reformen nur dann durchführen, wenn wir auch wirklich wissen, daß diese Reformen etwas Besseres einführen. So würden wir uns viele Probleme ersparen. Aber es dauert lange, bis sich so etwas herumspricht.

Als ich damit anfing, mich als Gehirnforscher mit Bildungsfragen zu beschäftigen, kam ich mir manchmal vor wie Ignaz Semmelweis (1818-1865). Er wußte, daß das Kindbettfieber auf die mangelnde Hygiene der Ärzte oder das Krankenhauspersonal zurückzuführen ist und daß die Frauen nach der Geburt nicht sterben, wenn sich alle die Hände waschen. Die gesamte Professorenschaft hat ihn damals belacht. Und er wurde daran wahnsinnig. Erst ca. 20 Jahre später sahen dann Robert Koch und andere Bakterien erstmals unter dem Mikroskop und rehabilitierten Semmelweis als guten Beobachter und Vorkämpfer für die richtige Hygiene im Krankenhaus. Glücklicherweise geht es mir nicht ganz wie Semmelweis; nicht weil ich Psychiater bin und mich mit dem Wahnsinn auskenne. Sondern weil die Gehirnforschung und ihre Ergebnisse heute sehr klar mit Bildungsprozessen in Beziehung gebracht werden können und ich keineswegs der einzige bin, der dies tut. Im Vergleich mit anderen Wissenschaftlern nenne ich die Dinge vielleicht etwas deutlicher beim Namen. Ich möchte mir von meinen Kindern künftig nicht sagen lassen: Papa, wenn du das alles vor 20 Jahren schon wußtest, warum hast du da nichts gesagt?

© gemeinfrei
Ignaz Semmelweis (1818-1865)
aus „Die großen Deutschen im Bilde" (1936)
von Michael Schönitzer

W.W.: Stehen Sie in der Wissenschaft mit Ihrer Meinung mehr oder weniger allein?

M. Spitzer: Nein, die meisten Neurowissenschaftler würden es letztlich genauso sehen; sie sagen zwar manchmal, daß ich mich mit meinen Schlußfolgerungen zu weit aus dem Fenster lehne. Dann frage ich immer zurück: Wo denn?

W.W.: Und dann schweigen die anderen?

M. Spitzer: Genau, denn letztendlich sehen sie es genauso. Bei den Pädagogen gibt es ein wenig Neid nach dem Motto: Da wildert einer in meinem Revier. Aber es gibt auch viele, die es genauso sehen und auch sagen. Und dann gibt es einige wenige, richtig militante Gegner. Frau Elsbeth Stern, eine Psychologin, hält Vorträge darüber, daß Manfred Spitzer Unfug redet. Wenn man sie aber genau darauf anspricht, weicht sie aus.

W.W.: Wie deuten Sie das?

M. Spitzer: Sie ärgert sich einfach. Dabei geht es um Politik, um Macht und Einfluß. Sie kommt aus einem Stall, in dem solche Meinungen Usus waren; und wenn man keine neuen Erkenntnisse hat, was will man dann anderes tun außer Politik machen?

W.W.: Was ist Ihr Blick auf unsere Welt in etwa 20 Jahren, besonders in punkto Gewalt und Medien, vor dem Hintergrund dessen, was wir soeben besprochen haben?

M. Spitzer: Ich hoffe, daß wir bis dahin die Dinge besser im Griff haben. Ich hoffe, daß wir in den nächsten Jahren deutliche Veränderungen erreichen werden.

W.W.: Wird die Gewalt nicht zunehmen, wird es nicht z.b. mehr Amokläufe geben, mehr spontane Gewalt?

M. Spitzer: Ich hoffe nicht. Mein Horrorszenario ist, daß die Schere zwischen Arm und Reich weiter aufgeht, daß dadurch die Frustration einer großen Gesellschaftsgruppe noch weiter zunimmt und daß die sich keinen Rat mehr wissen, als auf die Straße zu gehen. Dies kann wiederum zu weiteren Reaktionen führen, die dann eskalieren. Das hatten wir vor 70 Jahren schon einmal. Aber ich hoffe, daß es nicht so kommt.

W.W.: Haben Sie einmal Untersuchungen an Waldorfschülern durchgeführt, ob es hier gegenüber anderen Schülern Unterschiede gibt?

M. Spitzer: Untersuchungen nicht, aber ich werde oft mit diesen Fragen konfrontiert, und ich muß sagen, daß viele Waldorfschulen vieles richtig machen. Ich sage den Waldorflehrern immer: Waldorfpädagogik ist ganz prima, solange man nicht versteinert. Dann lachen alle, und sie verstehen mich richtig. Wenn der Drittkläßler fragt, wann er endlich lesen darf, dann läuft etwas falsch. Für jede Pädagogik gilt: Wenn man sie stur anwendet, wird sie falsch.

Unkontrolliertes Feuer im Gehirn

W.W.: Wie erklären Sie eigentlich die Nah-Todeserfahrungen, also das von den meisten Menschen geschaute Lebenspanorama, indem man sein gesamtes Leben in Bildern schaut, auch die längst vergessenen Eindrücke?

M. Spitzer: Die meisten sehen ähnliche Bilder, z.B. dieses Lebenspanorama oder einen Tunnel oder ein Licht, also bestimmte optische Phänomene. Das kann man relativ einfach erklären: Da gehen einfach Gehirnzellen kaputt. Wenn Nervengewebe abstirbt, kommt es zu unkontrolliertem Feuern, zum Aufbäumen der Nervenzellen, bevor sie gar nicht mehr funktionieren. Genau das sieht man dann.

Wenn das im großen Stil geschieht, also alle möglichen Gedanken und Bilder des Lebens noch einmal auftauchen, dann überträgt sich das visuelle Lichterlebnis der Sehrinde auf das ganze Leben. Alles andere, was behauptet wird, daß man sich aus seinem Körper löst, halte ich für Unfug.

In England haben sich in den 6oer Jahren manche Süchtige Mayonnaise gespritzt, weil die kleinen Fettkügelchen der Mayonnaise zu Mikroembolien im Gehirn führen; und das macht eine Optik, da blitzt es auf, weil Nervenzellen kaputtgehen. Diese Menschen zerschossen sich sozusagen ihr Gehirn und schauten dabei zu.

Mit Wissenschaft Lebensprobleme lösen

W.W.: Sie schaffen es ja in vorbildlicher Weise, Wissenschaft anschaulich und öffentlichkeitswirksam darzustellen. Was ist Ihr Ziel, was möchten Sie mit Ihrem Engagement bewirken?

M. Spitzer: Ich möchte, daß klar wird, daß Wissenschaft nicht im Elfenbeinturm stattfindet und daß sie auch kein Selbstzweck ist. Wissenschaft ist oft der Versuch, Lebensprobleme zu bewältigen und zu lösen. Als Hirnforscher hat man seine Erfahrungen, besonders dann, wenn man Kinder hat, die in die Schule gehen. Die daraus entstehenden Gedanken möchte ich einfach möglichst weit verbreiten. Am meisten freue ich mich eigentlich, wenn ältere Lehrerinnen und Lehrer auf mich zukommen und mir sagen, daß das, was ich sage, ihnen eigentlich längst klar war, daß es ihnen aber nun noch klarer geworden ist. Ich will ja nicht das Rad neu erfinden. Es kann aber nicht sein, daß die Bildung unserer Kinder wechselt wie die Mode und unsere Kinder darunter leiden.

Und auch unter den Neurowissenschaftlern gibt es zwei Sorten: solche mit Kindern und solche ohne Kindern. Die ohne Kinder sagen manchmal, daß ich mich zu weit aus dem Fenster lehne; die mit Kindern kritisieren mich selten. Die machen sich die gleichen Gedanken und sind froh, daß es mal einer etwas lauter sagt.

W.W.: Wie gehen Sie mit den Medien und Ihren eigenen Kindern um?

M. Spitzer: Wir hatten keinen Fernseher. Meine Kinder gingen aber auch zu den Nachbarn. Dort mußten sie dann freundlich klingeln und lernten dadurch, freundlich zu sein. Umgekehrt schickten die Nachbarn ihre Kinder auch zu uns, und dadurch reduzierten wir den Medienkonsum in der Nachbarschaft. Die Dosis macht das Gift! Die Dauerberieselung ist das Schlimme. Wenn die Kinder gelegentlich woanders fernsehen, ist das nicht weiter schlimm.

W.W.: Ab welcher Klasse sollte man in der Schule den PC einführen?

M. Spitzer: Genau dann, wenn man geeignete Software hat, mit der nachweislich besser gelernt werden kann. Hier lief in der Vergangenheit so ziemlich alles falsch. In der ersten Welle hat man Schulen mit Hardware beglückt, und keiner wußte etwas damit anzufangen. Lehrer wurden zu Systemadministratoren und haben damit ihre Zeit vergeudet, die sie eigentlich mit den Schülern hätten verbringen müssen. Das erste, was dann funktionierte, waren LAN-Partys an Wochenenden, auf denen die Schüler von Freitag bis Montag früh die Hardware vernetzt haben, um sich gegenseitig virtuell abzuknallen. Das hat mich wirklich auf die Palme gebracht; und nicht zuletzt aufgrund meiner Aktivitäten wurden LAN-Partys von den Kultusministerien verboten, zumindest in Nordrhein-Westfalen und Bayern.

Wenn es gut läuft, werden die Computer nicht nur als Schreibmaschinen und Lexika verwendet, sondern es wird auch mittels guter Lernsoftware wirklich gelernt; wenn es schlecht läuft, machen die Schüler allen möglichen Unfug damit, gehen in den Pausen an die Apparate, twittern, gehen zu Facebook usw. und vergeuden ihre Zeit. Deswegen bin ich sehr skeptisch in bezug auf den technischen Enthusiasmus. Man weiß mittlerweile, daß E-Learning nicht funktioniert. Deswegen wird E-Learning auch nicht mehr propagiert, und mittlerweile spricht man von Blended-Learning. Das ist im Grunde den Lehrern gegenüber eine Frechheit, denn „to blend" heißt mischen. Gemeint ist damit, daß man den Lehrer zumischt, also daß der Lehrer z.B. am Anfang, in der Mitte und am Ende der Stunde etwas macht, die Trainingseinheiten, z.B. das Vokabelabfragen, aber der Computer durchführt. Das ist Blended-Learning und wird heute als der letzte Schrei verkauft.

Dann gab es die Wirtschaftskrise, man hat viel Geld in die Schulen gesteckt, aber wieder nicht in die Lehrer, sondern in die Infrastruktur, und man hat die berühmten Smartboards angeschafft. Ein Smartboard, also eine interaktive Tafel mit Bildschirm, kostet viel

© PD   Activeducator

Smartboard
(Interaktive Weißwandtafeln)

Geld. Smartboards sind jedoch in fünf Jahren entweder hoffnungslos veraltet oder kaputt oder beides. Das weiß jeder, der schon einmal Elektronik-Hardware gekauft hat. Die gute alte Tafel hat dagegen einen Zero Carbon Footprint, wie man heute so schön sagt. Sie ist zudem aufwärts und abwärts kompatibel, hat ein haptisches User-Interface, und in 100 Jahren hängt sie immer noch da. Eine solche Tafel ist viel besser als jedes Smartboard. Daß man diese für den letzten Schrei hält, die Tafeln dadurch ersetzt, ist einfach unsäglich borniert und dumm. Und dafür werden Millionen ausgegeben!

W.W.: Wahnsinn!

M. Spitzer: Genau.

Wenn die Kälte siegt – Der Amoklauf von Winnenden

Interview mit Gisela Mayer

von Matthias Klaußner

Gisela Mayer, *geb. 1956. M.A., Dozentin und Lehrerin für Ethik. Studium der Kristallographie, Philosophie und der Psychologie in München. Nach Studienabschluß Unterricht am Oskar von Miller-Gymnasium, München. 1985-1987 Wissenschaftliche Mitarbeiterin am Philosophischen Lehrstuhl in Bayreuth, Mitautorin des bayerischen Lehrbuchs für Ethik an Schulen, 1987 Stipendium der Konrad-Adenauer-Stiftung. Ausbildung für Rhetorik. Seit 1991 Mitarbeiterin des Metzler-Verlages, Bereich Literatur-Lexikon. Seit 2004 Lehrtätigkeit im Bereich Erwachsenenbildung; seit 2005 Lehrtätigkeit an Krankenhäusern, Bereich Ethik, Psychologie; seit 2008 Lehrtätigkeit an verschiedenen Schulen des Internationalen Bundes.*
Autorin von „Die Kälte darf nicht siegen" (Berlin 2010).

Überschrift und Inhalt des Vorworts wurden insbesondere durch das Buch: „Die Kälte darf nicht siegen" von Gisela Mayer inspiriert.

Heute – am 16.8.10 – beginnt der Prozeß gegen den Vater des Amokläufers von Winnenden. Er wird sich schuldig bekennen. Er habe, so wird er in *FOCUS* vom 13.09.2010 sinngemäß zitiert, die spätere Tatwaffe nicht, wie es das Waffengesetz vorsieht, verschlossen aufbewahrt. Insofern zeigt er sich mitverantwortlich für die Tat seines Sohnes. Vielleicht wird der Vater verurteilt; vielleicht auch nicht.

Niemand weiß bis heute, was Tim Kretschmer zu der grauenvollen Tat, bei der 15 Menschen ermordet wurden, bewegt hat. Auch der Vater findet, so sagt er, keine Erklärung. Zum heutigen Prozeßauftakt äußerten sich die Verteidiger zum Strafmaß, daß die Familie des Täters durch das derzeitige Leben, welches in Isolation abläuft, gestraft genug sei. Dennoch bleibt die Frage nach der Verantwortung.

Eine Frage war in den ersten Tagen nach dem Amoklauf (genauer: dem erweiterten Suizid) in den Medien leise zu vernehmen und verstummte dann allmählich: Irgend jemand bemerkte, was denn wohl krank an der Seele Tim Kretschmers war...?

Das „Aktionsbündnis Amoklauf Winnenden" zieht in Erwägung, daß sich der Täter für Kränkungen, die er erlitten hat, rächen wollte (vgl. Stellungnahme zum Prozeßbeginn: http://www.stiftung-gegen-gewalt-an-schulen.de). Was waren das für Kränkungen? Wie krank war Tim Kretschmers Seele?

Im Affekt stürzte man sich jedoch, anstatt dieser Frage nachzugehen, wieder lauthals auf die Suche nach den äußeren Ursachen und stempelte diese Tat, wie andere zuvor auch, als etwas ab, was man hin und wieder hinnehmen müsse. Man verschärfte die Waffengesetze ein wenig und hoffte. – Schlußendlich siegte der Fatalismus: Menschen drehen halt ab und zu mal durch! Das Traurige und Erbärmliche daran ist, daß solche Taten, vielleicht aus mangelndem Fassungsvermögen, von unserer Gesellschaft billigend in Kauf genommen werden. Doch es verhält sich anders.

Der Kabarettist Hagen Räther gab einmal auf die in den Medien kursierende Frage, wie es kommen könnte, daß Kinder Pornos auf ihren Handys haben, eine simple Antwort: Weil wir Erwachsenen Pornos auf unseren Handys haben.

Unsere – zumindest absurd anmutende – Wirklichkeit haben wir Menschen nicht in betrunkenem, völlig geistesgestörtem Zustand hervorgerufen, wie man meinen könnte, sondern in völliger Nüchternheit. Solches Unheil wie Winnenden kommt nicht von irgendwo aus heiterem Himmel. Wir ganz allein sind es, die solche Art des Unheils mitverursachen.

Wenn in dieser Welt etwas Unheilvolles passiert, dann wird ein Schuldiger gesucht. Zumindest muß jemand die Verantwortung auf sich nehmen. Rücktritte werden gefordert. Denn es muß ja eine Ursache, einen Fehler gegeben haben, ein Paragraph muß mißachtet worden sein, eine Schraube nicht richtig justiert, ein Absperrgitter falsch positioniert – sonst wäre dieses oder jenes nicht so oder so oder auch anders gekommen. Bei Naturkatastrophen ist es glücklicherweise so, daß nicht immer Menschen diese Rolle übernehmen müssen, sondern die Natur selbst. Die kann man jedoch kaum in einen Gerichtssaal zerren. Doch auch hierbei wird – bezogen auf den Klimawandel – die zunehmende Verantwortung von uns Menschen deutlich. Inzwischen geht man davon aus, daß bestimmte Naturkatastrophen durch die Ausbeutung der Natur hervorgerufen werden. Die größte Bedrohung stellt seit dem Bau und Abwurf der Atombombe nicht die Natur, sondern der Mensch selbst dar.

Wir erfahren täglich durch die Medien den Abbau der Menschlichkeit, den Verlust des Mitgefühls, eines Gefühls, das zum Überleben, selbst im Tierreich, eine Grundvoraussetzung darstellt.

Wir meinen aber, es bedürfe keines Mitgefühls, sondern Paragraphen, um unser Leben zu regeln, um Urteile zu bilden. Wir merken dabei nicht, daß uns Urteile schon vorgekaut und längst saftig gewürzt und aufbereitet serviert werden. Wir sehen uns das Scheitern von jungen Menschen in Casting-Shows an, applaudieren, wenn die jungen Seelen gedemütigt werden, wenn sie die Bühne wie geschlagene Hunde verlassen müssen, unfähig, das Erlebte zu verkraften.

Aber es ist noch schlimmer. Täglich wird in unseren Klassenzimmern gedemütigt, und diese Demütigungen sind gewollter Teil unseres Systems. Kinder dürfen zwar nicht mehr geschlagen werden, und alle Pädagogen geben sich die größte Mühe, die Kinder zu noch mehr Leistung zu führen; leider mit immer geringerem Erfolg. Das Androhen schlechter Zensuren, verfehlte Abschlüsse, die verpaßte akademische Laufbahn, sind die Schläge von damals und werden zu den Demütigungen von heute. Wenn ein Mensch in seiner schulischen Laufbahn versagt, ist er kaum etwas wert, da er als „Hartzer" unserem System auf der Tasche liege – so die landläufige Meinung.

Könnte es nicht eventuell sein, daß wir Erwachsenen es sind, die immer dümmer, immer verrohter, immer kälter werden? Wenn man sich ansieht, mit welcher Dreistigkeit politische Beschlüsse durchgesetzt, Wirtschaftskrisen angebahnt und göttliche Weisheit, ja, die Würde des Menschen verhöhnt werden, muß man dann nicht zumindest in Erwägung ziehen, daß unsere Kinder die Leidtragenden sein könnten, da sie seelisch verkrüppeln? Wir zwingen unsere Kinder in von uns vorgegebene Normen und Erwartungsbilder – reduziert auf die Formel: Der Klügere gewinnt, der weniger Kluge verliert.

Es ist wahrlich kalt geworden in den Herzen und Seelen

Zu verstehen, was z.b. in einem Rap des Rappers Bushido vor sich geht, nachzuempfinden, daß dessen Texte andere Menschen auf das Tiefste verletzen und mißachten, scheint nicht notwendig. Aber: Mathematik zu können wird als eine wichtige Kompetenz für das Leben vorausgesetzt. Doch Bushido zu mißbilligen, um sich statt dessen einer Mozart-Sonate, einem Lied zuwenden zu können und wirkliche Musik als unendlich wertvoll schätzen zu lernen – als Nahrung für die Seele –, diese Kompetenz soll dagegen nicht ebenfalls maßgebend für das Leben sein? Wir Erwachsenen geben die Maßstäbe und auch die Grenzen vor! Der Irrtum dabei: Kalte Zensuren bescheinigen Kompetenz, aber keine Menschlichkeit!

Wenig populär ist, daß der Leistungsdruck, der von uns erzeugt wird, die Seelen unserer Kinder schädigt. Verkürzte Bildungslaufzeiten, von unnützen Themen triefende, völlig unbedachte Lehrpläne, Bildungsempfehlungen, Sitzenbleiben und auch mangelnde Praxiserfahrungen der Lehramtsanwärter führen nachgewiesenermaßen in eine Bildungskatastrophe. Diese hat längst die Klassenzimmer und darüber hinaus auch die Kinderzimmer erreicht. Unsere Kinder sind zu erfüllenden, hoffnungs- und seelenlosen Leistungsträgern erzogen worden, mit Methoden, die außer seelischer Gewalt und Unterdrückung von Eltern- wie Lehrerseite nichts anderes zulassen. Es gibt freilich Ausnahmen – zum Glück!

Die Folge: verantwortungslose Politiker, die z.B. Ärzte und andere Berufsgruppen in unzumutbare Bedingungen zwingen; Börsianer, die um die Renten ehrbarer Menschen pokern wie einst Al Capone um Schutzgelder, und dann auch noch belohnt werden, anstatt ins Gefängnis gesteckt zu werden; Atomlobbyisten, die auf Teufel komm raus das Leben auf der Welt gefährden. Alles hochintelligente, studierte Leute, doch genau wie Tim Kretschmer krank in ihrer Seele! Amok sind diese Menschen nicht gelaufen. Dennoch: Die Kälte hat auch hier gesiegt. Und der Haifisch, der hat Zähne…

Gisela Mayer, Mutter der von Tim Kretschmer getöteten Referendarin Nina Mayer, Ethiklehrerin und Buchautorin sowie Sprecherin des *Aktionsbündnis Amoklauf Winnenden* fordert nachdrücklich das Vermitteln von Empathie als Grundlage für menschliches Handeln, um künftig solch grauenvolle Taten wie Amokläufe bereits im Ansatz zu verhindern, um den Voraussetzungen für solch menschengemachte Katastrophen entgegenzuwirken.

Wie auch die Sprache nur durch Interaktion erlernt werden kann, so kann Empathie nur durch Empathie erlernt werden. Es liegt in unserer bewußten Verantwortung, unseren Kindern diese Fähigkeiten mit auf den Weg zu geben. Kalkül und Ver(schlimm)besserungen im Bildungssystem helfen wenig, es sei denn, der Wert des Menschen wird ausschließlich dadurch bestimmt, daß er Mensch ist, und nicht, weil er eine bestimmte Leistung erfüllt.

Das bedeutet aber nicht falschverstandene Beliebigkeit in der Erziehung, sondern setzt einen bewußten Umgang mit Freiheit, die an Grenzen gebunden ist, um sich selbst und andere nicht zu gefährden, voraus. In der christlichen Nächstenliebe findet dieses Prinzip Vollendung. Nur damit bannen wir das drohende Erkalten der Herzen.

Ein Kind benötigt für sein Seelenheil keinen Laptop, keine dritte Fremdsprache, keine Zensuren. Es benötigt vor allem Empathie, Zuwendung und Wertschätzung, einfach weil es Kind ist. Kurzum: Nur durch unsere bedingungslose Liebe bekommen Erwartungen und Grenzen ein gesundes, lebensbejahendes Maß. Nur so können wir verhindern, daß Menschen „ab und zu mal durchdrehen" und die Kälte auf diese Weise am Ende gesiegt hat.

Daß Tim Kretschmer ein brutaler Mörder war, steht außer Frage. Die Frage ist, wann und wie er dazu wurde. Denn als Mörder ist er nicht auf die Welt gekommen. Wir alle sind gefragt und stehen in der Verantwortung, unsere Welt so zu gestalten, daß niemand in die Lage versetzt wird, eine solche Tat zu begehen.

Die Mitarbeiter des FLENSBURGER HEFTE-Verlags sprechen – insbesondere jetzt, zum Prozeßauftakt – allen Angehörigen und Betroffenen ihr tiefes Mitgefühl aus.

Matthias Klaußner: Können Sie etwas zu Ihrer familiären Situation sagen? Wie geht es Ihnen, wie geht es Ihren Angehörigen?

Gisela Mayer: Das kann ich, wenngleich ich auch nur für mich selbst sprechen kann, sobald es um das Gefühlsmäßige geht; auch

„The logical Song"

Supertramp, 1979 – frei übersetzt (Anm. d. Verf.)

When I was young
It seemed that life was so wonderful,
A miracle, oh it was beautiful, magical
And all the birds in the trees
Well they'd be singing so happily,
Oh joyfully, oh playfully, watching me

Als ich jung war,
schien das Leben so wundervoll.
Ein einziges Wunder, es war schön, zauberhaft,
Und alle Vögel in den Bäumen
Sangen so fröhlich,
freudig, oh, spielerisch, sahen mir zu.

But then they sent me away
Teach me how to be sensible,
Logical, oh responsible, practical
And then they showed me a world
Where I could be so dependable,
A clinical, oh intellectual, cynical

Doch dann schickte man mich weg,
Lehrte mich vernünftig, logisch, verantwortlich,
praktisch zu sein
und zeigte mir eine Welt, in der ich besonders
wichtig, einflußreich, sauber, schlau und zynisch
sein durfte.

There are times, when all the world's asleep,
The questions run too deep
For such a simple man.
Won't you, please, please tell me what we've
learned.
I know it sounds absurd,
Please, tell me who I am.

Manchmal, wenn alle Welt schläft,
nagen Fragen zu tief
an einem einfachen Menschen.
Würdet ihr mir bitte, bitte sagen, was wir gelernt
haben?
Ich weiß, es klingt absurd, doch
Bitte sagt mir, wer ich bin.

I said, what would you say
Now they'll be calling you a radical,
A liberal, oh fanatical, criminal
Won't you sign up your name?
We'd like to feel you're acceptable,
respectable, oh presentable, a vegetable

Ich meine, was würdest Du sagen
Jetzt, da sie dich einen Radikalen, einen Liberalen,
einen Fanatiker, einen Kriminellen nennen,
Wirst Du etwa nicht mit im Strom schwimmen?
Wir möchten spüren, daß Du akzeptierbar, re-
spektierbar, präsentierbar bist – genießbar!

At night, when all the world's asleep. . .

Nachts, wenn alle Welt schläft. . .

wenn es sich um mir nahestehende Menschen handelt. Denn je-
der versucht mit dem Schmerz auf seine Weise fertigzuwerden.
Die Verarbeitung des Schmerzes ist eine unendlich individuelle
Angelegenheit.

Wie geht es der Familie? Eigentlich ist es ganz einfach. Die Familie versucht, ein neues Leben zu leben. Es geht gar nicht anders. Wir sind vor die Aufgabe gestellt worden, ein Leben zu leben, das wir nie leben wollten; und wir versuchen, uns gegenseitig zu unterstützen, um damit zurechtzukommen – ein jeder auf seine Weise, jeder unterstützt vom anderen. Dabei haben wir gelernt, sehr verständnisvoll und tolerant miteinander umzugehen, weil jeder seinen eigenen Weg geht. Es ist ja für alle unvergleichbar mehr oder weniger schwer, dieses neue Leben ungewollt zu leben, das wir aber gemeinsam leben müssen.

Der Schmerz bleibt

M.K.: Das ist für uns, die wir einen solchen Verlust noch nicht erlitten haben, nicht nachzuvollziehen. Wenn man sich das vorstellen will, stößt man sofort an seine Grenzen. Vielleicht könnten Sie ein, zwei Beispiele dafür nennen, was sich konkret in Ihrem Leben geändert hat, damit wir eine – wenn auch vage –, Vorstellung bekommen?

G. Mayer: Konkret hat sich die Sicherheit der Planung, die in eine Zukunft hineinplanende Sicherheit geändert. Man hat ja beständig Lebenspläne – wenn man Kinder hat um so mehr. Und nun ist deutlich geworden, daß diese Pläne sich eben nicht erfüllen können. Man achtet stärker auf die Gegenwart, auf den Augenblick, weil schmerzlich bewußt geworden ist, wie fragil Leben sein kann.

Außerdem hat sich eine gewisse „Klarheit" geändert oder ergeben. Denn es hat sich auch im Umfeld deutlich erwiesen, wer aus dem Freundeskreis Verständnis haben kann, wer damit überfordert ist. Es ist nicht so, daß sich etwas ändert in einem Leben, das ja dennoch bestehenbleibt. Es ist etwas anderes, effektiv ein komplett neues Leben, man muß einen neuen Anfang machen. Und dabei ist der Schmerz allgegenwärtig, der Schmerz bleibt.

M.K.: Fällt es Ihnen schwer, über den Amoklauf – genauer: erweiterten Suizid – von Winnenden und den damit verbundenen Mord an Ihrer Tochter zu sprechen?

G. Mayer: Ja, es fällt mir, was mein privates Gefühlsleben, meine Empfindungen betrifft, sehr, sehr schwer; gleichwohl weiß ich auf Grundlage meines Verstandes, also rational gesehen, daß es nötig ist, nicht aufzuhören, davon zu sprechen. Aus einem Grund: Wir neigen dazu – so wie es in Amerika leider der Fall ist –, Amokläufe als naturgegebene Begebenheiten, die „eben mal so passieren", die schlimm sind, die aber „eben mal vorkommen", zu akzeptieren. Und genau dagegen müssen wir uns immer und immer wieder wehren. Amokläufe müssen nicht vorkommen. Das sind Dinge, die wir Menschen verursacht haben. Also müssen auch wir Menschen uns dagegen wehren. Ein Amoklauf ist kein Erdbeben wie in Haiti, das man nicht verhindern kann. Aus diesem Grund spreche ich darüber, auch wenn es mir selbst sehr, sehr schwerfällt.

M.K.: Ergibt sich aus dieser Überzeugung auch die Kraft, die Sie aufrichtet und es Ihnen ermöglicht, trotz des Schmerzes darüber zu sprechen?

G. Mayer: Ja, natürlich ist das eine Kraft. Doch darüber hinaus ist alles getragen von einer grundsätzlichen Menschenliebe, die sowohl mich als auch meine Tochter kennzeichnet und gekennzeichnet hat. Die anderen Menschen, der Nächste, das Gegenüber sind uns nicht egal. Sonst könnten wir ja sagen, uns ist schon das Schlimmstmögliche passiert, mal schauen, wie die anderen mit so etwas umgehen würden. Nein. Es ist eine grundsätzliche Zuneigung zum Menschen, die die Basis für alles ist und aus der heraus man wünscht, daß das, was einem selbst an Schlimmem passiert ist, nicht einem anderen widerfährt. Im Grunde ein ganz einfacher Impuls. Ich möchte Ihnen mal ein Bild geben:

Eine Mutter, die in der Küche an der heißen Herdplatte steht, wird ihr Kind vor der Gefahr warnen und versuchen, das Kind zu schützen. Dieser einfache mütterliche Impuls ist der Grund dafür, daß ich spreche.

M.K.: Das klingt sehr nachvollziehbar. – Der Amoklauf ist über ein Jahr her, doch vermutlich spielt Zeit für Sie keine Rolle… Woran haben Sie sich damals, unmittelbar nach der Tat – wenn überhaupt – festgehalten? Was hat Sie geschützt?

G. Mayer: Dieser eine Satz ist richtig: Zeit spielt keine Rolle. Der Schmerz bleibt so gegenwärtig, und Zeit heilt auch keine Wunden. Das ist ein Irrglaube. Dennoch: Direkt nach der Tat hat mich etwas sehr Einfaches geschützt: der Schock. Es gibt in uns einen natürlichen Mechanismus, der uns nach solchen Erlebnissen, die wir ja eigentlich nicht überleben können, schützt – das ist der Schock. Man realisiert die grausame Wirklichkeit nicht in diesem Augenblick. Es ist schon richtig, wenn man sagt: Es versinkt eine Welt, aber was das bedeutet, wird erst mit der Zeit deutlich. Darüber kann ich derzeit nicht sprechen, weil ich jetzt nach einem Jahr, vor allem bedingt durch den Prozeßauftakt, das Geschehene noch einmal durchleben muß – nun ohne die schützende Wirkung des Schocks, und das tut noch einmal entsetzlich weh, wenn nicht sogar mehr. Denn jetzt wird die Realität klar: die Konfrontation mit der Ewigkeit. Meine Tochter wird nie mehr wiederkommen. Das realisiert man erst sehr viel später. Der Schock schützt. Denn man könnte nicht mehr leben, wenn man in einem Moment die ganze Wirklichkeit erfassen könnte.

Vor einem Jahr habe ich den Moment wahrgenommen, als wäre die Welt in Watte; sehr, sehr fern. Man läßt die Wirklichkeit nicht an sich heran.

M.K.: Das ist eine Metapher für das in Ihnen entstehende Gefühl, unmittelbar als Ihnen bewußt wurde, daß Ihre Tochter eines der Opfer war. Wird die Watte jetzt dünner, baut sich der Schock nach und nach ab, oder ist es vielleicht eher so, daß der Schock doch bleibt und Sie mehr und mehr mit der Wirklichkeit umgehen können?

G. Mayer: Der Schutz baut sich ab. Es ist so wie nach einer Zahnoperation, nach der die Wirkung der Betäubung allmählich nachläßt. Dann kommt der Schmerz erst richtig. Es ist nicht so, daß ich gelernt hätte, damit umzugehen. Anderen mag es ganz anders gehen. Ich spreche für mich.

Wenn die ganze Aufregung um den Täter, um die Tat an sich, wenn der erste Schock vorüber ist, dann beginnt man zu begreifen: Der Nebel, diese Watte lichtet sich, und die Welt, die sehr, sehr weit entrückt schien, kommt näher. Aber erst dann, wenn der Schmerz kommt, kann man auch beginnen, damit umzugehen.

M.K.: Eine Art des Umgangs damit haben Sie bereits erwähnt, die absolute Offenheit aus Menschenliebe; um etwas dazu beizutragen, daß so etwas nie wieder geschieht. Haben Sie weitere Strategien für sich entwickelt oder gefunden, wie Sie damit umgehen?

G. Mayer: Mir hilft der Wechsel von Arbeit an der Öffentlichkeit und Alleinsein; nicht Einsamkeit, sondern bewußter Rückzug. Um Ruhe zu finden und auch um auf eine andere Art das Gespräch mit meiner Tochter, das ja so abrupt unterbrochen – nein, nicht unterbrochen, sondern abgebrochen wurde –, in einer anderen Form wieder aufnehmen zu können. Der Rückzug ist die andere Seite der Strategie. Hier setze ich auch Grenzen, denn zu nahe darf eine Öffentlichkeit nicht an mich herankommen, weil die Verletzung zu stark ist. Das könnte ich dann nicht ertragen.

Es ist immer schlimmer, als jeder sich vorstellen kann

M.K.: Am Ende Ihres Buches haben Sie dennoch den mutigen Schritt unternommen, etwas aus diesem Rückzugsbereich preiszugeben, in Form eines Gedichts, eines Zwiegesprächs mit Ihrer Tochter, das den Leser sehr berührt. Mich hat sehr beeindruckt, wie und daß Sie es schaffen, einerseits sehr sachlich die Thematik in dem Buch aufzuarbeiten und andererseits aus tiefster Seele etwas mitzuteilen.

Wie halten Sie dieses Spannungsverhältnis zwischen Verstand und Seelenhaftigkeit aus? Zerreißt Sie das nicht?

G. Mayer: Doch, es zerreißt mich. Das ist ungeheuer schmerzhaft und anstrengend. Deshalb gibt es für mich auch Phasen, in denen ich mich komplett zurückziehen muß, weil ich überfordert bin.

Doch warum tue ich das? Es ist die Fortsetzung eines Gesprächs mit meiner Tochter, auch das Anliegen, deutlich zu machen, wie schlimm so eine Tat ist. Es gibt einen Satz: Es ist immer schlimmer, als jeder sich vorstellen kann. Das ist das einzige, was ich wirklich dazu sagen kann.

Der Tod eines Kindes ist schon das Schlimmste überhaupt, wie man sagt. Doch dann noch eine Dimension mehr, der gewaltsame Tod unter diesen Umständen, unter denen meine Tochter sterben mußte – dazu fehlen die Worte, die adäquate Sprache. Alles, was ich im Buch geschrieben habe, auch das Gedicht, sind lediglich Versuche, um den Schmerz ein wenig begreiflich und nachfühlbar für andere zu machen.

Laßt mich zu ihr!

M.K.: Sie sprechen in Ihrem Buch davon, daß man Sie nicht zu Ihrer Tochter gelassen hat, mehr noch, daß man Ihnen die Unwahrheit gesagt hat. Ihre Tochter war noch nicht abtransportiert worden, obwohl man das behauptete. Sie haben das als unendliche Verletzung empfunden. Damit wurde noch eine weitere Dimension der Verletzung eröffnet. Diejenigen, die eigentlich helfen wollen, lügen Sie auch noch an – aus welchen Gründen auch immer. Haben Sie nicht das Vertrauen in die Menschen vollends verloren?

G. Mayer: Als man mir sagte, daß meine Tochter tot ist, war mein erster Gedanke: „Laßt mich zu ihr!" Das ist nicht rational – das ist tiefstes Inneres und das stärkste Gefühl, das man haben kann.

Wenn Ihr Kind stürzt und sich verletzt, nehmen Sie es in den Arm. Das ist eine instinktive, aber sehr starke Regung. Um so größer ist die Regung, wenn Sie erfahren, daß Ihr Kind tot: Laßt mich zu ihr!

Und diesem Impuls hat man widersprochen. Ich bin über diese Verletzung bis zum heutigen Tage genausowenig weggekommen wie damals. Ich habe versucht zu insistieren, aber man hat mich abgewiesen. Zunächst war meine Reaktion maßloser Zorn. Als mir am nächsten Tage klar wurde, daß ich angelogen worden war, waren es ohnmächtige Wut und Zorn darüber, daß mein Kind nicht nur getötet worden war, sondern daß man sich dann auch noch seiner bemächtigt hatte. Plötzlich war es nicht mehr mein Kind: Mir hat man – im Gegensatz zu anderen, Hilfskräften oder auch Regierungsvertretern, die mit ihr gar nichts zu tun hatten, die aber das Recht hatten, die Schule zu betreten – das Recht verweigert, zu meinem Kind zu gehen. Inzwischen hat sich der Zorn gelegt, und ich versuche zu verstehen.

Die Notfallseelsorger haben sich noch einmal bei mir gemeldet und um ein Gespräch gebeten. Ich verstehe, daß es Hilflosigkeit ist, auch auf seiten derer, die helfen wollen, die nicht wissen, was sie tun sollen, die zweifellos in bester Absicht gehandelt haben, die aber im nachhinein noch den größtmöglichen Schaden angerichtet haben. Und auch das ist ein Grund für mich, warum ich wiederholt diesen Punkt öffentlich mache: Um Wiederholungen zu vermeiden, anderen Menschen diese Art der Verletzung zu ersparen, Hilfskräften zu sagen: Es ist beste Absicht, aber mit fatalen Folgen. Glaubt den Menschen, die verletzt worden sind, geht dem nach. Und versucht nicht, irgendwelche Handlungskonzepte anzuwenden auf Menschen, die in einer völligen Ausnahmesituation sind, die aber auf eine eigene Weise intuitiv wissen, was in dieser Situation für sie richtig wäre.

Ich verstehe das Motiv der Hilfskräfte heute, wenngleich die Verletzung geblieben ist. Ohne anzuklagen, möchte ich darauf hinwirken, daß sich für künftige Situationen – die hoffentlich nie eintreten, aber wenn sie eintreten – die Art des Umgangs mit den Betroffenen ändert; zugunsten der Betroffenen.

M.K.: Eventuell fehlt ja die entsprechende Ausbildung, in solchen Situationen mit den Betroffenen so umzugehen, daß sie nicht noch mehr erleiden müssen. Das würde bedeuten, den Bedürfnissen der Betroffenen nachzugeben, es sei denn, sie sind ethisch nicht vertretbar. Aber das instinktive Bedürfnis, zu seinem Kind zu wollen, müßte über das formale Erfüllen von Handlungsleitlinien gestellt werden bzw. Teil dieser Leitlinien sein. Rechtlich gesehen bleibt ja auch das Recht der Vormundschaft, das Sorgerecht bestehen, und das liegt bei den Eltern.

G. Mayer: Und jetzt stellen Sie sich das Bild vor, daß Ihr Kind tot auf dem kalten Gang einer Schule, also auf Fliesenboden, liegt und Kriminalbeamte und Ministerpräsidenten an diesem schutzlosen, toten Wesen vorbeilaufen und Ihr Kind ansehen können. Ich weiß, wie unangenehm es ihr zu Lebzeiten gewesen wäre. Und ich bin als Mutter nicht in der Lage, mein Kind in den Arm zu nehmen, eine Decke darüber zu breiten und es vor den Blicken zu schützen. Dieses ganz elementare Empfinden ist es ... und das schmerzt ungeheuer.

Der Täter starb längst vor seiner Tat

M.K.: Ich möchte gern noch auf die unfaßbare Tat als solche zu sprechen kommen. Haben Sie eine Erklärung gefunden? Hatten Sie unmittelbar nach der Tat eine Idee, wie das Unfaßbare geschehen konnte?

G. Mayer: In den ersten Tagen oder Wochen sicher nicht. Was mir in den ersten vier Wochen danach aufgefallen ist, ist, daß ich den Täter nicht beim Namen genannt habe. Das heißt, ich habe ihn als Person geleugnet. Wenn wir einen Menschen beim Namen nennen, erkennen wir ihm das Person-Sein zu. Nicht umsonst haben unsere Haustiere Namen – das sind die Tiere, die wir nicht essen. Wir tun uns sehr schwer damit, Tiere, denen wir einen Namen gegeben haben, zu essen. Erst viel später habe ich den Täter beim Namen genannt – etwa nach einem halben Jahr. Erst nach dieser Zeit fing ich an, darüber nachzudenken, was ihn wohl dazu gebracht hat.

Heute ist das eigentlich ein ganz zentrales Anliegen von mir: zu erfahren, was in diesen siebzehn Jahren geschehen ist, was diese Jahre aus einem Kind gemacht haben, das einfach geboren wird wie andere Kinder auch; was einen Menschen dazu gebracht hat, andere, in deren Nachbarschaft er groß geworden ist, die er kannte, einfach umzubringen. Und da denke ich, daß es zwei Faktoren sind: Zum einen muß es eine unendliche Verzweiflung gewesen sein, eine Unfähigkeit, mit dem Leben überhaupt fertigzuwerden, das Leben so nicht haben zu wollen – und zum anderen gar nicht begriffen zu haben, was Leben bedeutet. Ich glaube, daß der Täter nicht einmal wußte, was er tat. Er wußte nicht, was er vernichtet, weil er selbst nicht wirklich gelebt hat.

Ich weiß von Freunden und von anderen Schülern, daß er wie ein Automat agiert hat – emotionslos. Er hat das, was er vernichtet hat, nämlich Leben, nie wirklich empfunden. Und das ist es, was uns mit sehr, sehr viel Sorge erfüllen sollte: daß solche jungen Menschen mitten in unserer Wohlstandsgesellschaft großwerden, ohne zu erfahren, wie schön Leben sein kann, was Leben bedeuten kann; und daß sie in einen Zustand kommen, der sie dazu bringt, andere zu vernichten, so wie man Kegel abschießt – irgendwelche Figuren umschubst. Denn das ist es, was geschehen ist.

Dieser Junge ist längst gestorben vor der Tat – als Mensch. Er hat sich nicht an diesem Tag umgebracht. Er ist vorher gestorben, ohne daß er es gemerkt hat.

M.K.: Das ist es auch, worauf Sie in Ihrem Buch hinweisen möchten: die Umstände, die dazu führen können, daß der Mensch oder alles Menschliche in einem Menschen abstirbt oder abgetötet werden kann. Stehen wir somit alle in der Verantwortung und in der Pflicht, so etwas zu verhindern?

G. Mayer: Ja!

M.K.: Noch einmal zu dem, was Sie bewegt: Hegen Sie Rachegedanken? Rachegedanken keimen ja in uns allen mehr oder weniger auf, man muß sich bewußt mit ihnen auseinandersetzen und gibt ihnen hoffentlich niemals nach – wirklich verhindern kann man die Gedanken aber nicht. Aber bei Ihnen haben solche Gedanken möglicherweise eine völlig andere Dimension.

G. Mayer: Das ist richtig. Es gibt Tage, da gibt es diese Rachegedanken – das sind die „besonders schönen" Tage. Das mag dann ein wirklich schöner Frühlingstag sein, an dem ich denke: Oh Gott, wie konntest Du ihr das alles nehmen? Aber es ist vielleicht mehr Zorn oder Wut, als müßte man jemanden schütteln oder ohrfeigen können, um ihm klarzumachen, was er da getan hat. Dieser Impuls geht dann auch wieder weg. Der Täter ist tot, aber es ist das Bedürfnis vorhanden, ihm klarzumachen, was er getan hat. Belastend ist die Einsicht, daß das völlig unmöglich ist – daß es auch unmöglich wäre, wenn er denn leben würde. Er würde nicht verstehen, was er getan hat. Das höre ich auch immer wieder von Kriminologen, die mit lebenden Tätern sprechen. Sie sagen, diese Menschen wüßten nicht, was sie getan haben, sie sehen es nicht ein, ihnen ist die Dimension nicht klar. Ich denke, daß es besonders verletzend wäre, wenn man erkennen müßte, daß der Junge nicht einmal versteht, was er angerichtet hat. Wir könnten ihm nicht klarmachen, wovon wir sprechen.

Das ist auch das, was ich im Hinblick auf andere Menschen fürchte: Sie verstehen nicht mehr, worum es geht, wenn wir sagen, dieses oder das ist beleidigend, verletzend oder im Extremfall tödlich.

Wir erziehen Maschinen

M.K.: Ist unser Gefühl für den anderen gestört? Wird Mitgefühl angeboren, wird es anerzogen? Wer trägt die Verantwortung dafür, ein gesundes Mitgefühl auf den Weg zu bringen?

G. Mayer: Wir alle. Für das kleine Kind tragen die Eltern die Verantwortung. Wir sitzen einem fatalen Irrtum auf: Wir sind der Ansicht, daß Empathie, Mitgefühl im Menschen wächst, so wie Fingernägel oder Haare wachsen – und das stimmt nicht! Das ist wie mit dem Erwerb der Sprache. Ein Wolfskind, das niemanden hat, der mit ihm spricht, wird die Sprache nicht erlernen. Es bedarf eines Gegenübers, um die Sprache zu erlernen. Und genauso ist es mit der Empathie. Wer kein Gegenüber hat, das auf das kleine neugeborene Wesen eingeht, das seine Regungen erwidert, das lächelt, wenn das Kind lächelt, das mit dem Kind weint, das mit ihm in Kontakt ist – wenn dieses Gegenüber fehlt, wenn wir es durch Computerprogramme ersetzen, die wir schon den Halbjährigen vorsetzen, dann dürfen wir uns nicht wundern, wenn wir nicht Menschen erziehen, sondern Maschinen. Wir machen bereits Maschinen zu Erziehern: Und das ist vielleicht der Kern, der zu dieser Entwicklung führt. Wir sind nicht mehr bereit, dem anderen als Mensch gegenüberzutreten, um ihm auf diese Weise zu lehren, was Menschsein überhaupt bedeutet. Wir kommen als Mensch auf die Welt mit Tausenden von Anlagen. Aber es bedeutet nicht, daß sich diese Anlagen alle entwickeln, wenn wir uns nicht darum bemühen.

Rama
automatos humanoides
Centre International de la Mécanique d'Art, Sainte-Croix (CH)

Aus dem Leben ihres toten Kindes verschwinden wollen

M.K.: Die Folgen können verheerend sein, wie Winnenden beweist.
Wir haben den Täter Tim Kretschmer bislang nicht benannt, aber er
hat einen Namen. Und auch wenn er tot ist, so hat auch er eine Würde,

auch wenn er diese grauenhafte Tat begangen hat. Nun kann man ihn nicht mehr ansprechen. Haben Sie Kontakt zu den Eltern gesucht?

G. Mayer: Ja, aber bedauerlicherweise nicht bekommen. Es wird sich im Prozeß zeigen, ob wir den Eltern begegnen. Es wäre mir ein Anliegen! Auf unseren Versuch der Kontaktaufnahme kam leider nur ein Schreiben vom Anwalt, das Entschuldigungen anbot, aber es war ein juristisch verfaßtes Schreiben. Es wäre gut gewesen, wenn wir Kontakt gefunden hätten.

Ein einfaches Beispiel: Wenn Ihr Kind die Fensterscheibe Ihres Nachbarn kaputtschlägt, gehen Sie hin und entschuldigen sich und sagen: „Oh, kann ich etwas tun, um das zu reparieren?" Gut, reparieren können die Eltern in diesem Fall nichts. Diesen Schaden kann niemand wiedergutmachen. Aber ein Kontakt hätte unendlich viel Mut erfordert, vieles wäre anders gelaufen. Die Eltern hätten sich gezeigt als diejenigen, die genauso wie wir, die Opfer, dastehen und sagen können: Wir verstehen genauso wie Sie nicht, was geschehen ist. Ich unterstelle ihnen, daß sie zu keinem Zeitpunkt einen Amokläufer erziehen wollten. Sie hatten ganz bestimmt nicht die Absicht, jemanden aufwachsen zu sehen, der irgendwann 15 Menschen tötet – ganz bestimmt nicht.

Es ist bislang vieles falsch gelaufen. Dennoch wäre ein Kontakt eine Basis gewesen, dieses Unfaßbare, das passiert ist, in irgendeiner Form zu begreifen. Was ich im nachhinein nicht verstehe, ist, wieso Eltern ihrem toten Kind das antun, daß sie es jetzt wiederum alleinlassen, sich wegducken, keine Verantwortung übernehmen, nicht zuständig sind, an nichts schuld haben wollen und aus dem Leben ihres toten Kindes verschwinden wollen. Ein bißchen so, als würden sie sagen wollen: „Mit dem haben wir ja gar nichts zu tun gehabt!" Das, so finde ich, ist das Falscheste, was überhaupt hat geschehen können.

Niemand übernimmt Verantwortung

M.K.: Eigenartigerweise sollte man meinen, daß Eltern sofort das Gespräch suchen würden, allein deshalb, um keinen Raum für Spekulationen zu öffnen, denn – wie Sie sagen – die Eltern hatten ja nicht die Absicht, ihr Kind in einem solchen Abgrund wiederzufinden.

G. Mayer: Ja, aber dieses Verhalten, einem Gespräch aus dem Wege zu gehen, spiegelt genau unsere gesellschaftliche Situation. Wer übernimmt schon Verantwortung? Denken Sie an die Wirtschaftskrise. Letztlich war es niemand. Niemand hat irgendwann irgendwo irgendeine Verantwortung übernommen. In Winnenden verhält es sich genauso. Niemand übernimmt Verantwortung. Es ist passiert, als wäre es aufgrund irgendwelcher physikalischer Gesetze passiert. Und ausschließlich die Schuld wird anerkannt, die auch juristisch nachweisbar ist. Da läuft ganz grundsätzlich etwas falsch.

M.K.: Wenn Sie die Eltern träfen, was würden Sie ihnen sagen?

G. Mayer: Ich würde sie fragen, ob sie inzwischen für sich eine Erklärung gefunden haben, wie ihr Sohn zu so etwas kommen konnte, wieso er nicht gespürt hat, wie weh er anderen Menschen tut. Oder ob sie sich erklären können, wieso in ihm so ein Schmerz getobt hat, daß er diesen Schmerz anderen Menschen zufügen wollte. Denn nichts anderes wollte er ja. Ich würde hoffen, darauf eine ehrliche Antwort zu bekommen, aber der Glaube daran ist zugegebenermaßen gering. Obwohl die Eltern diejenigen wären, die am weitesten helfen könnten, wenn sie mit sich selbst ehrlich wären, indem sie sagen: „Ja, wir können uns vorstellen, warum – vielleicht ist hierin oder darin der eine oder andere Grund zu suchen.“

Respekt, Interesse, Verantwortung

M.K.: Man kann also allen nur wünschen, daß auch die Eltern des Täters zu der einen oder anderen Erkenntnis kommen und das Gespräch irgendwann aufgenommen wird.

Kurz zur Rolle der Medien und in diesem Zusammenhang zu Ihrem Buch: Einige Medien spielen, gerade auch jetzt wieder zum Prozeßauftakt, leider oftmals eine zweifelhafte Rolle, auch wenn sie versuchen, die Dinge objektiv darzustellen. Aber darin liegt ja schon ein Problem: Wie kann man objektiv etwas darstellen, was ausschließlich subjektiv relevant ist? Die Medien werden wohl immer – manchmal auch unfreiwillig – die Wirklichkeit verzerren.

An dieser Stelle kann man daher eigentlich nur Ihr Buch empfehlen, um eine Ahnung vom Ausmaß dieser menschlichen Katastrophe zu bekommen und um endlich wachzuwerden und zu erkennen, wie es um uns alle bestellt ist. Sie weisen ja deutlich darauf hin, daß es sich nicht um eine unabwendbare Naturkatastrophe handelt, sondern um eine Menschenkatastrophe. Wie sollen wir alle damit umgehen?

G. Mayer: Indem wir diese Verantwortung einfach annehmen und übernehmen, aber keinen blinden Aktionismus oder Alibihandlungen, keine im Vier-Wochen-Takt wechselnden Präventionskonzepte, die wir in die Schulen tragen. Nein, wir müssen an uns selbst arbeiten. Daran, daß wir eine klare Haltung zu den Dingen haben. Aufgefordert ist jeder in seinem Umfeld. Das fängt beim Mobbing an, das nicht nur in Schulen oder Betrieben stattfindet. Denken Sie an die Casting-Shows. Da geht man alles andere als zimperlich miteinander um. Auch in der Politik werden Menschen öffentlich persönlich, auch unter der Gürtellinie, angegriffen, statt sich mit der politischen Sache auseinanderzusetzen. Das ist insgesamt ein Phänomen, an dem wir alle arbeiten können. D.h. wir sind gefordert, unseren Umgang miteinander täglich zu überprüfen. Was wir wieder brauchen, ist der Respekt vor der anderen Person, das Interesse am anderen Menschen. Das ist der zentrale Punkt in meinem Buch. Es gibt keine fertigen Konzepte, aber es gibt z.B. Schulungen, die lehren, worauf jeder einzelne achten kann. Die Ursache für all das, was jetzt hier passiert, liegt irgendwann in den 70er Jahren. Wir haben den Begriff Verantwortung ausgehöhlt, indem wir ihn überstrapaziert haben.

Sie können sich erinnern: Es gab im Rahmen des Terrorismus der 70er Jahre die sogenannten Bekennerbriefe. Damals hat man sich verantwortlich erklärt für einen Mord, damals aus politischen Motiven, aber man hat gleichzeitig den Begriff der Verantwortung inhaltsleer gemacht. Man war ja nicht bereit, die Verantwortung für den Mord auch wirklich zu übernehmen; ansonsten wäre man ja zu einem Polizeirevier gegangen und hätte sich gestellt, um die damit verbundene Strafe auch anzunehmen.

Die Konsequenz für den Prozeß um den Vater des Täters ist, daß es um nichts anderes gehen kann als um die Frage der Verantwortung, der elterlichen Verantwortung. Wie müssen wir Verantwortung gerecht werden? Auch das gesellschaftliche Phänomen, das sich damit verbindet: Wie weit tragen wir Verantwortung für unseren Nächsten? Damit verbindet sich das biblische Wort: „Bin ich denn der Hüter meines Bruders?" Habe ich Verantwortung für ihn, oder habe ich sie nicht? Wie weit geht sie? Heißt Verantwortung: nur gängeln? Dann müssen wir sie abschaffen. Oder heißt Verantwortung etwas ganz anderes? Wir stehen jetzt dem Ergebnis einer Fehlentwicklung

Andreas Praefcke

Zürich, Predigerkirche,
Inschrift mit dem Gebot der Nächstenliebe (Matthäus 22, 37–39

gegenüber, und wir werden durch die Wirklichkeit gezwungen, uns damit auseinanderzusetzen.

M.K.: Hilft eine religiöse Erziehung?

G. Mayer: Ja, natürlich hilft sie. Denn die religiöse Erziehung ist eine Erziehung dahin, anzuerkennen, daß wir den anderen als unseren Nächsten erkennen. Das grundsätzliche Gebot „Liebe deinen Nächsten wie dich selbst!" bedeutet: Habe Respekt vor dem anderen. Sieh, daß dein Gegenüber ein Mensch ist, ein Mensch wie du selbst. Das ist der Kern. Die christliche Erziehung ist die Basis für all dieses.

M.K.: Ich frage Sie auch, da Sie als Ethiklehrerin arbeiten und mit diesem Thema vertraut sind: Muß man Kompromisse schließen, oder ist die christliche Ethik etwas, was kompromißlos ist? Oder kann man andere ethische Modelle, wie z.B. die der Antike, heranziehen?

G. Mayer: Die Ethik heutzutage ist eine handlungsorientierte Ethik. Die der Antike zielte immer auf das ganze Leben ab. Der Begriff des Glücks, der mit einem erfüllten Leben zusammenhing, ist mit unserem spaßorientierten Glücksbegriff nicht zu vergleichen. In der Antike war Glück an sich schon ein moralischer Begriff, der beinhaltet hat, auf den anderen Rücksicht zu nehmen. Heutzutage muß man also vorsichtig sein. Wir rennen alle unserem „Glück" nach, und das führt ja zu fatalen Entwicklungen. Die christliche Ethik ist die Ethik, die den nicht verrechenbaren Wert menschlichen Lebens anerkennt – den Wert des eigenen Lebens wie den Wert des Lebens des anderen. Das ist die einzige Form von Ethik, mit der wir heute überhaupt leben können. Es ist durchaus eine Ethik des Kompromisses, abzuwägen, was in dieser oder jener Situation richtig oder falsch ist, aber innerhalb eines unverrückbaren Rahmens.

Leben ist nicht verrechenbar

Dieser Rahmen beruft sich auf die Würde des Menschen. Kant hat das einmal gesagt: Er sprach von der Selbstzwecklichkeit des Menschen. Das bedeutet, daß der Mensch als der, der er ist, Selbstzweck ist. Zweck an sich selbst heißt: Er muß nicht zu irgend etwas gut sein, sondern er ist wertvoll und hat eine Würde, einfach nur, weil er da ist, weil er Mensch ist. Und diese Grenze darf nicht angegriffen werden. Sie wird aber in vielfältiger Hinsicht inzwischen angegriffen, und das ist eine Entwicklung, die sehr gefährlich ist. Wir beginnen menschliches Leben zu verrechnen, z.b. indem wir sagen: Es sind soundsoviele Menschen gestorben, aber das Ergebnis war doch ganz gut, weil andererseits soundsoviele gerettet worden sind. Wir haben Leben nicht zu verrechnen, weil es nicht verrechenbar ist. Das reflektiert eine antike Ethik nicht, aber das reflektiert sehr wohl die christliche Ethik. Deswegen ist diese Ethik eine Basis, die wir nicht aufgeben dürfen. Wenn wir sie aufgäben, könnten wir nicht mehr sinnvoll von der Würde des Menschen sprechen. Und dann wird uns der Boden unter den Füßen weggezogen, denn es gibt dann nichts mehr, auf das wir uns berufen können.

Wenn wir uns weiter aufs Eis bewegen, werden wir einbrechen

M.K.: Sie schreiben, daß wir genau in diesem Fahrwasser angekommen sind: Wir bestimmen den Wert eines Menschen dadurch, daß wir fragen, welchen Beruf, welche Abschlüsse er hat und wie er in der Gesellschaft positioniert ist. Wir schauen also mehr und mehr mit den Augen des Neides, der Raffgier aufeinander. Da sind dann nur noch zwei Richtungen möglich: Nacheifern oder den Anschluß verlieren.

Es ist aber doch merkwürdig, daß wir seit dem PISA-Schock ungeheure Summen in unser Bildungssystem pumpen, aber immer noch international hinterherhinken, und die Anzahl derer, die nicht mithalten können, wird immer größer. Das kann doch kaum mit dem Material, sondern muß doch irgend etwas mit dem Denken, unserem Bewußtsein zu tun haben. Wie sehen Sie das?

G. Mayer: Wir tun viel, wir tun nur leider das Falsche. Ich zitiere mal eine 17jährige, mit der ich vor zwei Tagen gesprochen habe. Sie kam aus Amerika nach einem längeren Aufenthalt zurück. Ich habe sie nach ihren Erfahrungen gefragt. Ein einziger Satz: „Wir haben hier ein unglaublich gutes Schulsystem, die Ansprüche und Qualität sind so hoch, nur... wir können nicht miteinander umgehen." Das trifft genau den Kern. Es ist der tägliche Umgang. Weil wir den anderen nicht wertschätzen, weil wir angefangen haben, uns über Noten, Leistungen und Abschlüsse zu definieren: Leistung ist an sich keine schlechte Sache, man darf, soll sich auch in Wettbewerb setzen. Das tun sogar Pferde, wenn sie miteinander um die Wette rennen. Aber wir machen ausschließlich die Leistung zum Maßstab für die Bewertung einer Person. Jemand, der in der Schule keine Leistung erbringt, ist in unseren Augen ein schlechter Mensch. Hier ist der Fehler.

Das Dumme ist, daß unsere Kinder das dann auch noch internalisieren. Sie selbst schätzen sich nicht mehr wert, weil sie in Mathe eine fünf und in Latein eine vier haben. Sie kapieren ja nicht, daß sie dennoch ein sehr wertvoller Mensch sind. Auf diese Weise vernichten wir andere. Und so erzeugen wir auch diese wahnsinnige Wut, diesen Haß, der letzten Endes auch einen Amokläufer bewegt. Es ist diese Verzweiflung: Wenn man sich selbst nicht mehr wertschätzt, wie soll man dann die anderen wertschätzen? Wenn mein Leben nichts wert ist, wieso sollte ich dann das Leben der andern schützen und schätzen?

Die fatale Situation in unserer Gesellschaft sehen Sie, wenn Sie an die Ränder des Lebens schauen. Der Umgang mit vorgeburtlichem Leben, der Umgang mit Sterbenden. Wir beginnen mehr und mehr in Frage zu stellen, daß auch behinderte Kinder auf die Welt kommen sollen, und wir stellen die Frage, wer die Verfügung über menschliches Leben im hohen Alter hat. Soll der Arzt bestimmen, hat es der einzelne selbst zu bestimmen? Wir haben die größten Schwierigkeiten, weil bei uns Leben eine verrechenbare Größe geworden ist. Wir bemerken nicht, daß wir uns auf ein Glatteis begeben, das nicht trägt. Wenn wir uns weiter auf den See hinauswagen, werden wir einbrechen.

M.K.: Wie erklären Sie es sich dann, daß es nicht noch häufiger zu solchen Taten wie Erfurt, Winnenden, Emsdetten etc. kommt?

G. Mayer: Wenn ich zu diesem Punkt eine Kriminologin zitieren darf, Frau Prof. Bannenberg: Sie sagt, es wird häufiger, die Abstände werden kürzer werden. Die Entwicklung wird genau in diese Richtung gehen. Denn wir rechnen ja nicht alle die Amokläufe mit, die verhindert werden, weil rechtzeitig jemand einschreitet. Ich war in der Zwischenzeit an vielen Schulen, in denen man mir sagte, daß man dort auch Bedrohungsfälle hatte, die gerade noch abgewendet wurden. Diese Fälle tauchen in den Medien nicht auf.

Mensch werden

M.K.: Um den positiven Weg wieder aufzunehmen: Wird das Ihrer Ansicht nach ansatzweise in einer Schulform wie der Waldorfpädagogik, in welcher der Mensch und nicht ausschließlich seine Leistung im Vordergrund steht, umgesetzt? Hier wird ja der Mensch als Individuum in der Gemeinschaft wertgeschätzt und darauf geachtet, daß man miteinander umgehen lernt. Sehen sie solch einen Weg zumindest als Streifen am Horizont?

G. Mayer: Nicht nur ein Streifen am Horizont, sondern der einzige Weg. Wenn wir das nicht endlich einsehen und endlich daran arbeiten, werden wir scheitern. Es ist viel, viel wichtiger, Mensch zu werden, als weitere Wissensgebiete in Schulfächern beizubringen und sie zu lehren.

Wir müssen die Menschen wieder in ihrer Vielfalt fördern, nach ihren Fähigkeiten. Wir müssen uns auch verabschieden von dem Vorurteil in unserer Gesellschaft, daß allein theoretisches Wissen wirklich wertvolles Wissen wäre. Nein. Soziale Fähigkeiten, organisatorische Fähigkeiten, künstlerische sind ebensoviel wert wie mathematische oder technische Fähigkeiten. Wir haben eine Blindheit auf diesem Gebiet entwickelt, die uns vernichten wird. Denn wir werden künftig in hohem Maße von sozialen Fertigkeiten abhängig sein. Wir denken jedoch nicht bewußt daran, sie zu fördern.

Die Wirtschaft schreit bereits um Hilfe, da sie für Auszubildende teure Kurse anbieten muß, in denen ihnen das beigebracht wird, was sie eigentlich zu Hause oder in der Schule hätten lernen sollen. Die Schulen versagen auf diesem Gebiet leider flächendeckend.

Ich wünsche mir, daß das Leben hier wieder lebendiger wird

M.K.: Was ist Ihr zentrales Anliegen, um diesem Kurs entgegenzu-wirken, um zwischen den fruchtbaren Inseln, die es auch bereits in der Gesellschaft gibt, Brücken zu bauen, um sie nach und nach zu vergrößern?

G. Mayer: Mein Anliegen wäre eigentlich nur, daß möglichst viele Menschen in diesem Land lernen zuzuhören, aufmerksam zu werden, einander wieder anzusehen; und zwar mit einem wohlwol-lenden Blick, nicht mit dem Blick des Neides oder der Konkurrenz. Sie sollten wieder lernen, daß sie im anderen einen Menschen sehen, der einer ist wie sie selbst, mit dem es zunächst einmal gilt, neben-einander zu leben – in einem positiven Sinne. Dann könnte sich die Atmosphäre in unserer Gesellschaft wieder verändern; in Richtung eines Miteinanders, nicht eines Gegeneinander.

Und dafür bilden die einfachen täglichen Umgangsformen die Basis, nicht irgendwelche teuren Kurse oder weitere Abschlüsse als Kommunikationstrainer oder Konfliktforscher. Es geht um den ganz alltäglichen Umgang miteinander. Dieser sollte harmonischer, verständnisvoller, toleranter werden.

Ein Schlußgedanke, der mich immer sehr bewegt: Ich hatte vor einem halben Jahr eine Begegnung mit einer Frau, die in Afrika arbeitet, einer Deutschen. Sie ist wieder für zwei Jahre hierher zu-rückgekehrt, und ich hatte die Frage gestellt, auf welchem Kontinent sie gern leben würde. Die Antwort war: „Afrika!" Und das, obwohl ihr klar war, daß sie dort mit ziemlicher Sicherheit früher sterben müßte, weil Krankheit und schlechte materielle Verhältnisse das Leben bestimmen. Nach dem Grund gefragt, sagte sie: „Das Leben ist dort lebendiger! – Hier ist alles perfekt, aber irgendwie tot."

Mein zentrales Anliegen ist mit diesen Worten gut umschrieben: Ich wünsche mir, daß das Leben hier wieder lebendiger wird – und weniger perfekt!

Amok – eine besinnungslose und entsetzliche Tat: zweifellos!

von Renate Hölzer-Hasselberg

Oder: „Wer nicht gehört wird, benimmt sich unerhört"

Oder: „Wer nicht wahrgenommen wird, erzwingt, daß er wahrgenommen wird"

Oder: „Wer ausgegrenzt wird, grenzt sich und andere aus"

Amok. Selbstmord und Töten – sich und andere endgültig ausgrenzen vom Leben in den Tod. Das ist der verzweifelte, weil gänzlich mißlungene Versuch, eine Wiedergutmachung für die seelischen Qualen zu erzwingen, die ein Mensch durch jede Form von Ausgrenzung, Demütigung und Zurückweisung erlebt und erlitten hat.

Nach jedem Amoklauf sind wir fassungslos!

Zu Recht! Einerseits.

Aber warum sind wir eigentlich so fassungslos? Fassungslos meint doch: Eine Handlung ist nicht zu begreifen, einfach nicht zu verstehen, nicht nachvollziehbar, nicht einfühlbar. Wirklich nicht?

Das sind verständliche, aber vor allem automatische Gefühlsäußerungen, die kaum einen Erkenntnisbeitrag zum Thema leisten.

Die Lebensbedingungen vieler Kinder und Jugendlicher sind einfach grauenhaft!

Ich meine hier nicht nur die bekannten Fälle von sexuellem Mißbrauch, brutaler Gewalt oder gröbster Vernachlässigung. Denn hier gibt es eine klare Rollenverteilung: Wir wissen, wer die Opfer und wer die Täter sind.

Kinder kommen in diese Welt und hoffen, daß sie ihr „Lebensmotiv", d.h. die von ihnen mitgebrachte biographische Aufgabe, hier auf der Erde realisieren können, und sie wollen dies in der Regel leidenschaftlich, voller Phantasie und guten Willens.

Es gibt kaum eine größere Qual für einen Menschen, als über Fähigkeiten zu verfügen, die sich in dieser Welt nicht realisieren lassen, weil es keinen entsprechenden Gestaltungsrahmen dafür gibt. Kinder und Jugendliche brauchen von ihren Eltern und Lehrerinnen und Lehrern die Bestätigung und Bejahung ihrer geistigen, d.h. ihrer einmaligen und unverwechselbaren Individualität.

Auf der seelischen Ebene des Miteinanders heißt das: Willkommen heißen, Mut machen, Lebensbedingungen herstellen, in denen Entwicklung möglich ist, die ureigensten Impulse und Intentionen von Kindern und Jugendlichen unterstützen, wertschätzen und wahrnehmen – und vor allem: sich zutiefst interessieren, was Kinder und Jugendliche *fühlen*. Kinder und Jugendliche wollen in ihren Empfindungen ernst genommen werden, und Erwachsene müssen ihnen helfen, diese zu formulieren und besprechbar zu machen.

Es ist kaum nötig zu erwähnen, daß dies selbstverständlich nur gelingt, wenn Eltern und Lehrerinnen und Lehrer entsprechende emotionale Kompetenzen besitzen. Dies ist aber keineswegs selbstverständlich.

Die gesellschaftlichen Herausforderungen und Prüfungen sind für viele Menschen heute derart überfordernd, daß sich oft persönliches Versagen in Kurzschlußhandlungen äußert – wie oft lesen wir von Familientragödien, z.b. ein Familienvater löscht seine Familie aus, oder eine Mutter nimmt ihr Kind mit in den Tod etc. Selbstmord als letzter Ausweg aus einer offenbar verzweifelten Lebenssituation. Und die Gründe dafür? Natürlich spielen Persönlichkeitsstruktur, Kindheit und Sozialisation eine bedeutende Rolle. Aber: Auch die gesellschaftlichen Verhältnisse sind gnadenlos. So mögen Arbeitslosigkeit, finanzielle Engpässe, Demütigungen durch Gesetze wie Hartz IV zumindest mitverantwortlich sein für viele Verzweiflungstaten.

Vor dem Hintergrund dieser kurz skizzierten Überforderungsszenarien – und es gibt unzählige mehr –, unter denen heute Eltern, Lehrer und eigentlich wir alle leiden, verbieten sich einseitige Schuldzuweisungen.

Zu all diesem seelischen Elend kommt eine schwerwiegende geistige Realität: Wenn Kinder in eine Welt hineingeboren werden, in der ein Welt- und Menschenverständnis herrscht, das den Menschen als ein höheres Tier versteht und die Entstehung der Welt durch puren Zufall erklärt, dann erleben Kinder die erste große Kränkung: Sie werden als geistige Individualität zurückgewiesen und reduziert auf ihre vergängliche, d.h. physische und seelische Existenz. Konkret heißt das: Eltern und Lehrer antworten nicht geistgemäß auf die Individualität des Kindes, weil sie nicht fragen:

Wer bist *Du*?

Woher kommst *Du*?

Was möchtest *Du* auf dieser Welt realisieren?

Was können *wir* dazu beitragen?

Wir halten fest: Wenn ein Kind nicht als geistige Individualität gesehen wird, ist das die erste große Kränkung, Demütigung und Zurückweisung. Jedes problematische Verhalten bis hin zur schlimmsten Gewalttätigkeit hat hier eine seiner wichtigsten Wurzeln!

In meiner psychotherapeutischen Praxis habe ich es mit Formen von Gewalt in Schule und Elternhaus zu tun, die weniger spektakulär sind, aber trotzdem sehr belastend und zerstörend. Alle Themen beinhalten immer folgende feste Größen: Demütigungen, Herabsetzungen, Nicht-wahrgenommen-Werden, also mangelndes Interesse. Beziehungslosigkeit zwischen den Eltern und Beziehungslosigkeit zwischen Eltern und Kindern, Zynismus der Erwachsenen gegenüber Jugendlichen, ein vollständig unkontrollierter Medienkonsum.

Das Ergebnis: Sprachlosigkeit, Vereinsamung, Heimatlosigkeit, ein gravierender Mangel an Mitleid und Empathiefähigkeit, eine Entkoppelung von Tat und Verantwortung.

Alle Menschen, aber besonders Kinder und Jugendliche, die sich und die Welt begreifen wollen, sind von personellen echten Begegnungen existentiell abhängig. Denn sie allein spenden Wärme, Trost, Mut, Hoffnung und Vertrauen. Es gibt zu einer echten menschlichen Begegnung und Beziehung, d.h. zu einem Einander-erkennen-und-bestätigen-Wollen *keine* Alternative.

Wo Kinder und Jugendliche diese Begegnungs- und Beziehungsqualität nur unzureichend oder gar nicht erleben durften, entsteht im Seelischen ein bedrohliches Vakuum, das mit allen bekannten Surrogaten gefüllt wird. Irgendwann aber – bei entsprechender Disposition – staut sich das Gefühl, nicht in der Welt angekommen und willkommen zu sein, so massiv, daß diese bodenlose Enttäuschung („mich braucht keiner", „ich bin niemand", „mich mag niemand") in Haß umzuschlagen droht und bei Jugendlichen, aber eben auch bei Erwachsenen, zu einem Dammbruch führen kann – wie ein sogenannter Amoklauf.

Es ist dies ein großangelegter Racheakt für alles, was diese Jugendlichen erlitten haben.

Wenn wir hier versuchen zu verstehen, heißt dies keinesfalls, daß es etwa um Entschuldigungen geht; denn es gibt keinen Kausalzusammenhang dergestalt, daß bestimmte belastende Kindheitserfahrungen notwendigerweise zu Gewalt und Kriminalität führen. Hier hat die Psychologie den Begriff der Resilienz eingeführt, d.h. daß Menschen offenbar eine große Widerstandsfähigkeit besitzen und über ein hohes Maß an Selbstregulation verfügen, mit deren Hilfe sie schwierige biographische Ausgangssituationen bewältigen. Aus der Lebenserfahrung wissen wir alle, daß manche Menschen bei außerordentlich günstigen Lebensbedingungen durchaus scheitern können, während andere unter viel härteren Bedingungen ihr Leben erstaunlich erfolgreich meistern.[1]

Es ist sicher eine gewagte These: Aber können wir uns nicht auch fragen, warum es nicht viel mehr Amokläufe gibt, durch die bis in die letzte Konsequenz die selbst erlittene Not weitergegeben wird? Können wir nicht auch eine tiefe Dankbarkeit für junge Menschen empfinden, die ihre Not offenbar anders verarbeiten, als sie nur weiterzugeben?

Wenn wir eine geistige Perspektive mit in den Blick nehmen, d.h. wenn wir von wiederholten Erdenleben ausgehen, so wird der Begriff der Resilienz möglicherweise verständlicher. Nämlich in dem Sinne, daß Kinder und Jugendliche sich aus dem Vorgeburtlichen Selbstregulation und Widerstandsfähigkeit mitbringen und so besser ausgerüstet sind, mit ihren Schicksalsbedingungen fertigzuwerden.

---

[1] Hier sei an die Biographie des Psychologen Victor Frankl erinnert, der in seinen autobiographischen Aufzeichnungen „Trotzdem Ja zum Leben sagen" seine Erlebnisse in Auschwitz verarbeitet. Dies ist ein extremes Beispiel für die Widerstandskraft eines Menschen, der unter unbeschreiblichem Leiden seine Würde und Menschlichkeit beweist.

Unter den Zehn Geboten im Alten Testament gibt es das vierte Gebot: Du sollst Vater und Mutter ehren, auf daß es dir wohlgehe und du lange lebest auf Erden. Vielleicht sollten wir ein weiteres Gebot für Vater, Mutter und Lehrer ergänzend formulieren: Du sollst deine Kinder und Schüler ehren.

Hier noch einige erhellende Fakten, zitiert aus Erziehungskunst 1/2009:

„Geborgenheit und Vertrauen

Für Kinder in Deutschland sind Freundschaft, Geborgenheit, Ehrlichkeit und Vertrauen die wichtigsten Werte. Geld, Ordnung und Durchsetzungsfähigkeit spielen dagegen bei den 6- bis 14jährigen eine untergeordnete Rolle. Dies ist das Ergebnis des Kinderwerte-Monitors 2008 des Kindermagazins GEOlino in Zusammenarbeit mit UNICEF. Die Befragung zeigt aber auch, daß sich bereits viele junge Kinder mit Ängsten auseinandersetzen: So hat jedes zehnte Kind in Deutschland Angst vor der Schule. Nahezu ein Viertel fürchtet sich vor dem Verlust der Eltern oder nahen Angehörigen. Hierzu gehört auch die Angst vor Scheidungen."

Kollektives Ekeltraining

Interview mit Uwe Buermann

von Wolfgang Weirauch

Uwe Buermann, geb. 1968, Dozent an den Lehrerseminaren in Hamburg, Kassel und Kiel. Wissenschaftlicher Mitarbeiter bei IP-SUM (Institut für Pädagogik, Sinnes- und Medienökologie). Autor zahlreicher Fachartikel und Bücher, zuletzt erschienen: „Aufrecht durch die Medien" im FLENSBURGER HEFTE VERLAG.

Jeder Amoklauf, jedes School-Shooting frißt sich wie ein schwarzer Speer in das Bewußtsein der Menschen und lastet fortan bleischwer auf uns allen, vor allem natürlich bei den Angehörigen aller Betroffenen. Und jeder fragt sich: Warum? Jeder leidet unter der Diskrepanz der schrecklichen Tat und dem hilflosen Ringen nach einer Antwort. School-Shooting ist ein Ergebnis unserer modernen Zivilisation – einer Gemengelage aus dem Versagen vieler gesellschaftlicher Strukturen, einseitiger Zivilisationserscheinungen, dem Verlust von Werten, Religion, Spiritualität und Interesse für die Welt sowie der Schuld der Täter.

Mit dem Waldorflehrer und Medienfachmann Uwe Buermann sprechen wir über Amokläufe, School-Shootings und ihre Hintergründe, die Auswirkungen von Killerspielen und das Streben der heutigen Gesellschaft nach virtueller Unsterblichkeit. Außerdem sprechen wir über die Gefahren und den sinnvollen Umgang mit dem Internet, das Korrumpieren übersinnlicher Erlebnisse durch technische Erfindungen, die Konfrontation der Jugendlichen mit Gewaltszenerien, über anthroposophische Hintergründe von Gewalterfahrungen und wie man sich mit einer Seelen- und Beziehungskunde diesen Phänomenen nähern könnte.

Wolfgang Weirauch: Die Begriffe Amok und Amoklauf werden heute ganz anders verwendet als früher; auch die Menschen, die damit in Zusammenhang gebracht werden, sind völlig andere Charaktere. Was verstand man früher unter dem Begriff Amok bzw. Amoklauf?

Uwe Buermann: Vom Begriff her scheint es so zu sein, daß der Begriff Amok aus dem indischen Bereich bzw. aus Java kommt, aus dem Malaiischen. Übersetzt heißt es „in blinder Wut angreifen und töten". Damit bezeichnete man eine besondere Art von Kriegern, die sich in einen entsprechenden seelischen Zustand versetzten, um sich dann ohne Todesfurcht gegen größere Heere zu stemmen. Ähnliches kennen wir auch aus dem nordischen Bereich, nämlich die Berserker, z.B. bei den Wikingern.

Hierbei ging es gar nicht nur darum, daß sich diese betreffenden Berserker durch Rauschmittel in bestimmte Zustände versetzten, sondern wichtig vor allem ist, daß sie in ihrer Gruppe in einem religiösen Kontext standen, der ihnen auch den entsprechenden Hintergrund bot. Man ging z.B. davon aus, daß das Leben auf der Erde nur eine Zwischenstation ist und daß derjenige, der mit der Waffe in der Hand im Kampf stirbt, z.B. Walhalla erreicht – und damit eben die Unsterblichkeit. Der Suizid selbst war keineswegs das Ziel, denn der Selbstmord war eigentlich eine Strafhandlung, denn man war abhängig vom Schicksalsfaden, der gewoben wurde. Aber diese Menschen vereinte das Ziel, die Gefahr aufzusuchen, im Kampf zu sterben, ohne jede Angst vor dem Tod. Unterstützt wurde diese Situation von Halluzinogenen, die man in bestimmten Ritualen und mit bestimmten Tränken zu sich nahm. Diese nordischen Stämme waren in einem gewissen Vorteil, da sie ein klares Ziel über die Todesschwelle hinaus hatten, und der Gedanke, daß die Erde ein Jammertal ist, breitete sich in südlicheren Gegenden erst später im Mittelalter aus.

W.W.: Wie war das Seelengefüge eines solchen Berserkers in einer solchen entsprechenden Kampfhandlung?

U. Buermann: Auf jeden Fall lebte er in einem gelockerten Seelenzustand, ob nun mit oder ohne Substanzen, auf jeden Fall aber durch eine entsprechende Einstimmung, wozu u.a. Schlachtrufe und ähnliches gehörten. Auf jeden Fall war die Grundhaltung so, daß das Seelengefüge gelockert war, wodurch auch entsprechende Kraftpotentiale entfacht werden konnten. Und das gehört ganz zentral zu dem, was man früher unter Amok verstand – daß nach der Tat, wenn man denn überlebte, ein tiefer Erschöpfungszustand eintrat. Man kann eigentlich kaum davon sprechen, daß diese Menschen in einem ent-ichten Zustand waren, da das Ich noch gar nicht so präsent war. Auf jeden Fall aber kann man sagen, daß sie völlig außer sich waren, so daß die Menschen mit ihren Handlungen kaum verbunden waren und es hinterher eine Art Aufwachmoment gab. Und damit war auch das seelische Erlebnis verbunden: Was habe ich eigentlich gemacht? Heute dagegen haben wir es mit ganz anderen Tätern zu tun, die ihre Taten aber auch in mehr oder weniger ent-ichten Zuständen begehen.

Brüllend die Streitaxt schwingen

W.W.: Welche Wirkung hat ein solcher Berserker bzw. eine Reihe von Berserkern in dem einen Heer auf das feindliche Heer? Traten dadurch besondere Angstzustände bei den anderen auf?

U. Buermann: In jedem Fall. Man muß natürlich immer berücksichtigen, daß die Ichqualität der damaligen Menschen noch nicht so stark war wie heute, aber auch im sogenannten feindlichen Heer kämpften die Menschen um ihr Leben, und es war ihr Hauptbestreben, zu überleben. Und wenn man sich die jeweiligen Reihen von Kriegern mit ihren Schilden vorstellt und aus dem feindlichen Heer plötzlich solche Berserker herausbrachen, die ohne jedweden Schutz einfach brüllend ihre Streitaxt schwangen und entsprechend auf die anderen zuliefen, so verbreitete das natürlich im feindlichen Heer Angst und Schrecken. Hinzu kam die Vorstellung, daß dies übermenschliche Wesen seien, daß sie vielleicht besessen seien, vielleicht sogar Halbgötter – und allein deswegen entstand schon die Scheu, ihnen überhaupt entgegenzutreten. Und diese Scheu wurde für die Feinde der Berserker zum Nachteil und bestärkte zugleich die Heldenrolle des Berserkers. Der Berserker verbreitete allein durch sein Erscheinen Angst, wodurch der Gegner verunsichert wurde. Auf diese Weise fiel es den Berserkern leichter, in ihrem Rauschzustand eine Übermacht niederzumetzeln.

Auftragsmorde und Tötungstraining

W.W.: Was ist der Unterschied zwischen diesem Gruppen-Amok und einzelnen Tätern, die z.B. im Sold reicher Leute standen, einen

Auftragsmord ausführen sollten oder sonstwie im Mordauftrag in die Welt geschickt wurden? Kann man sie überhaupt Amoktäter nennen?

U. Buermann: Nur bedingt. Hier gab es die Assassinen in Syrien und Persien, etwa in der Zeit vom 11. bis zum 13. Jahrhundert, die aber auch in einer religiösen Einbindung standen. Die Rekruten wurden tatsächlich in ein real-existierendes Paradies geführt, u.a. durch Haschisch und Betäubungstränke. Hier erlebten sie ein paar Tage die Verzückungen des Paradieses in ihrem Rauschzustand, bis sie wieder in das Tagesbewußtsein zurückgeführt wurden und dann eine Art Training zum Töten von bestimmten Personen erhielten und auch die Angst vor dem Tod verloren, vor allem, weil sie das Paradies bewußt erlebt hatten.

Amoklauf – was ist das?

Eigentlich kann man diese Menschen nicht als Amokläufer bezeichnen. Und hier taucht schon das Problem auf, daß man den sogenannten Amokläufer nirgendwo zuordnen kann. Auch wenn man die heutige Fachliteratur studiert, bemerkt man eine große Unsicherheit, was man eigentlich als Amoklauf bezeichnen kann. In einem gewissen Sinne müßte man auch die palästinensischen Selbstmordattentäter als Amokläufer bezeichnen, aber das tut man nicht, weil man dafür einen eigenen Begriff gefunden hat. Die Struktur ist aber eine ähnliche.

Ein ähnliches Problem entsteht bei den heutigen Familientragödien, die auch immer unter dem Begriff Amoklauf eingeführt werden. Das muß man aber immer im Einzelfall nachprüfen, ob dies nun Mord, Totschlag oder sogar strenggenommen ein Amoklauf ist. Solange aber niemand anders als ein Familienmitglied betroffen ist, spricht man heute in den Medien nicht von Amoklauf. Hier redet man von einer Familientragödie.

W.W.: Der Begriff Amok ist früher anders verstanden worden als heute; wie wurde der Begriff des einzelnen Amoklaufs bis vor einiger Zeit definiert? Können Sie etwas zu den vier Phasen sagen, in die man einen solchen Amoklauf einteilte?

U. Buermann: Man hatte immer Schwierigkeiten, diesen Begriff zu definieren und Zuordnungen zu treffen. Diese vier Stadien beziehen sich schon auf die neuere Zeit, wenn auch nicht auf die sogenannten Amokläufe der letzten Jahrzehnte. Man bezeichnete als erstes Stadium das sogenannte Vorstadium, dann den explosiven Ausbruch, dann die Tat ohne Motiv und zuletzt die sich anschließende Erinnerungslosigkeit. Aber auch hier muß man sagen, daß in den allermeisten Fällen diese vier Phasen nur im nachhinein konstruiert worden sind und so festgelegt wurden, ohne daß der Täter in irgendeiner Weise eingebunden worden ist, weil er sich entweder umgebracht hat, auf andere Weise zu Tode kam oder bei etwaigem Überleben die Amnesie so stark war, daß eine Motivation kaum zu ergründen war. Eigentlich sind diese vier Phasen nichts weiter als eine theoretische Konstruktion.

W.W.: Warum wendet sich der sogenannte Amokläufer am Ende oft gegen sich selbst?

U. Buermann: Man setzt dies häufig in Zusammenhang mit psychischen Störungen, mit Wahnvorstellungen und ähnlichem, wobei man bei näherem Hinsehen bei vielen Einzelfällen auch seine Fragen haben muß. Besonders in der neueren Zeit, mindestens seit dem 18. oder 19. Jahrhundert, ist die Ichpräsenz der Menschen so stark, daß sie in dem Moment, in dem sie aus ihrem amokhaften Zustand herauskommen, mit ihrer eigenen Tat konfrontiert werden, so daß sich dann die Aggression gegen sich selber richtet, die Verzweiflung über sie hereinbricht, also nicht nur der Amnesiezustand. Man kann fast sagen, daß der frühere Amnesiezustand wie eine Art Schutzfunktion gewirkt hat, um den Menschen nicht mit der eigenen Tat zu konfrontieren. Das kennen wir auch heute aus traumatisierten Zusammenhängen, also z.B. dem sogenannten Shell shock bei den Kriegsgeschädigten des 1. Weltkrieges oder von posttraumatischen Belastungsstörungen in jedweder kriegerischen Situation – also die Erfahrung, daß Menschen bei grausamen Situationen, besonders dann, wenn sie selbst daran beteiligt waren, mit Sprachverlust, Gedächtnisverlust und anderen ähnlichen Belastungsstörungen reagieren. Und das ist wie eine Art Schutzfunktion des Wesensgefüges dieser Menschen, weil sie sonst wahrscheinlich nur mit Selbsttötung oder Selbstauslöschung mit dem zurechtkommen, was sie dann erleben müßten.

W.W.: Wie definiert die Weltgesundheitsorganisation (WHO) den Begriff Amoklauf?

U. Buermann: Es gibt zwei offizielle Definitionen. Auch nach DSM-IV[1] sieht die Weltgesundheitsorganisation den Amok als ein kulturabhängiges Syndrom, und er wird als eine „dissoziative Episode, die durch eine Periode des Grübelns charakterisiert ist, auf die ein Ausbruch gewalttätigen, aggressiven oder menschengefährdenden Verhaltens folgt, das sich auf Personen und Objekte richtet" definiert. Diese Definition ist noch sehr stark an die schon angesprochenen vier Phasen angelehnt.

Die zweite Definition aus dem ICD-10[2] für Indonesien und Malaysia wird wie folgt beschrieben: „Eine willkürliche, anscheinend nicht provozierte Episode mörderischen oder erheblich destruktiven Verhaltens, gefolgt von Amnesie oder Erschöpfung. Viele Episoden gipfeln in Suizid." Hier wird der Amok in die Persönlichkeits- und Verhaltensstörungen eingestuft. Dies ist eigentlich die neuere Variante, wobei man ganz klar sagen muß, daß das, was wir heute als School-Shootings bezeichnen, nicht unter diese Definition fällt. Denn wir wissen bei allen School-Shootings, daß es sich dabei um geplante Taten handelt, in keiner Weise um willkürliche Taten.

School-Shooter sind keine Amokläufer

W.W.: Eigentlich ist der Amokläufer ein Phänomen, welches man nur schwer verstehen kann, besonders die sogenannten Amokläufer, die man heute als solche bezeichnet, also die School-Shooter. Wie würde man heute den Begriff Amok verstehen?

U. Buermann: Eigentlich ist es ein Unding, daß bei den Schulmassakern dieser Begriff Amok benutzt wird, weil es letztendlich eine Irreführung der Menschheit ist. Ich verstehe den Begriff Amok genauso, wie man ihn früher verstanden hat, also die willkürliche Tat, die es heute noch genauso gibt. Vor allem ist es ja überhaupt nicht gesagt, daß dieser Amokzustand mit einer Tötung einhergehen muß. Nach der üblichen Definition kann es nur zu einer Tötung von Menschen kommen, wenn zufällig in diesem Moment der Täter

---

1 Diagnostic and Statistical Manual of Mental Disorders (Diagnostisches und Statistisches Handbuch Psychischer Störungen, Ausgabe IV)
2 Internationale statistische Klassifikation der Krankheiten und verwandter Gesundheitsprobleme der Weltgesundheitsorganisation (Statistical Classification of Diseases and Related Health Problems)

eine Waffe dabei hat oder in den Besitz einer Waffe kommt, wenn er in diesem amokähnlichen Zustand ist, und dann jemanden töten kann. Hierüber gibt es natürlich keine Zahlen, und man weiß nicht, wie häufig Auseinandersetzungen am Rande von Volksfesten und ähnlichen Gelegenheiten auch einen ähnlichen Charakter haben in dem Sinne, daß jemand in einem solchen Zustand ausrastet, um sich schlägt, wahllos Leute attackiert und sich im Zweifelsfall nachher auch nicht daran erinnern kann – weder warum, noch was er im einzelnen getan hat. Diese spontanen Äußerungen würde ich weiterhin Amoklauf nennen.

Erweiterter Suizid

W.W.: Die Amoklauf genannten Vorfälle in den Schulen haben ja einen völlig anderen Charakter.

U. Buermann: Genau. Sie haben für mich den Charakter eines erweiterten Suizids. Hierfür gibt es keinen geeigneten gängigen Begriff, aber die Selbsttötung ist von vornherein mit inbegriffen. Amoklauf würde ich das nicht nennen. Von erweitertem Suizid spricht man, wenn der Täter nicht nur seine eigene Ermordung plant, sondern mitunter keineswegs nur bekannte, sondern auch unbekannte Personen wahllos mit in den Tod nehmen will.

Wir wissen, daß dieses Phänomen an den Schulen insgesamt zunimmt, aber nicht nur in bezug auf Schulen: Z.B. ist dieses Phänomen auch von einigen Geisterfahrern bekannt, weil man bei ihnen diesbezügliche Abschiedsbriefe gefunden hat. Also wählen heutzutage auch ganz andere Menschen diese Art der Selbsttötung, indem sie z.B. vorsätzlich mit ihrem Pkw in falscher Richtung auf die Autobahn fahren und sich willkürlich ein anderes Fahrzeug aussuchen, mit dem sie frontal zusammenstoßen. Sie selbst sind dann nicht angeschnallt. Sie inszenieren ihre Selbsttötung, haben aber die klare Absicht, auch willkürlich andere Menschen mit in den Tod zu nehmen. Das nennt man erweiterten Suizid, mit klarer Einbeziehung des Tötens anderer Personen.

W.W.: Auch diejenigen Selbstmörder, die vor einen Zug springen – man nennt das in der Fachsprache „Personenschaden auf den Schienen" – gehören ja eigentlich auch ein wenig in diese Gruppe; zumindest tendenziell.

U. Buermann: Ja, auch wenn sie nicht davon ausgehen können, daß der Zug entgleist, aber sie wollen ihren Tod in eine gewisse Öffentlichkeit bringen, mit anderen Menschen konfrontieren, und beziehen zumindest mehr oder weniger bewußt mit ein, daß der Lokomotivführer einen psychischen Schaden bekommt.

Man kann die neueren Attentate auch Schulmassaker mit anschließender Selbsttötung nennen. Diese Bezeichnung wäre sachlich deutlich richtiger, ist allerdings nicht schlagzeilentauglich. Eine *Bild*-Überschrift „Schon wieder erweiterter Suizid an einer deutschen Schule" wäre nicht sehr verkaufsträchtig und übersteigt nebenbei das intellektuelle Niveau der meisten Bildzeitungsleser; auch ist der Begriff zu lang. Insofern ist Amoklauf an dieser Stelle auch ein Synonym geworden. So gesehen wird Amoklauf auf alle möglichen Taten angewandt.

Gemeinsamkeiten früher und heute

W.W.: Wenn man die Charakterisierung der Amokläufer früherer Zeiten – sowohl der Berserker als auch derjenigen, die in einen Rauschzustand kamen –, mit den Schulattentätern der heutigen Zeit in den zivilisierten Ländern vergleicht, so sind letztere völlig andere Typen – meist gewalttätige Männer, was vielleicht noch eine Gemeinsamkeit ist, aber dann hören schon die meisten Gemeinsamkeiten auf. Können Sie zu Beginn einmal kurz darstellen, welche Gemeinsamkeiten es zwischen diesen beiden Gruppen überhaupt noch gibt?

U. Buermann: Es gibt gewisse Gemeinsamkeiten. Ein Phänomen, gerade bei den heutigen Jugendlichen, ist, daß sie in der Lage sind, ihre Phantasien auch wirklich in der Tat durchzuziehen. Wenn jemand ausflippt und den ersten Menschen umbringt, dann ist es ein reales Geschehen, kein virtuelles Geschehen mehr, kein Film. Bei den sogenannten normalen Straftätern ist es so, daß sie in dem Moment, in dem sie von einer Waffe Gebrauch machen, in eine Art Schockzustand kommen und sich mitunter dann auch anstandslos festnehmen lassen. Meist beteuern sie dann hinterher, daß sie ihre Tat nicht begehen wollten.

Bei den Schulattentätern ist es so, daß sie nicht nur einen Menschen umbringen, sondern bis zu 15 oder 16, zum Teil sogar mit

Pausen dazwischen. Dies ist bei den jungen Menschen nur dadurch zu erklären, daß sie in einem psychischen Ausnahmezustand sein müssen, sicherlich auch in einem Zustand der Ent-Ichung, so daß ihre Ich-Präsenz nicht mehr gewährleistet ist. Insofern hat man hier eine Ähnlichkeit mit den Amokläufern der Vergangenheit.

Viele von ihnen planen von vornherein ihre Selbsttötung; in einigen Fällen ist das auch deutlich von ihnen selbst dokumentiert. In vielen anderen Fällen legen es die Täter darauf an, daß sie von der Polizei gerichtet werden. Vor allem kann man daran erkennen, daß sie definitiv ihren Tod planen.

Mediale Unsterblichkeit

Eine subtilere Gemeinsamkeit sehe ich auch noch darin, daß die Täter letztendlich eine Unsterblichkeit anstreben, nur auf einer ganz anderen Ebene.

W.W.: Woran denken Sie dabei?

U. Buermann: Vor allem in der Medienpräsenz hinterher. In unsere Lebenspraxis hat grundsätzlich das materialistische Denken Einzug gehalten, und von den allermeisten Menschen wird ein Leben nach dem Tod verneint. Ob sich das immer mit demjenigen deckt, was sich tief im Inneren der Seele abspielt, ist noch die Frage; aber es ist zumindest das, was man an der Oberfläche sehen kann. Und so wird die Frage nach der Zeit nach dem Tod so verstanden, daß es für viele Menschen davon abhängt, ob noch andere Menschen an einen denken. Sie wollen dann in der Erinnerung der anderen Menschen weiterleben. Das ist ein weitreichendes Phänomen.

Auch bei den Opfern in Winnenden z.B. tauchte immer wieder die Botschaft auf: „Ihr werdet immer in unserer Erinnerung leben. Wir werden euch nicht vergessen!" Zum Teil wissen wir aus den Aufzeichnungen der Täter, daß sie genau diese Auffassung vertreten haben, und das erklärt auch ihre Zielsetzung, daß sie z.B. anstreben, ins Guinness-Buch der Rekorde zu kommen und die jeweiligen Vorgänger zu

Guinness-Logo®

überbieten, um damit dafür zu sorgen, daß sie im Bewußtsein der Menschen bleiben, um so eine gewisse Form der Unsterblichkeit zu behalten. Das ist der Grund für das Fanal, welches sie setzen, damit die Menschheit sich ihrer erinnert. Insofern ist dies eine Metamorphose der alten Vorstellungen – sie kommen nicht nach Walhalla, sondern heute streben sie eine mediale Erinnerung bzw. Präsenz im Internet an.

Kalt und treffsicher durchziehen

W.W.: Und was ist der Unterschied zwischen den beiden Gruppen, den heutigen Schulattentätern und den früheren Amokläufern?

U. Buermann: Heute haben wir es mit egoistischen Motivationssträngen zu tun. Dies deckt sich nicht mit den Tätern der Vergangenheit, denn jene waren in dem Sinne keine Egoisten, sondern sie befanden sich inmitten ihrer Volksseelen, im jeweiligen Volkszusammenhang; eine individuelle Motivation kann man bei den früheren Amokläufern nicht finden. Das ist ein deutlicher Unterschied. Auch den palästinensischen Selbstmordattentäter oder entsprechenden Menschen im Irak müssen wir ganz klar von den heutigen Schulattentätern trennen, denn dort werden auch schon Kinder auf das Leben als Selbstmordattentäter vorbereitet, und sie werden in einem Kontext erzogen, der verhindert, daß sie eine Ich-Entwicklung aufgreifen können, wie es auch in unserer Zeit längst möglich wäre. Dadurch werden sie in einem Zustand gehalten, der einer früheren Zeit entspricht. Wahrscheinlich ist dies ein Zustand, der einem Empfindungsseelenzustand entspricht. Sie werden in einem Volkskontext bzw. in einem anderen Gruppenkontext zurückgehalten, so daß man nicht davon reden kann, daß es sich um eine wirkliche Ich-Tat handelt. Somit handelt es sich hier ebenfalls nicht um ein egoistisches Motiv.

W.W.: Der Unterschied zu den Schulattentätern heute ist ja, daß diese keineswegs spontan oder aus irgendeinem Gefühlsausbruch handeln, sondern daß sie ihre Taten minutiös über längere Zeit, oft über ein Jahr, planen und gezielt, kalt und treffsicher durchziehen.

U. Buermann: Exakt, das ist der Unterschied zu den Selbstmordattentätern. Mit den Schulattentätern kommt etwas völlig Neues in unsere Welt hinein. Das Minutiöse hat auch einen starken Zusammenhang mit der Medienpräsenz. Von den beiden Attentätern der Columbine-Highschool wissen wir, daß sie im vorhinein alle ihre Vorbereitungen über Monate dokumentiert haben, u.a. mit Videokameras, und daß sie ganz zu Anfang ihrer Dokumentationsserie bekundeten, warum sie das Ganze dokumentieren: weil ihr größtes Vorbild der Regisseur Quentin Tarantino war. Ihr Ziel war es, mindestens 150 Menschen umzubringen, dadurch einen unschlagbaren Rekord aufzustellen, und ihre gesamte Dokumentation sollte ihrer

pinguino k

Quentin Tarantino

Vorstellung nach dazu dienen, damit Tarantino ihre Geschichte in einem Film umsetzen kann. Und in diesem Zusammenhang sagen sie wörtlich: damit sie unsterblich werden können!

Das Individuelle ist wichtiger

Aber man sollte immer wieder betonen, daß man wirklich jeden einzelnen Fall ganz singulär betrachten sollte, denn bei jedem dieser Menschen liegt etwas anderes vor; auch wenn es Gemeinsamkeiten gibt. Das Bestreben, immer etwas Gemeinsames zu suchen, ist an dieser Stelle auch eine Gefahr. Denn es lenkt von dem ab, was bei dem einzelnen Menschen vorliegt. Das Gemeinsame ist letztendlich auch nicht so wichtig.

„Von ihm hätten wir das nicht gedacht!"

W.W.: Auch die Ausgangslage ist nicht unbedingt bei jedem gleich, auch stimmt es nicht, daß alle Schulattentäter irgendwie vereinsamt oder gemobbt worden sind, auch wenn dies bei einigen durchaus der Fall war. Auch fällt auf, daß eigentlich alle aus höheren Schulen stammen, zumindest nicht aus Haupt- und Sonderschulen. Können sie etwas zu der Ausgangssituation eines solchen Attentäters sagen?

U. Buermann: Ein verbindendes Element ist, daß wir es mit einem Phänomen zu tun haben, welches aus der Mittelschicht bzw. der gehobenen Mittelschicht stammt. Bei den Schulmassakern haben wir bisher keinen einzigen Täter, weder in den USA noch in Europa, der aus der Unterschicht kommt, der aus der Hauptschule oder Sonderschule stammt, sondern wir haben es mindestens mit Realschülern zu tun oder auch mit Gymnasiasten. Das ist eines der verbindenden Elemente.

Es sind Täter, die zunächst einmal, äußerlich betrachtet, einen sozial gesicherten Kontext haben. Und sie hatten auch gute Voraussetzungen, erlebten eine gute Förderung, sie hatten ihre Hobbys, denen sie nachgehen konnten, und hatten über diese Hobbys auch Kontakt zu Freunden. Gerade deswegen entsteht bei vielen von ihnen auch der Ausspruch der Nahestehenden, daß sie sagen: „Gerade von ihm hätten wir das nicht gedacht!" Hieran kann und sollte man viele Fragen haben. Diejenigen Menschen, die aus den sogenannten bildungsfernen Schichten kommen, haben natürlich auch ihre Aggressionspunkte, leben diese aber vermutlich weiterhin eher unmittelbar aus, obwohl wir auch dort jetzt eine Wende erleben. Das sind diejenigen Menschen, die in der U-Bahn oder auf Bahnhöfen getreten oder sogar umgebracht werden. Meist ist dies nicht geplant, entsteht spontan und hat durchaus amokähnliche Qualitäten. Gerade bei dem Todesfall auf der S-Bahnstation in Hamburg ist nun herausgekommen, daß die Täter es auf Randale angelegt hatten und es nur darauf ankam, wer sich als erster darauf einließ. In jedem Fall hat aber diese Art von Gewalt eine andere Struktur als bei den Schulattentätern. Bei ihnen ist das minutiös geplante Vorgehen auffällig, während bei den anderen die eher spontane Gewalt vorherrscht, die aber auch stärker wird und eine andere Qualität bekommt.

In bezug auf die Attentäter bei den Schulmassakern muß man aber sagen, daß es sich äußerlich nur um eine scheinbar gute Fassade gehandelt hat. Z.B. bei dem Täter von Erfurt wußten die Eltern nicht, daß er schon von der Schule verwiesen war, daß er sowohl in der Lage war, die entsprechenden Briefe abzufangen, die seine

Eltern dadurch nicht erreichten, und daß insofern zumindest eine gegenseitige Wahrnehmungsstörung, definitiv aber eine Kommunikationsstörung vorhanden war. Das Thema des Schulverweises ist also innerhalb der Familie nicht zum Gespräch gekommen, und zwar über mehrere Wochen hinweg. Und der Planungszeitraum war in etwa die Zeit von diesem Verweis bis zu dem Zeitpunkt, an dem er seinen Verweis gegenüber seinen Eltern nicht mehr hätte aufrechterhalten können. Von daher ist dies ein Komplex, der in den Bereich der sogenannten Bildungsverwahrlosung gehört, auch in die Medienverwahrlosung.

Wir haben es also hier mit einem deutlich in den oberen Schichten anzusiedelnden Problemkomplex zu tun.

Keiner sieht mich so, wie ich wirklich bin

W.W.: Trotzdem ist das Element der Isolation, der gesellschaftlichen und familiären Ausgrenzung, bei den Tätern stark im Vordergrund.

U. Buermann: Ja, es ist stark dabei, zumindest dann, wenn man tiefer geht. Eine oberflächliche Kontaktebene ist in diesen Strukturen vorhanden, die aber nicht mit dem inneren Seelenleben gedeckt ist. Eigentlich ist das ein Phänomen, was in unserer Gesellschaft allgegenwärtig ist, also daß man auf Smalltalk-Ebene miteinander redet, z.B. auf Vereinsebene oder in der Kneipe, daß aber gleichzeitig eine tiefere seelische Vereinsamung erlebt wird. Das ist eigentlich ein Problem, welches wir alle heutzutage mehr oder weniger haben: das Problem, daß wir mehr oder weniger alle unter einem Aufmerksamkeitsdefizitsyndrom leiden.

Die Zeitgenossen heute fühlen sich eigentlich alle permanent mißverstanden, und zwar unter Freunden, unter den Kollegen und in der Partnerschaft. Jeder denkt mehr oder weniger: Keiner sieht mich so, wie ich wirklich bin. Auf der anderen Seite wissen die meisten Menschen auch, daß die anderen einen gar nicht so sehen können, wie man wirklich ist, weil wir alle mit wesentlichen Bereichen unseres Innenlebens hinter dem Berg halten. Das ändert aber nichts an der Sehnsucht danach, daß mich bitte alle so sehen sollten, wie ich wirklich bin.

Diese Tendenzen bilden sich z.B. auch in Facebook und ähnlichen Foren ab, wo plötzlich gestandene Persönlichkeiten mit ihren sexuellen Vorlieben hausieren gehen und wo sich genau dieses geschilderte Spannungsfeld abbildet. Dieses Spannungsfeld ist sicherlich ein verbindendes Element der Täter – äußerlich nicht wirklich die zurückgezogenen gemobbten Außenseiter, sicherlich auch nicht die Kontaktfreudigsten und Beliebtesten, die auf alle anderen zugehen; auf der anderen Seite das Gefühl, nicht erkannt worden zu sein. Von daher ist eigentlich jede Prävention von vornherein zum Scheitern verurteilt; denn wenn es wirklich die unauffälligen Menschen sind, die eventuell zu Tätern werden könnten, braucht man kaum mit der Prävention zu beginnen.

W.W.: Dann sind die Schulattentäter ein Spiegel unserer heutigen Gesellschaft, wenn auch in extremem Maße – denn wir alle sind irgendwo vereinsamt und fühlen uns mißverstanden?

U. Buermann: Ganz genau.

W.W.: Allerdings werden die meisten Menschen nicht solche Attentäter. Welche Belastungsfaktoren kommen bei ihnen hinzu, daß sie zu solchen Attentätern werden?

U. Buermann: Auf jeden Fall eine Zuspitzung der psychischen Situation, woran dies nun im Einzelfall auch immer liegen mag. Inwieweit psychische Störungen mit hineinspielen, muß man jeweils im einzelnen Fall klären, auch, ob psychotische Vorstellungen, Wahnvorstellungen mit hineinspielen. Auf der anderen Seite sind diese Täter die Spitze des Eisbergs. Eine allgemeine Hilflosigkeit konzentriert sich bei ihnen in eine Extremsituation. Was man aber auf jeden Fall sagen kann, ist, daß bei ihnen allen ein Gleichgewicht auseinanderläuft. Sicherlich hat jeder Mensch irgendwo seine Gewaltphantasien. Das gehört einfach zur Neuzeit hinzu, gerade auch angeregt durch entsprechende Filme. Und daß jeder schon einmal mit dem Messer in der Vorstellung auf den Chef oder die Lehrer oder den eigenen Partner losgegangen ist, ist heutzutage sicherlich gang und gäbe.

Bei den Schulattentätern haben wir es allerdings mit Menschen zu tun, die aus einer ganz individuellen Situation heraus ihre Phantasievorstellung in eine akribisch umgesetzte Tat laufen lassen. Es spricht für die Intelligenz dieser Menschen, daß sie ihre Tat akribisch vorbereiten, über lange Zeit, bis dahin, daß sie sich – wie bei dem Täter von Winnenden – Waffen und Munition organisieren. Beim Täter von Winnenden weiß man, daß er die Munition dem Vater über einen längeren Zeitpunkt abgezwackt hat. Ganz genau ist es aber nicht bekannt; auf jeden Fall kann man aber sagen, daß er sich über einen längeren Zeitpunkt diese Munition in klarer Planung der Tat beschafft hat.

W.W.: Kann man etwas darüber aussagen, wie und wann sich bei einem späteren Täter die Gewaltphantasien entwickeln, wie sich z.B. Rachegefühle metamorphosieren – bis zur klar geplanten Tat mit Todeslisten?

U. Buermann: Es gibt keine klare Rekonstruktion dieses minuti-ösen Vorlaufs einer Tat. Selbst diejenigen, die ihren Vorbereitungs-prozeß dokumentiert haben, wie z.B. die Täter von Columbine, haben nicht dargestellt, wie es zu dem Entschluß gekommen ist. Sie haben in den vier Monaten vor der Tat ihre einzelnen Schritte dokumentiert, nicht aber, wie es am Anfang dazu gekommen ist.

Häufung im Frühjahr

Ein Element darf man nicht außer acht lassen: den Nachahmungs-effekt. Es gibt auch einen unmittelbaren Nachahmungseffekt nach einer entsprechenden Tat, und zwar ist der Gipfel dieser Nachah-mungen 18 Tage nach einer solchen Tat. Das sind oftmals Meldungen von Trittbrettfahrern, die man schon gar nicht mehr öffentlich be-kanntgibt. Darüber hinaus wissen wir anhand der Täter der letzten Jahre, daß sie sich jeweils deutlich an ihren Vortätern als sogenannte Vorbilder orientiert und daß sie selbst zu gewissen Zeitpunkten im Internet begonnen haben zu recherchieren und sich mit den Taten der Vorgänger auseinandergesetzt haben; und sie haben deren Erfahrun-gen übernommen. Oder sie haben deren Erfahrungen entsprechend modifiziert.

W.W.: Man hat ja auch manchmal die gleichen Daten der vorhe-rigen Attentate für das eigene Attentat gewählt.

U. Buermann: Ja, zum Teil auch das. Manche orientieren sich an den Daten, andere an den Wochentagen; auf jeden Fall gibt es gewisse Kondensationspunkte. Eine gewisse Häufung dieser Taten gibt es vor allem im Frühjahr, so wie z.B. die Suizidrate vor allem im November ansteigt. Das kann mit bestimmten Nachahmungs-tagen zusammenhängen, bei den Abiturienten kann es auch mit den Wochen des Abiturs zusammenhängen, aber da habe ich meine

Zweifel. Vermutlich hängt es auch mit tief innerlichen, mit seelischen Prozessen zusammen, z.B. mit einer grüblerischen oder depressiven Phase während des Winters, die sich dann zum Frühjahr hin entlädt. Gerade im Jugendalter schießt im Frühjahr die Seele nach außen; allerdings im positiven Sinne. Aber es sind Prozesse, die einen gewissen Entkörperungszustand steigern bzw. befördern, so daß der über Wochen im Kopf bewegte Plan im Frühjahr in die Tat umgesetzt wird.

W.W.: Gerade im Frühjahr, z.B. im Mai, gibt es eine starke Steigerung von schweren Depressionen, weil die Diskrepanz zwischen dem eigenen seelischen Zustand und der aufblühenden Natur entsprechend kraß empfunden wird. Das könnte auch damit zusammenhängen.

U. Buermann: Ja, da gibt es sicherlich Parallelen.

Zukunftslosigkeit – mit einem Fanal die Erde verlassen

W.W.: Wenn man sich die Natur des Menschen tiefer anschaut bzw. wenn man in die Welt schaut und sieht, wie die Menschen mit anderen Menschen umgehen, so ist es eigentlich nicht verwunderlich, daß man im Menschen zu einem großen Teil eine gewisse Raubtiernatur konstatiert. Insofern wundert es mich nicht, daß es solche Attentate gibt. Allgemein spricht man ja davon, daß zwei Seelen in der menschlichen Brust wohnen; gemeint sind hier die unterschiedlichen Gefühlsqualitäten, vom Guten bis zum Schlechten. Trotzdem ist es so, daß nur einige wenige zu solchen Attentätern werden, alle anderen nicht, auch wenn jeder Mensch sicherlich irgendwann einmal ähnliche Gefühle hatte. Gibt es irgendwelche Erkenntnisse darüber, wie ein späterer Amokläufer im Vorfeld mit sich ringt, Pro und Kontra abwägt und letztlich den Entschluß faßt, eine solche Tat zu vollziehen? Gibt es irgendwelche Erkenntnisse darüber, wie und warum dieser Entschluß gefällt wird?

U. Buermann: Ein ganz entscheidender Punkt ist das Einsetzen der eigenen Zukunftslosigkeit. Im Unterschied zu den sogenannten „normalen Selbstmördern", die entweder spontan an einen Endpunkt kommen oder aus langen Depressionen heraus allmählich in eine gewisse Verzweiflung hineinleben und dann zu einem solchen Entschluß kommen, sind die Attentäter in einer anderen Situation, denn irgendwann entsteht bei ihnen ein ich-bewußter Moment, in dem sie konkret planen und beschließen, daß sie ihr eigenes Leben beenden wollen, in dem also vollbewußt keine eigene Perspektive für diese Inkarnation mehr gesehen wird. Und dieser Plan wird so vollbewußt gefaßt, daß sie mit einem Fanal die Erde verlassen wollen, wenn sie schon gehen. Und dafür nehmen sie sich dann noch die Zeit, dieses vorzubereiten. Eigentlich ist es eher sekundär, wann genau sie von dieser Erde gehen. Klar aber ist der Plan, auf jeden Fall zu gehen.

Diese Kombination ist eine ganz wesentliche, was dem jeweiligen Menschen auch die Willenskraft gibt, entsprechende Vorbereitungen zu treffen. Dergleichen kennen wir von normalen depressiven Suizidgefährdeten überhaupt nicht. Gerade diese depressive Phase ist es, die sie in ihrer Verzweiflung lähmt, in der sie nicht in der Lage sind, aktive Vorbereitungen für das Ende zu treffen. Der vollbewußte Moment, das Leben als aufgegeben zu betrachten und dann den Vollzug dieser Tat durchzuziehen, aber mit entsprechender öffentlicher Bühne, ist etwas ganz Spezielles.

W.W.: Aufgrund Ihrer Schilderungen ergibt sich jetzt das Bild, daß am Beginn einer solchen Endphase die Planung des eigenen Todes steht und daß dann erst die einzelnen Schritte gefaßt werden. Es könnte aber auch umgekehrt sein, daß man z.B. aus verschiedenen Rachegefühlen heraus den Plan faßt, verschiedene Menschen umzubringen, und daß der eigene Tod erst eine Folge dieser Rachegedanken bzw. Rachetaten wird bzw. entsprechend in Kauf genommen wird. Ist beides möglich?

U. Buermann: Hier müßte man im Zweifelsfall auf die einzelnen Fälle schauen. Bei den herausragenden Fällen – Erfurt, Emsdetten, Winnenden und auch bei dem Mädchen von St. Augustin, über die man gar nicht mehr soviel spricht – ist es so gewesen, daß die Selbsttötung von vornherein eingeplant war. Auch dem Mädchen von St. Augustin, bei der es nur eine Verletzte gab, war dies klar, denn sie hatte den Abschiedsbrief bei sich. Und bei allen diesen Fällen wurde der eigene Tod nicht nur als Eventualität in Kauf genommen.

Aber es gibt eben auch andere Fälle, z.B. den Vorfall vom Herbst 2000, als ein 15jähriger Junge maskiert in ein Klassenzimmer stürmte und sich auf die Lehrerin stürzte und sie umbrachte, dann aber floh. Das ist ein Fall, den ich nicht unter die Kategorie Schulmassaker, genausowenig unter die Kategorie Amokläufer einordnen würde, sondern es hat den Charakter einer Rachetat. Der Betroffene selber hatte vielleicht latent die Hoffnung, unerkannt davonzukommen, denn sonst wäre er nicht maskiert aufgetreten.

Aber selbst den Täter von Winnenden würde ich auch nicht in die klassischen Schulmassaker einordnen, da er den Tatort Schule nur wegen der Medienwirksamkeit ausgewählt hat. Ihm ging es vor allem um diese Schülerinnen, nicht aber um die Schülerinnen und Schüler im allgemeinen, schon gar nicht um das Lehrpersonal. Aber die Selbsttötung war von ihm auch vorgesehen und eingeplant.

Tatort Schule

W.W.: Warum werden bei den meisten Attentätern der letzten Jahre vorwiegend Schulen ausgesucht? Ist damit primär diese eine Schule gemeint, in der man ein Zeichen setzen oder sich rächen will, oder ist dies auch ein Stückweit Medienwirksamkeit, die man mit einem solchen Ort erreichen will?

U. Buermann: Hier gibt es gewisse Verwandlungen, aber im Grunde sehe ich eine erschreckende Chronologie. Vom Täter aus Erfurt wissen wir ziemlich genau, daß er es auf die Lehrerpersönlichkeiten abgesehen hatte. Hier lag als Motivation Rache an dieser Schule vor, und die Lehrer waren ein klares Ziel. Verletzte und getötete Schüler waren an dieser Schule ein sogenannter Kollateralschaden, aber nicht die Zielsetzung.

Beim Täter von Emsdetten ist es, gemäß seinem Video, welches er am Tag vorher veröffentlicht hatte, ganz deutlich, daß es hier die Schule an und für sich gewesen ist. Entsprechend war auch sein Vorgehen, denn er hat wahllos auf Mitarbeiter, Lehrer und Schüler geschossen. Er hatte keine klare Zielsetzung, auch wenn er irgendwann einmal eine Todesliste angefertigt hat; aber die hat er nicht weiterverfolgt. Der Tatort war seine Schule, und es war seine Schule, an der er sich rächen wollte.

Jetzt hatten wir jüngst den Fall in Ludwigshafen, wo ein Täter mit Messer bewaffnet den Tatort Schule ausgesucht hat, und auch hier war es Rache. Bei dem Täter aus Winnenden sehe ich die Lage allerdings ganz anders, denn hier war die Schule der sekundäre Ort. Der Täter hatte eigentlich in dem Sinne auch keine Schulprobleme; auch die Gewaltfilme, die man bei ihm zu Hause fand, waren nichts als der allgemeine Durchschnitt, den man wahrscheinlich heute bei jedem in seinem Alter finden wird. Nicht unerheblich war aber die Anzahl von Pornos, die man auf seinem Rechner fand. Aber selbst das ist fast noch altersgemäßer Durchschnitt; obwohl es wohl über 200 Bondage-Filme waren, was darauf hindeuten läßt, daß dieser junge Mann einen Fetisch ausgebildet hatte, was in dem Sinne nicht normal ist. Von den Opfern weiß man, daß drei aus seinem unmittelbaren Umfeld kamen, also zusätzlich zur schulischen Bekanntschaft eine nachbarschaftliche Beziehung vorhanden war. Ein partnerschaftlicher Bezug – so entnimmt man den Medien – war ihm dagegen noch nicht gegönnt, so daß stark davon auszugehen ist, daß es einen innerlichen Bezug zu dieser Thematik gibt.

Der Tatort Schule ist eher aus zwei Gründen zu sehen: zum einen, weil dort alle diese weiblichen Personen waren, zum anderen sicherlich auch wegen der Pressewirksamkeit. Es war ziemlich deutlich, daß er es nicht auf die Lehrer abgesehen hatte. Im ersten Raum, den er betrat, stand direkt vor ihm die Lehrerin, und er hat sie ignoriert und sofort das Feuer auf die Schülerinnen eröffnet. Erst als sich die Lehrerin dazwischenwarf, kam sie an die Reihe, und die beiden anderen traf er auf dem Flur; was genau dort passiert ist, weiß man nicht. Aber es ist doch ziemlich deutlich, daß sie ihm in die Quere gekommen sind.

W.W.: Gibt es kurz vor der Tat noch ein besonderes Ereignis, welches eine Art Schwerpunkt oder Tiefpunkt im Leben des Täters darstellt und welches noch einmal verstärkt dazu führt, daß der potentielle Täter nun auf jeden Fall beschließt, die Tat wirklich auszuführen?

U. Buermann: Bei den Fällen, die ich intensiver studiert habe, kann ich dies nicht als Muster finden. Bei einigen ist es sogar so, daß sie den Zeitpunkt relativ langfristig festgelegt haben. Dagegen denke ich, daß es bei manchen kurz vor der Tat noch Ansätze von Zweifeln gibt, daß man aber dann erleben kann, daß einige der Täter mit einer Art Rückversicherung oder Rückverstärkung arbeiten. Einige von ihnen haben offenkundig im Internet Informationen plaziert, daß sie die Tat ausführen werden, oder sei es, daß sie in ihrem Umkreis Warnungen ausgesprochen haben, die dann aber erst nach der Tat realisiert werden. Von Columbine wissen wir, daß die Attentäter einzelnen Schülern geraten haben, an dem entsprechenden Tag nicht zur Schule zu gehen.

Ich denke, daß diese Elemente doch mehr den Charakter einer Rückversicherung haben bzw. eines Sich-selber-in-Zugzwang-Setzens. Daraus spricht für mich ein latenter Zweifel: Mache ich es wirklich? Mache ich es wirklich, obwohl ich mir schon seit Monaten vorgenommen habe, es an diesem bestimmten Tag durchzuführen? Dann aber greifen jetzt Mechanismen, daß man sich selbst in Zugzwang bringen muß. Das wird dadurch bewirkt, daß man es noch einmal im Internet ankündigt, daß man es einigen Freunden erzählt, daß man einige Mitschüler warnt.

W.W.: Könnte darin auch das Element liegen, daß man irgendwo in sich mehr oder weniger unbewußt eine Stimme hat, die möchte, daß diese Tat verhindert wird, daß man irgendwo hofft, daß ein anderer Mensch einen von dieser Tat abhält?

U. Buermann: Vielleicht auch das. Wenn das so ist, dann wird es aber allerhöchstens ein unbewußtes Hoffen sein. Es mag eine unbewußte Bewegung geben, daß das Gute in diesen Menschen noch einmal durchbricht, in der Hoffnung, gestoppt zu werden. Stärker ist auf jeden Fall das Element, sich selbst zu bestärken, den Plan auch wirklich durchzuziehen.

W.W.: Wie lang ist die Phase der Planung, oder kann man dies nicht einschätzen?

U. Buermann: Hierüber gibt es keine klaren Erkenntnisse. Die Informationen, die wir haben, sind leider sehr weitläufig, auch sehr weit gestreut. Vom Täter aus Winnenden ist bekannt geworden, daß er schon etwa zwei Jahre vor seiner Tat im Internet entsprechend recherchiert hat. Er hat sich Dateien und Filme von bisherigen Schulmassakern heruntergeladen, er hat auch Beiträge in entsprechenden Foren plaziert. Allerdings ist er diesen Weg nicht konsequent weitergegangen. Inwieweit dies zu dem Zeitpunkt nur ein Interesse war oder ob dies schon eine Phase mit einem entsprechenden Entschluß gewesen ist oder ob durch dieses Interesse der Entschluß zu der Tat gereift ist, weiß man nicht. Selbst die Täter, die überlebt haben, haben sich über diese Punkte ausgeschwiegen.

Täter fast nur junge Männer

W.W.: Warum sind die Täter meist jüngere Männer, und warum gibt es so gut wie keine Täterinnen?

U. Buermann: Das ist eine spannende Frage. Aber es fällt auf; das ist ganz deutlich! In Deutschland gibt es nur dieses eine Mädchen aus St. Augustin, welches den Versuch unternommen hat, der dann auch scheiterte. Ich denke, daß bei dem männlichen Element doch eine starke Affinität zur Gewalt, zur Gewalt mit Waffen, zur Gewaltdarstellung vorhanden ist, während wir dagegen bei jüngeren Mädchen eher ein deutliches Sich-Zurückziehen finden, was sich z.B. auch im Phänomen der Eßstörungen oder des Ritzens widerspiegelt. Die einen üben Gewalt nach außen aus, die anderen gegen sich selbst. Eßstörungen und Ritzen gibt es zwar auch bei einigen Jungs, aber hier scheint es doch deutliche geschlechtsspezifische Unterschiede zu geben.

W.W.: Und die Schulattentäter sind ja in dem Sinne eigentlich gar nicht die gewalttätigen Männer, die man sich vielleicht unter solchen vorstellen würde, sondern eher schmächtige Kerle, die sich allerhöchstens mit Waffen zu Gewalttätern kaprizieren.

U. Buermann: Richtig. Es sind auf jeden Fall Menschen, die es nicht gelernt haben, ihre vorhandenen Aggressionen körperlich umzusetzen, sicherlich auch zum Teil wegen ihrer intellektuellen Neigung. Und es sind eben nicht die, die im Kampfsportverein oder im Boxverein sind und die gelernt haben, auch physisch mit ihren Aggressionen umzugehen, oder die gelernt haben, auf irgendeine Weise ihre Aggressionen herauszulassen. Und das verstärkt sicherlich ihre Gewaltphantasien. Nicht jeder geht in einen Kampfsportverein. Oder wenn man nur an die „Maifestspiele" in Hamburg und Berlin denkt, die seit vielen Jahren überhaupt nichts mehr mit einer politischen Motivation zu tun haben, sondern wo Jugendliche aus allen möglichen Zusammenhängen einfach einmal auf die Straße gehen, um Randale zu machen und zu erleben: Auch das ist ein Akt einer kollektiven Gewaltentladung – man randaliert, man prügelt sich mit der Polizei, und dann hat man seine Erfahrungen gemacht.

W.W.: Einige attestieren den Schulattentätern eine schwer gestörte Psyche oder vermuten, daß sie an endogenen Psychosen leiden bzw. abnorme Persönlichkeiten sind. Stimmen Sie dem zu?

U. Buermann: Damit wäre ich vorsichtig. M.E. ist das ein Stückweit eine gesellschaftliche Schutzbehauptung. Für die unmittelbar Betroffenen ist es im konkreten Einzelfall überhaupt nicht nachzuvollziehen, was da passiert ist. Die tiefe Frage nach dem Warum – warum es die eigene Frau oder das eigene Kind getroffen hat – steht natürlich ganz schrecklich deutlich im Raum und ist wirklich nur sehr schwer auszuhalten. Deswegen ist die Tendenz, eine solche Tat irgendwie zuordnen zu müssen bzw. wegordnen zu müssen, sicherlich ein verständlicher Reflex. Daß eine bestimmte innere psychologische Konstellation vorhanden sein muß, die dazu führt, daß es zu dieser Tatumsetzung kommt, ist natürlich keine Frage, und insofern ist es eigentlich ganz berechtigt, daß man von einer psychischen Störung spricht. Allerdings denke ich, daß wir, wenn wir es gleich mit diesem Deckelchen einer schweren psychischen Störung abdecken, dem Phänomen nicht gerecht werden, vor allem der Entwicklung nicht.

Daß wir es hier mit einem Zeitphänomen zu tun haben, mit einem Phänomen, welches mit unseren gesellschaftlichen Strukturen zu tun hat, dürfte deutlich sein und dürfte an den Zahlen erkennbar werden. Seit dem ersten dokumentierten Vorfall, welcher unter dieser neuen Definition geführt wird, 1974, hat es bis Ende 2002 insgesamt 75 Fälle weltweit gegeben, d.h. Fälle von School-Shootings. Davon 62 in den USA, vier in Deutschland, vier in Kanada und fünf in anderen Ländern. Zu Beginn der neunziger Jahre in einem Zeitraum von drei Jahren waren es insgesamt sechs Taten, und im gleichen Zeitraum zehn Jahre später waren es insgesamt 23 Vorfälle. Hier sieht man also einen signifikanten Anstieg dieser Taten, den keiner leugnen kann, und wir tun uns alle keinen Gefallen damit, wenn wir das nur als eine sich ausbreitende schwere psychische Störung im Einzelfall deklarieren.

W.W.: Kommt es bei vielen auch zu einer Art ausgeprägtem Narzißmus, wie einige vermuten? Ist da etwas dran?

U. Buermann: In einem gewissen Sinne schon, denn wir haben es mit einer Störung der Empathiefähigkeit zu tun. Es sind Menschen, die ganz stark auf sich selbst gerichtet sind. Auf der anderen Seite finde ich es ein wenig schwierig, weil grundsätzlich mit dem Begriff Narzißt verbunden ist, daß eine Selbstüberhöhung der Eigenanschauung vorhanden ist, und dazu paßt eigentlich weniger das bei den School-Shootern vorhandene Sich-selber-Aufgeben.

W.W.: Aber die mediale Unsterblichkeit, die viele anstreben, paßt schon irgendwie dazu.

U. Buermann: Das ist richtig; und hierin stecken auf jeden Fall narzißtische Elemente. Aber man darf es auf gar keinen Fall nur als narzißtische Störung erklären.

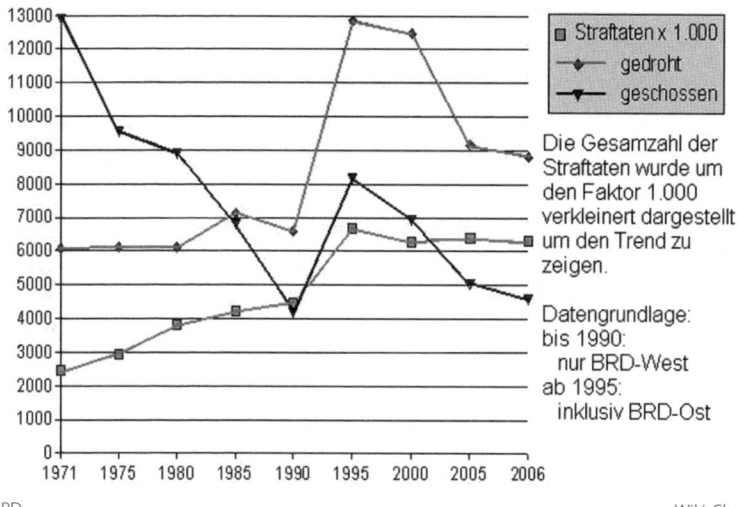

Schußwaffenmißbrauch in Deutschland

Legende:
- ▣ Straftaten x 1.000
- ◆ gedroht
- ▼ geschossen

Die Gesamtzahl der Straftaten wurde um den Faktor 1.000 verkleinert dargestellt um den Trend zu zeigen.

Datengrundlage:
bis 1990:
nur BRD-West
ab 1995:
inklusiv BRD-Ost

© PD   Wiki-Chris

Diagramm Straftaten – Schußwaffendrohung – Schußwaffenbenutzung
von 1971 bis 2006 in der BRD

Auf verschiedenste Weise die Welt verbessern

W.W.: Wie kommt es, daß diese School-Shootings zum ersten Mal in den USA auftauchten und dann erst in Europa? Hat man das von den USA abgeschaut, oder liegt es daran, daß verschiedene Entwicklungen oft zuerst in den USA beginnen?

U. Buermann: Einer der Hauptgründe ist der Umgang mit Waffen. Und daß man in den USA sehr viel einfacher an Waffen herankommt, ist ja bekannt. Die Bewaffnung ist dort allgegenwärtig. Auch bei uns kann man es ein bißchen historisch betrachten, z.b. in der Art, daß wir nach der Wende eine ziemliche Waffenschwemme in Deutschland bekamen. Einhergehend mit dem Anstieg der Waffen können wir seit der Wende einen Anstieg der Straftaten verzeichnen.

Ein zweites ist das Nachahmungselement der Taten aus den USA, auch in einem gewissen inneren Sinne. Wir haben bei uns hier in Europa oder in Deutschland lange Zeit verschiedenste Ventilmöglichkeiten gehabt. In den USA gab es zwar im Zusammenhang mit dem Vietnamkrieg eine große politische Bewegung, die dort aber viel früher wieder verschwand. Bei uns gab es aber nicht nur die

68er-Bewegung, sondern bis weit hinein in die 80er Jahre die Friedensbewegung, später auch die Autonomenbewegung. Diese waren für viele eine Art Ventil, neben dem politischen Engagement auch eine allgemeine Frustration bezüglich der politischen Verhältnisse, der Arbeitgeber, der Schule oder der Elternhäuser, und hier hatten die Menschen, die gewissen intellektuellen Kreisen entstammten, ihre Möglichkeiten, sich zu engagieren, sich zu betätigen, zu diskutieren, zu debattieren, am Rande sogar gewaltsam zu operieren. Hier gab es ein ungeheures Potential von Menschen, die auf verschiedenste Weise die Welt verbessern wollten. Und das war ein Feld, auf dem sich einige der heute gefährdeten Kräfte mehr oder weniger am Rande auch entladen konnten, bzw. es gab nicht diesen individuellen Stau, der sich heute z.B. in School-Shootings entlädt.

Seit Mitte der 90er Jahre erleben wir eine immer stärker werdende politische Verdrossenheit, das gesamtgesellschaftliche Engagement bzw. das Engagement für ein konkretes gesellschaftliches Ziel wird immer weniger, und es entsteht immer mehr die Haltung: Ich kann die Welt nicht ändern. Diese Tendenz gibt es in den USA schon sehr viel länger als Lebensgefühl.

Amoklauf in chinesischen Kindergärten

W.W.: Ein völlig rätselhaftes Phänomen ist für mich der Amoklauf von Chinesen in chinesischen Kindergärten. Mittlerweile gibt es hier sieben Vorfälle mit knapp 30 getöteten Kindern und ca. 90 Verletzten. Wie kann man so etwas erklären?

U. Buermann: Eigentlich ist das vollkommen irre, obwohl das interessanterweise eigentlich nicht völlig neu ist. 1964 gab es einen ähnlichen Fall in Deutschland, als ein 42jähriger in Köln mit einem selbstgebauten Flammenwerfer zwei Lehrerinnen und 28 Kinder tötete bzw. schwer verletzte, bevor er sich selbst vergiftete. Es gab auch einen 43jährigen, der 1996 in einer schottischen Schule 16 Schüler, deren Lehrer und anschließend sich selbst tötete. Auch hier hat es also in der Vergangenheit einzelne Vorfälle gegeben, wobei die gehäuften Vorfälle in China innerhalb der letzten Monate sehr dubios erscheinen. Da steht man zuerst völlig vor einem Rätsel.

Deutlich ist vor allem, daß es sich hier nicht um eine persönliche Rache handeln kann, sondern in China hat man es mit verschiedensten großen Umwälzungen zu tun, mit der zwangsweise stattfinden-den Öffnung, die auch die chinesische Regierung nicht aufhalten kann. Soweit wir das hier vom Westen aus überhaupt beurteilen können, macht man sich sicherlich nicht klar, was das alles für die einzelnen Menschen bedeutet und an Neuerungen mit sich bringt. Zu China gehört die Ein-Kind-Politik mit allen Problemen, die das mit sich bringt, wie z.b. der Kindsmord oder der große Überschuß an Jungs, weil die Familien klassischerweise eher einen Stammhalter haben wollen. Solche Elemente spielen mit Sicherheit eine Rolle bei diesen Attentaten in Kindergärten; auch eine allgemeine Benach-teiligung und Rache an den Schwächsten der Gesellschaft. Aber hier handelt es sich mit Sicherheit um ein spezifisches Problem der chinesischen Kulturzusammenhänge.

Wir haben das Problem noch lange nicht im Griff

W.W.: Wagen Sie eine Prognose: Werden die sogenannten Amokläufe bzw. School-Shootings in den westlichen Ländern zunehmen?

U. Buermann: Ich fürchte, ja. Eigentlich kann man sogar perma-nent mit dem nächsten Fall rechnen. Es kann auch sein, daß es noch verschiedenste Verschiebungen geben wird, also z.B. Täterinnen bzw. Verlagerungen weg vom Tatort Schule. Und immer wieder stellt sich für uns die Frage: Werden wir es als solches wahrnehmen? Alle Fami-lientragödien gehören eigentlich hierzu, die offenkundig zunehmende Jugendgewalt, daß man z.B. wahllos Obdachlose schikaniert oder gar tötet bzw. irgendwelche Passanten, daß Jugendliche einander – auch im sexuellen Sinne – quälen. Alles das sehe ich schon in einem gewissen Kontext, und hier wird noch einiges auf uns zukommen. Wir haben das Problem noch lange nicht im Griff.

Veränderungen in der Gesellschaft

W.W.: Vor etwa sechs Jahren sprach man in bezug auf Deutschland von ca. einer Million Onlinesüchtigen, mittlerweile sollen es sehr viel mehr sein. Wie schätzen Sie die allgemeine Situation ein – wird sich diese Zahl noch wesentlich vergrößern?

U. Buermann: Zunächst wird sich die Zahl noch vergrößern. Im offiziellen Drogen- und Suchtbericht der Bundesregierung wurde im letzten Jahr zum ersten Mal die Computersucht mit aufgenommen; 7 % der Computernutzer in Deutschland seien als süchtig einzustufen. Hier sieht man den sprunghaften Anstieg. Nun hat diese Klassifizierung bzw. Aufnahme Konsequenzen. Eine Konsequenz ist, daß die Krankenkassen nicht mehr umhinkommen werden, entsprechende Therapien bezahlen zu müssen, was bisher nicht der Fall war. Außerdem gab es für die Spielsüchtigen bisher wenig Therapiemöglichkeiten, so daß behandelnde Ärzte und Therapeuten zu bewußten Fehldiagnosen greifen mußten, um zu einer Finanzierung durch die Krankenkassen zu kommen. Mancher Spielsüchtige oder Computersüchtige bekam dann die Diagnose „wahnhafte Vorstellungen", „psychotische Störung" oder „religiöse Wahnhaftigkeit", damit die Therapie entsprechend finanziert werden konnte.

Letztendlich haben die Krankenkassen erkannt, daß Prophylaxe günstiger ist als Therapie. Hier kann man bei den Krankenkassen schon ein Umschwenken bemerken. Ich bin z.B. von der AOK Bayern gefragt worden, ob ich bereit wäre, Aufklärungsarbeit an Schulen zu leisten. Man merkt also ein allmähliches Aufwachen.

Das geht sogar bis zu den Herstellern selbst. Wenn man durch einen Elektromarkt geht, findet man z.B. von Microsoft kostenlos eine Broschüre ausgelegt: „Richtig Computerspielen", in der Microsoft Eltern Hinweise gibt, wie sie ihre Kinder „richtig Computer spielen" lassen können und sollen. Damit will man die Sucht verhindern. Immerhin merkt man, daß sich der Wind dreht.

W.W.: Durch die zunehmende PC-Nutzung verändern sich viele Bereiche in der Gesellschaft grundlegend. Was verändert sich z.B. dadurch grundlegend, daß man weniger liest bzw. anders liest?

U. Buermann: Wir sprechen ganz zu Recht schon seit einigen Jahren davon, daß wir in einer Informationsgesellschaft leben, mit allen Konsequenzen, die das mit sich bringt. Informationsgesellschaft bedeutet, daß es keine Wissensgesellschaft ist. Von einer Wissensgesellschaft sind wir weit entfernt. Wir haben es mit einer Flut von Informationen zu tun, wir haben es damit zu tun, daß nur noch Informationshäppchen aufgenommen werden. Ob das Leseverhalten abnimmt, ist mir noch eine Frage. Ich denke aber schon, daß es sich verändert. Es wird nur noch häppchenweise gelesen, und die Grundhaltung, die man bei immer mehr Jugendlichen wahrnimmt, ist die, daß man nicht mehr davon ausgeht, irgendwelche Informationen bei sich zu behalten und sich Wissen anzueignen; denn wenn man irgendeine Information braucht, kann man sie ja abrufen. Die Bereitschaft, im weitesten Sinne zu lernen, auch in bezug auf Themen, für die man sich interessiert, und dieses Wissen in sich abzuspeichern, nimmt stark ab.

Auf der anderen Seite haben wir allen Prognosen zum Trotz das Phänomen, daß dann, wenn die sogenannten „Biß-Romane" auf den Markt kommen, oder Harry Potter, selbst die Jugendlichen, die sonst keine Zeitung und kein Buch in die Hand nehmen, sich diese Romane nicht auf den Rechner herunterladen und am Bildschirm lesen, sondern in diesem Fall kaufen sie sich tatsächlich die Bücher und lesen sie auch. Das geschieht sehr zum Bedauern der Produzenten von E-Books. Seit drei Jahren wird auf der Buchmesse immer wieder prognostiziert, daß sich die E-Books durchsetzen werden und daß in zwei Jahren gar niemand mehr ein Buch in die Hand nimmt, aber das stimmt einfach nicht.

Ein virtueller Astralplan wird geschaffen

Aber was deutlich ist, ist, daß anders gelesen wird. Und als Erwachsene müssen wir uns klarmachen, daß wir hier einen Umschwung erleben. Wenn Medien, neue Medien, Innovationen eine Ergänzung darstellen, bedeuten sie eine Erweiterung der menschlichen Fähigkeiten. In dem Moment aber, in dem ein Medium zum Ersatz wird, bedeutet es eine Verkümmerung und Behinderung der menschlichen Fähigkeiten. Das ist etwas, was wir wirklich im Blick haben müssen. Jemand, der in der Lage ist, ein Face-to-face-Gespräch zu führen, wie man auf Neudeutsch sagt, wer in der Lage ist zu telefonieren, wer in der Lage ist, eine handschriftliche Notiz zu schreiben, bis hin zum handschriftlichen Brief, aber auch an der Maschine tippen kann, und alles wahlweise ausdrucken und auch als E-Mail verschicken kann, der auch noch mit seinem Handy eine SMS verschicken kann, hat die komplette Bandbreite der Kommunikation zur Verfügung und kann in jeder Situation entscheiden, was die adäquate Verwendung ist. Wenn also mein Zug Verspätung hat, werde ich bestimmt nicht den Leuten, die ich besuchen will, eine Postkarte schreiben oder ein Telegramm, sondern hier ist die SMS das adäquateste Mittel.

Auf der anderen Seite müssen wir schon feststellen, daß wir heute eine ganze Reihe von Jugendlichen haben, die nicht mehr über eine lesbare Handschrift verfügen und die sich dann, wenn sie jemanden kennenlernen, nicht einmal eine Telefonnummer notieren können, sondern sie müssen sie gleich in ihrem Handy speichern. Das ist natürlich kein Ausdruck von Medienkompetenz. Dies sind echte Behinderungen. Und diese Behinderungen sind auch für die Menschen von echtem Nachteil.

Diese übermäßige Verlagerung in die virtuelle Kommunikation – sei es per Telefon, per SMS, per E-Mail, per Facebook – bedeutet eine abnehmende Fähigkeit, eine reale Begegnung durchführen zu können. Und wenn ein Mensch von seiner Konstitution unter dem Aufmerksamkeitsdefizitsyndrom leidet, wenn er ohnehin schon mit einer echten Kommunikation, mit einer echten Begegnung ein Problem hat, wenn er das Gefühl hat, nicht richtig wahrgenommen zu werden, dann werden seine Defizite durch den Umgang mit der virtuellen Welt massiv gesteigert.

Ich habe viel mit solchen Jugendlichen zu tun, und immer wieder erzählen sie mir, daß sie z.B. 150 Freunde haben. Und wenn man dann nachhakt und fragt, wann sie sich denn das letzte Mal mit jemandem real getroffen haben, dann ist das mitunter Wochen her. Aber sie pflegen eben freundliche Kontakte zu einer Unzahl von Menschen, von denen sie aber auch nur das kennen, was diese virtuell preisgeben. Wenn man das von seiner tieferen Seite her betrachtet, muß man sich schon klarmachen, daß hier nicht nur eine virtuelle Computerwelt geschaffen wird, sondern ein virtueller Astralplan. Reale Gefühle und Gedanken werden im Internet an Personen festgemacht, die es eigentlich gar nicht gibt.

Ich muß wissen, wer ich selber bin

W.W.: Durch das Internet ergeben sich wie bei fast jeder Technik immer zwei Seiten: Zum einen sind wir dem Schritt, eine Menschheit zu werden, eine große Brüderlichkeit zu schaffen – mit jedem Menschen Kontakt zu knüpfen, Bewußtsein für jeden Menschen zu haben –, einen Schritt näher, da das Internet dazu potentiell die Möglichkeit bietet. Auf der anderen Seite ist diese Begegnungsstätte keine voll menschliche Begegnung, da sie oft nur im oberflächlichen Bereich bleibt, man den anderen sofort abschalten kann und man sich auch als falsche oder geschönte Individualität ausgeben kann. Wie schätzen Sie diese neue Zeit, diese neue Möglichkeit ein, daß man einerseits in der Lage ist, mit jedem Menschen auf der Welt zu kommunizieren, durch Facebook oder StudiVZ

® von VZnet Netzwerke Ltd.

Online-Community für Studenten

oder andere Foren, daß andererseits diese Begegnungsmöglichkeiten aber meist sehr oberflächlicher Natur sind? Wie kann man das bewerten?

U. Buermann: Auf jeden Fall müssen wir ganz klar feststellen, daß die immer wieder vorgetragene Meinungsbildung, ob das Internet gut oder schlecht sei, absurd ist, und es muß ganz deutlich sein, daß wir uns von dieser Fragestellung sofort entfernen müssen. Es geht überhaupt nicht darum, solche oder ähnliche Fragen pauschal zu stellen, ein Gegeneinander-Abwägen ist völlig nutzlos.

Viel sinnvoller ist es, darüber zu sprechen, welche Voraussetzungen es für einen sinnvollen Umgang mit dem Internet braucht. Neben der äußerlichen Handhabung gibt es zwei wesentliche Punkte: Voraussetzung für eine sinnvolle Begegnung ist es, daß ich wissen muß, wer ich selber bin. Und damit kommen wir schon zu einer Altersfrage. Es geht darum, inwieweit ich selber eine gestandene Persönlichkeit bin.

Das andere ist, daß man trotz aller positiven Beispiele, die man aufzählen kann – Anti-Globalisierungsbewegung, Tibet-Bewegung und andere politische Bewegungen, die alle ohne das Internet nicht auskommen könnten, nicht denkbar wären –, immer schauen muß, was die Triebfeder für alles ist. Und das sind Menschen, Persönlichkeiten, die durch aufrichtige Interessen miteinander verbunden sind und die dann auch viel bewegen können. Das gilt auch für abwegige Hobbys. Wenn ich ein seltenes oder abwegiges Hobby habe, werde ich mit Sicherheit in meinem konkreten Lebensumfeld keinen entsprechenden Gleichen finden, der dieses Hobby teilt, aber hier bietet das Internet, in dem die Globalisierung Realität ist, die Möglichkeit, irgendwo auf diesem Planeten einen Gleichgesinnten zu finden. Und dann kann ich mich sinnvoll ergänzend mit ihm austauschen. Der Schlüssel aber ist das gemeinsame Interesse.

Vielseitiges Interesse nimmt ab

Und auch hier sehe ich einen deutlichen Generationswechsel. Natürlich haben die Jugendlichen auch verschiedenste Interessen, aber der Anteil an einem vielseitigen Interesse nimmt bei den jüngeren Menschen deutlich ab. Wenn die Kommunikation aber nur auf einer bloßen Kommunikation basiert, dann ist die Qualität nicht sonderlich hoch und bekommt die Note von „bist du auch on?" Oder es geht nur noch um die Quantität, um die Anzahl in der Freundesliste. Hierbei geht es nicht mehr um die Frage von gemeinsamen Interessen. Es ist lediglich ein Sammeln von Kontakten. Das ist die eigentliche Gefährdung, die man an dieser Stelle sehen muß.

Alles steht und fällt damit, ob man selbst eine gestandene Persönlichkeit ist und welche Interessen an die Welt man selbst mitbringt. Letztendlich steht und fällt alles mit der Authentizität, denn wenn ich mich authentisch im Internet darstelle, ein echtes Interesse am Gegenüber habe – nicht nur an der Vorstellung, die mir der andere vorgaukelt –, wenn ich wirklich wissen will, wie der andere Mensch ist – und er muß nicht nur hübsch und schön und toll und erfolgreich sein –, dann ist natürlich auch eine wirkliche Begegnung über das Internet möglich.

Hier liegt aber die Versuchung im Medium Internet, genau dies, also die wirkliche intensive Begegnung, nicht zu vollziehen. Ein wesentlicher Charakterpunkt der modernen Medien ist es, daß sie der Lügenhaftigkeit frönen. Man muß nicht lügen, aber es ist so leicht zu lügen, viel leichter, als dies in der Vergangenheit möglich war. Und damit wird es sehr viel schwieriger, über das Internet zu einer authentischen Begegnung zu kommen. Es ist nicht unmöglich, aber der Aufwand ist viel größer als im wahren Leben. Das Internet bringt immer diese beiden Seiten mit.

Nachhaltiges Engagement verschwindet

W.W.: Das politische Bewußtsein verwandelt sich, es zieht eine gewisse Politikverdrossenheit herauf, die zwar verständlich ist, aber auch gewisse Gefahren mit sich bringt. Ein gesamtgesellschaftliches Engagement wie vor 30, 40 Jahren gibt es eigentlich kaum noch, trotzdem gibt es die zielgerichtete, praktische Betätigung, das kurzfristige Engagement, aber auch den Aufbau einer Zivilgesellschaft auf vielerlei Ebenen. Wenn Sie die Medien, ganz besonders das Internet, aber auch die Filme und Spiele, in Verbindung mit den heutigen Jugendlichen bringen – inwieweit verstärken bzw. lähmen die Medien das politische und gesellschaftliche Engagement? Oder haben wir auch hier wieder beides?

U. Buermann: Zu den Informationsmedien gehört auf jeden Fall, daß wir permanent Antworten zu Fragen bekommen, die wir noch gar nicht gestellt haben. Darin sehe ich eine Dynamik, die letztendlich zu einer Erlahmung des Interesses überhaupt führt. Ein anderes ist, daß der gesamte Medienbereich eine ungeheure Dynamik bekommen hat und daß ein Thema maximal acht Wochen Thema ist. Dann wird es durch ein entsprechend anderes Thema abgelöst. Es braucht sehr viel Eigenenergie, um an bestimmten Themen dranzubleiben. Die Frage, wie es eigentlich den Vögeln in Deutschland geht, wie es mit der Vogelgrippe bestellt ist, wie es mit BSE bestellt ist, ob es noch Fälle von Schweinegrippe gibt – alles das sind Fragen, die aus dem Bewußtsein der Menschen verdrängt werden und verschwinden.

So gesehen spiegelt sich das in der Dynamik der Jugendlichen wider. Sie sind mitunter nachhaltiger mit einem bestimmten Thema verbunden – hier zeigen sie eigentlich noch ihre Jugendkraft, hier zeigen sie eine gewisse Dynamik im Aufgreifen und Durchhalten gewisser Themen, aber es werden permanent neue Themen, neue Gesichtspunkte an sie herangetragen, und da reicht häufig die Durchhaltekraft vieler nicht aus. Das nachhaltige Engagement, wie wir es aus früheren Jugendgenerationen kennen, gibt es eigentlich kaum noch. Wenn es ein Jahr reicht, ist es schon viel.

Medien bedienen spirituelles Vakuum

W.W.: Es gibt immer mehr Menschen, die anfängliche spirituelle Erfahrungen haben – seien dies nun ein Kontakt zu Naturgeistern, zu anderen geistigen Wesen oder auch nur anfängliche Ahnungen. Wenn wir uns die Medienwelt anschauen, so sehen wir dort immer mehr Gestalten, die eigentlich übersinnlicher Natur sind, aber in einer materialisierten Form vorliegen. Dies finden wir in Filmen, in Computerspielen und genauso in der Fantasy-Literatur. Auf der anderen Seite kann man annehmen, daß bei einer anderen Menschheitsentwicklung sicherlich sehr viel mehr Menschen übersinnliche Fähigkeiten hätten haben können. Und nun wird die Menschheit mit den Medien konfrontiert und findet dort die übersinnlichen Wesen, zu denen man auf übersinnliche Weise einen Kontakt hätte aufgreifen können, in einer materialisierten Form. Wie schätzen Sie die Medienwelt ein: Wird die Entwicklung übersinnlicher Fähigkeiten durch die Medien abgedämpft, umgelenkt, oder spiegelt sich in der Medienwelt in einem materialisierten Vorblick genau das, was die Menschheit entwickeln sollte – oder trifft beides zu?

U. Buermann: Von der Grundtendenz her würde ich sagen, daß übersinnliche Fähigkeiten durch die Medienwelt korrumpiert werden. Trotzdem ist es ein Wechselspiel. Jugendliche bringen diese Impulse mit, haben hier auch viel mehr Erlebnisse, als sie sich selber zugestehen. Sie haben auch den Hunger nach Auseinandersetzung mit Spiritualität. Und wenn wir uns in unserer Gesellschaft umschauen, so gibt es darauf gesellschaftlich eigentlich gar keine Antwort. Individuell mag dies anders sein, aber im Grunde muß man sagen, daß wir hier im westlichen Abendland keine christliche Kultur mehr sind, in dem Sinne, daß das Christentum als Träger von Spiritualität eine Bedeutung hätte. Die Kirchen haben diesbezüglich abgewirtschaftet. Deshalb ist es auch so lächerlich, wenn man vom Kampf der Kulturen spricht, zumindest wenn man hier das Christentum miteinbezieht, denn das Christentum hat an dieser Stelle überhaupt nichts zu bieten. Diese Zeiten sind vorbei.

Insofern leben wir in bezug auf Spiritualität in einem Vakuum. Nun sind die Medien die fast einzigen Bereiche, die in dieser verfälschten materialisierten Form die spirituellen Bedürfnisse, meist unbewußter Natur, beliefern. Darin liegt auch ein großes Suchtpotential, daß diejenigen Menschen, die ein gewisses Gespür für Übersinnliches haben, durch die Bilder und Gestalten im Internet und in den Medien angesprochen werden, daß aber das latente Gefühl übrigbleibt, daß das noch nicht das Eigentliche sei. Dadurch, daß man sich von einem Spiel, von einem Medienereignis zum nächsten hangelt, wird die Suchtdynamik weiter angeregt.

Wenn das Telefon klingelt

Korrumpiert wird die Erkenntnis, daß wir Menschen übersinnlicher Wahrnehmungen fähig sind, vor allem durch die Medien durch ganz real vorhandene Techniken. Immer mehr Menschen, vor allem Jugendliche, kennen die Erfahrung, daß man beim Telefonklingeln oft vorher weiß, wer anruft.

W.W.: Oder man geht durch die Stadt, denkt an jemanden, und kurz darauf erscheint er.

U. Buermann: Genau. Das ist eine Realität, der wir aber nicht nachgehen. Man tauscht sich mit dem Anrufer ja nicht darüber aus, ob er nun angerufen hat, weil man selbst an ihn gedacht hat, oder ob ich an ihn dachte, weil er mich anrufen wollte, sondern wir nehmen das einfach hin. Diese Wahrnehmung haben eigentlich alle Menschen immer mal wieder. Und hier wird die Gestaltung dieser Wahrnehmung durch die modernen Kommunikationsmedien korrumpiert, denn beim heutigen ISDN-Telefon habe ich die Clip-Funktion: Das Telefon klingelt, ich sehe die Nummer des Anrufenden im Display und weiß deswegen, wer dran ist. In diesem Moment wird mir völlig die Ebene entzogen festzustellen, ob ich es eigentlich innerlich gewußt habe oder es nur weiß, weil ich die entsprechende Anzeige im Display gesehen habe.

Bei den Mobiltelefonen haben wir diese Funktionen noch gesteigert, auch wenn die meisten Erwachsenen sie nicht nutzen: Zum einen kann ich jeder gespeicherten Rufnummer einen gesonderten Klingelton zuordnen, und dann höre ich im physisch-äußeren Sinne, wer anruft, und ich kann die Funktion einrichten, daß sogar das Foto der anrufenden Person erscheint, und dann sehe ich bereits im Display, bevor ich rangehe, wer anruft. Hier werden also Fähigkeiten, die in der Menschheit schon viel weiter verbreitet sind, durch die Technik torpediert.

W.W.: Für alles das, was die Menschen übersinnlich ausbilden könnten, gibt es im Medienbereich eine Entsprechung auf materialisierter Ebene. Man könnte ja z.B. die Fähigkeit ausbilden, zu wissen, wer einen anruft.

U. Buermann: Genau. Oder wir nehmen noch nicht einmal wahr, daß wir eine solche Fähigkeit schon mehr oder weniger ausgebildet haben. An eine solche Fähigkeit denkt auch kaum jemand; wenn man aber Menschen konkret darauf anspricht, dann besinnen sie sich meist und ahnen oder wissen, daß sie Anfänge einer solchen übersinnlichen Fähigkeit haben.

Kollektives Ekeltraining

W.W.: Immer mehr Menschen sehen Gewaltfilme, spielen Gewalt-spiele, wie z.b. Ego-Shooter, und verbringen damit viel Zeit ihres Le-bens. Welchen Einfluß nehmen solche Gewaltspiele und Gewaltfilme auf die Seele und auch auf das Gehirn der jeweiligen Spieler?

U. Buermann: Im Gehirn finden durch die Rezeption stetig gleich-bleibender Inhalte – gleich in welcher Richtung – Abstumpfungsef-fekte statt, die sich auch physiologisch ausdrücken. Bei sogenannten Vielspielern, besonders wenn sie früh angefangen haben, kann man feststellen, daß gewisse Gehirnareale gar nicht mehr aktivierbar sind, die bei Gleichaltrigen, die nicht diesen Spielhintergrund haben, noch eine Rolle spielen. Das geht so weit, daß gewisse Ekelgefühle und andere Gefühlsbereiche nicht mehr aktivierbar sind. Aber das ist nur ein physisches Abbild. Entscheidender ist die seelische Ebene, die darin besteht, daß der Gewöhnungseffekt im seelischen Bereich stattfindet. Auch hier haben wir eine verhängnisvolle Dynamik. Wenn man den heutigen Zustand mit einem vor 20 Jahren vergleicht, auch in bezug auf die realen Medien wie z.B. die Tagesschau, dann haben sich die Bilder, die dem Zuschauer zugemutet werden, gravie-rend verändert. Dazwischen liegen Welten. Ähnliches findet man auf Werbeplakaten; auch hier liegen Welten zwischen den heutigen und den Plakaten von vor 20 Jahren.

Wenn man es einfach einmal auf den Punkt bringen will, was wir als Gesellschaft in den letzten 20 Jahren betrieben haben, dann ist das ein kollektives Ekeltraining. Wenn wir es aushalten, die Tagesschau zu sehen – oder sogar die Nachrichten auf Privatsendern – und uns bei entsprechenden Bildern von Leichenteilen nur ein „Oh, wie schlimm!" entfährt, ist auch das Ausdruck einer kollektiven Abstumpfung. Deut-lich kann einem das immer dann werden, wenn man es mit Menschen zu tun hat, die vielleicht seit zehn oder 15 Jahren kein Fernsehen geschaut haben. Wenn die mit Nachrichtensendungen konfrontiert werden, dann halten sie das meist nicht aus. Das liegt daran, daß sie einfach eine normale menschliche Reaktion zeigen.

Was wir uns an dieser Stelle immer wieder klarmachen müssen, ist, daß die Kinder von heute nicht die sogenannte Gnade der frühen Geburt hatten wie unsere Generation, sondern daß unsere Kinder, wenn sie beginnen, Fernsehen oder Nachrichten zu schauen, auf dem Niveau einsteigen, welches heute gesellschaftlich Usus ist; es sei denn, wir halten sie noch möglichst lange davon ab. Und was wir zunehmend bei Geburtstagsfeiern bemerken, zunehmend auch bei Mädchen im Alter von elf, zwölf oder 13 Jahren, ist, daß man sich vier bis fünf DVDs reinzieht; und alle sind definitiv nicht altersgemäß. Und was sie damit betreiben, ist eigentlich ein Crashkurs im Ekeltraining.

Das mußt Du aushalten!

Das Verhängnisvolle dabei ist, daß sie einen Kampf gegen ihre innere seelische Wahrnehmung führen. Wenn sie von den Filmen berichten, erleben wir dieses völlig affektierte Gebaren, was eigentlich Ausdruck einer seelischen Hilflosigkeit ist. Wir wissen, daß Kinder bis zum 12. Lebensjahr definitiv nicht zusammenhängend von einem Film erzählen können, denn sie erzählen immer nach Bedeutungsebene. Die Szene, die sie am meisten beeindruckt hat, gleichgültig ob negativ oder positiv, erklären sie zuerst, und dann kommen die anderen in der jeweiligen Reihenfolge der jeweiligen Seelenregung. Aber nach außen tritt das affektierte Verhalten.

Das Problem ist, daß die Kinder und Jugendlichen in einer Welt aufgewachsen sind, die durch solche grausamen Bilder geprägt ist, grausam in jeglicher Hinsicht, und die von einer Erwachsenenwelt geprägt sind, die dies stillschweigend duldet und damit den Kindern grundsätzlich vermittelt: Das mußt Du aushalten! Das ist das, was wir unserer nachfolgenden Generation vermitteln. Wenn sie sich aber innerlich damit konfrontieren, erleben sie, daß sie es eigentlich nicht aushalten können. Sie erleben zunächst ihre Alpträume, ihre Verletzungen, die sie innerlich haben, nach außen tritt aber das schon angesprochene affektierte Gebaren, vor allem untereinander. Und in ihrer Gruppe wird ihnen vermittelt, daß alle anderen Menschen damit umgehen können, und sie selbst erleben, daß sie es nicht können. Diese Kinder werden trainiert, einen Kampf gegen ihre eigenen inneren Seelenregungen zu führen.

Wenn man das mit den extremen Fällen der Schulmassaker zusammenbringt, so ist dies nicht unbedingt verwunderlich. Alle diese Schulattentäter haben ein völlig gestörtes Empathieempfinden. Eine der Wurzeln ist, daß man ihnen konsequent diese Empathiefähigkeit aberzogen hat und daß sie sie sich selbst aberzogen haben. Hier ist ein wesentlicher Zusammenhang zu sehen. Und diese Art des Aberziehens gelingt den Jungs besser als den Mädchen, was mit der seelischen Konfiguration der Jungen zu tun hat.

W.W.: Das hängt sicherlich auch damit zusammen, daß die Jungs sehr viel mehr diese Filme sehen bzw. diese Spiele spielen.

U. Buermann: Sicherlich, aber das eine ergibt das andere. Ich forsche derzeit gerade am Thema Pornographie im Internet und schreibe darüber meine Doktorarbeit. Bei jungen Mädchen ist es so, daß sie in bezug auf Porno mit Ekel reagieren und diese Haltung auch beibehalten und gegenüber anderen vertreten. Und diese Haltung dürfen sie auch in ihrer Peer-Group aufrechterhalten. Dort können sie auch diesen Ekel verbalisieren, und sie können entsprechend äußern, daß sie sich solche Filme nicht noch einmal anschauen werden. Das wird ihnen gesellschaftlich, nicht nur von den Erwachsenen, sondern vor allem von ihrer Peer-Group zugestanden. Bei den Jungs ist es anders, denn sie haben das gut zu finden. Das bedeutet nicht, daß sie es wirklich gut finden, aber das ist das, was ihnen die Gesellschaft oder ihre Freunde auferlegen. Sie stehen also unter diesem Zwang, und deswegen müssen sie auch mehr gucken, und zwar so lange, wie sie es eben aushalten können. Hier ist ein höherer Druck, sich diesen Filmen und Spielen auszusetzen.

W.W.: Aber in Wirklichkeit suchen sie heimlich doch nach ihrer Traumfrau.

U. Buermann: Selbstverständlich. In bezug auf die Traum- und Wunschvorstellungen ist es genauso wie früher. Aber im Kopf sind sie mit anderen Bildern ausgestattet und kommen damit in Zugzwänge.

Der Medienmarkt bedient mit allen seinen Bildern auch die Sehnsucht nach spirituellen Bildern. Ich möchte allerdings noch einen Aspekt mit hinzunehmen: Wenn man jetzt dieses kollektive Ekeltraining beklagt und sich fragt, wo der Ursprung liegt, dann kommt man sehr schnell zur ersten Stufe der schwarzen Magie, zum Ekeltraining. Dann ist man aber sehr schnell wieder auf einer

Schiene der kollektiven Weltverschwörung, und man glaubt, daß die Illuminaten oder ähnliches im Hintergrund säßen, die die Medien beeinflussen würden usw. Man sorge also für ein kollektives Ekeltraining, damit wir alle schwarzmagisch werden, womit dann letztendlich die Inkarnation Ahrimans vorbereitet wird. Das ist natürlich Unsinn. Ich denke, daß wir hier keineswegs nach einer Weltverschwörung im Hintergrund suchen müssen. Sicherlich gibt es solche Kräfte, aber sie werden viel zu sehr überschätzt, gerade im Internet, wo ja eine Verschwörungstheorie die andere jagt.

Die Bestie im Menschen

Ich sehe aber noch einen anderen Aspekt: Gerade so, wie es die Suche nach Spiritualität, nach unerfüllter Spiritualität gibt, haben wir es als Menschheit aktuell nicht geschafft, mit diesen Seiten und Fähigkeiten umzugehen. Denn es gibt auch die Bestie im Menschen, und diese Seite des Menschen wird heute negiert. Schon als Besitzer eines Angelscheins hat man es in weiten Kreisen der Gesellschaft schwer, denn man ist jemand, der eigenhändig Tiere umbringt bzw. damit Erfahrungen hat. Wir sind zwar eine fleischessende Gesellschaft, aber die Tötung findet anonym statt. Wer bekommt heute denn noch mit, wie eine Schlachtung durchgeführt wird; auch das Leiden, welches mit Krankheit verbunden ist, wird gesellschaftlich oft verbannt, der Tod sowieso. Alles wird anonymisiert. Sterben findet nicht in unserem Umfeld statt.

Reminiszenzen ichgeführter Gewalttaten

Momentan sind wir in der glücklichen Situation, seit Jahrzehnten keinen Krieg vor Ort zu haben, auch wenn wir aktuell junge Leute ins Ausland exportieren. Und wir erleben, daß sie in immer größerem Umfang und immer größerer Zahl kriegstraumatisiert zurückkommen. Auch das hängt mit unserer Seelensituation zusammen, daß die allermeisten Menschen diese Situationen im Krieg nicht verkraften. Das hängt deutlich mit der neuzeitlichen Entwicklung zusammen. Diese Art der Traumatisierung gab es im Mittelalter noch nicht. Wir haben also Gewalt total aus der Realität verdrängt.

Anthroposophisch gesehen ist es aber so, daß alle sich jetzt inkarnierenden Menschen Gewalterfahrungen aus ihrem letzten Leben mitbringen. Zum Teil ist es auch so, daß diejenigen Menschen wieder unter uns sind, die an den Kriegen der Neuzeit im letzten Leben beteiligt waren, sei es als Täter, sei es als Opfer; die also nicht nur Reminiszenzen aus der Empfindungs- oder Verstandesseele mitbringen, wo sie gar nicht unbedingt ichbeteiligt waren, sondern die in sich verborgen Reminiszenzen mitbringen aus der Konfrontation mit ich-

© PD (Library of Congress)   Fred Palumbo
Alfred Hitchcock

geführten Gewalttaten der letzten Zeit. Sie sind damit konfrontiert, Gewalt bis hin zum Mord, zur Vergewaltigung, zur Verstümmelung ausgeführt zu haben, und nun suchen sie unbewußt die Konfrontation und Auseinandersetzung mit dieser Thematik in der Welt. Sie suchen es nicht nur im Nachtodlichen und Vorgeburtlichen, sondern sie kommen wieder auf die Erde und suchen hier eine adäquate Auseinandersetzung mit dieser Gewalt. Aber die findet einfach nicht statt. So daß also der Hunger nach gewalttätigen Bildern, und das ist eine Spirale, nicht gestillt wird. Früher hat ein Hitchcockfilm die Menschen schockiert, die heutigen Jugendlichen schlafen bei den Hitchcockfilmen ein. Es ist eine viel zu langsame Kameraeinstellung, dann sind sie auch noch in Schwarz-Weiß, und den Spannungsbogen bekommen die Jugendlichen kaum noch mit, weil man den Inhalt innerlich aufbauen bzw. aufrechterhalten muß.

Insofern muß man in bezug auf die extremen Täter solche verborgenen karmischen Zusammenhänge suchen; allerdings bin ich hier überfragt. Auf jeden Fall haben wir es bei den School-Shootern mit labilen Persönlichkeiten zu tun. Und die Frage ist, inwieweit bei diesen Menschen stärker als bei anderen diese Reminiszenzen aus der Vergangenheit mit hineinspielen, und daß dann in der mangelnden Begegnungsmöglichkeit auf einer bewußten Ebene mit der Welt der Hang entsteht, sich mehr mit solchen Gewaltdarstellungen zu beschäftigen, sie sich zuzuführen, sich zuzumuten, bis hin zu einer schnelleren Abstumpfung bzw. zu dem stark ausgeprägten Hang, dasjenige, was virtuell erscheint, real auszuleben und umzusetzen. Bei vielen Menschen reicht hier die Phantasie – sie spielen die Spiele weiter, sie werden mit den Filminhalten oder den Spielinhalten konfrontiert und spinnen diese in ihrer Phantasie weiter. Aber in den Einzelfällen kann es eine karmische Seite haben, ich will aber nicht sagen, daß dies so sein muß. Aber es muß die Frage erlaubt sein, ob diese Menschen etwas in sich tragen, was unbewußt in ihnen schlummert, was sie aber nicht in die Lage versetzt, dies in ihrem persönlichen Umfeld bewußt auszuleben, so daß es dann zu der Übersteigerung durch diese Gewalttaten kommt.

Der Doppelgänger wird bewußt angesprochen

W.W.: Ich bemerke einerseits eine spirituelle Sehnsucht bei den Menschen, speziell den jüngeren, auf der anderen Seite finden sie immer schwerer den Kontakt zu den Worten Rudolf Steiners. Dies mag viele Gründe haben – einer ist bestimmt auch der, daß ein Begriff von etwas Spirituellem, wenn er von dem jeweiligen Menschen nicht richtig durchdrungen wird, oft zu einer Art Leichnam wird. Ein zweiter Punkt, den ich bei vielen Anthroposophen – innerhalb aller Religionsgemeinschaften natürlich sehr viel mehr – auch bemerke, ist, daß die übersinnliche Welt viel zu wenig wesenhaft gedacht und erlebt wird. Man kennt den Engel, weiß auch, was dieser im Astralleib tut, man kennt die Erzengel, weiß um Luzifer, Ahriman und Christus Bescheid, man kennt vier Elementarwesensgruppen und einiges mehr, aber dann hört es meist schon auf. In Wirklichkeit ist aber unsere gesamte Welt wesenhaft, und das beginnt mit unserer sinnlichen Welt – in jedem Ding, in jeder Pflanze, in jedem Tier, überall sind unzählbare Wesen. In jedem Raum, in dem wir uns befinden, wimmelt es sozusagen von kleineren Wesen, und wenn diese alle Menschen wären, würden wir sie nicht ignorieren, sondern mit ihnen sprechen. Die Menschen, die in diesen Jahren und Jahrzehnten auf die Welt kommen, tragen m.E. eine spirituelle Sehnsucht in sich, sie wollen irgendwie mit diesen Wesen kommunizieren. Sie finden diese Wesen aber nur in einer verzerrten materialisierten Weise im Internet bzw. in Filmen und Gewaltspielen, seien dies nun Naturwesen oder Dämonen. Würden Sie eine Aussage wagen, welche Art von Wesenheiten in den Gewaltspielen und Gewaltfilmen leben?

U. Buermann: Hier haben wir es mit Scharen der verschiedensten dunklen Wesenheiten zu tun – von verschiedensten dämonischen Elementarwesen oder auch harmlosen Elementarwesen bis hin zu den gesamten dämonischen Heerscharen. In allen diesen Figuren im Medienbereich finden sie ihre Spiegelung. Die Spiele bringen eigentlich die gesamte Bandbreite der Doppelgänger ins Spiel, und damit sprechen sie auch den Doppelgänger im Menschen an. Deswegen werden besonders die negativen Seiten angesprochen.

Es gibt von Playstation einen Werbespot, der in Deutschland verboten war:

„Don't underestimate the power of Playstation." Hierbei wurde mit dem Doppelgänger-Motiv Werbung gemacht: Es tauchten nur Randgruppen auf, z.B. Punker, Homosexuelle, Pädophile, alle Formen von Kriminellen, das ganze Spektrum der Behinderten, kurz gesagt: alle Randgruppen der Gesellschaft. Diese Randexistenzen erzählen dann, daß sie Welten erobert und Menschen umgebracht haben, und zwar ohne bedroht zu werden. Sie erzählen, daß sie Menschen in den Rücken geschossen haben, und vielerlei mehr wird dort aufgelistet. Und dann kommt die entscheidende Aussage: „Am Schluß kann ich sagen: Ich habe gelebt." Und dann kommt die Botschaft: "Don't underestimate the power of Playstation." Hier wird also in einer geradezu unverhohlenen Weise mit diesem Doppelgänger-Motiv Werbung gemacht. Und das spricht seinerseits wiederum den Doppelgänger im Menschen an. Aber es ist keine bewußte Auseinandersetzung; das ist das Problem.

Es bedeutet, daß Doppelgänger-Kräfte äußerlich materialistisch visualisiert werden, daß sie den Menschen wie von außen entgegentreten, so daß die meisten Menschen diese ablehnen, sich davon distanzieren können und nicht anerkennen, daß solche Kräfte auch in ihnen selber wirken. Aber einige andere aktivieren den Doppelgänger dadurch in sich, und sie empfinden dies sogar als Berechtigung, auch wenn es keine bewußte Auseinandersetzung ist. Sie lassen diese Kräfte in sich entstehen und leben sie in ungefilterter Form aus.

Das ist etwas, was wir auch in den verschiedenen extravaganten Bereichen der Sexualität erleben, z.B. in der SM-Szene, wo Menschen zwar in spielerischer Form derartiges machen, aber wo die Grenze auch immer hauchdünn ist. Immer entsteht die Frage, bis wohin es wirklich noch Spiel ist und ab wann die Teilnehmer sich von den in ihnen wohnenden Kräften beherrschen lassen. Wer es allerdings in spielerischer Weise macht, adaptiert diese Kräfte lediglich und setzt sich nicht bewußt mit ihnen auseinander. Man stellt diese Dinge als berechtigt in die Welt und erkennt sie an. Gesteigert ist dies in Filmserien wie z.b. „Hostel" oder dem Film „Saw", in denen Gewaltexzesse menschheitsbelehrend motiviert oder als berechtigt vorgebracht werden oder wofür man Geld bezahlt, damit man sie gleichberechtigt mit anderen Bedürfnissen ausleben kann.

Seelen- und Beziehungskunde

W.W.: Kann man an diesen Phänomenen, diesen Filmen, diesen Gewaltexzessen in den Medien nicht erkennen, was eigentlich dran ist? Ist es nicht dran, sich ganz bewußt mit dem Bösen in sich zu beschäftigen? Fast jeder Jugendliche, zumindest jeder männliche Jugendliche in den westlichen Ländern, beschäftigt sich mit diesen bösen Kräften in den Medien; wäre es hier nicht angebracht, so etwas wie eine Art Seelenkunde in den Schulen einzuführen, damit man genau weiß, welche Bandbreite von zerstörerischen Kräften der Mensch selbst in seiner Seele trägt? Ich könnte mir das in Form eines Schauspiels oder in Rollenspielen oder ähnlichem vorstellen, auf jeden Fall so, daß man ganz bewußt mehr oder weniger konkret durchlebt, was jeder Mensch an Seelenmöglichkeiten – guten wie schlechten – in sich trägt. Dann würde das Sehen und Spielen von Gewaltmedien einen realeren Hintergrund bekommen. Die Auseinandersetzung mit dem Bösen, mit dem Zerstörerischen, mit dem Gewalttätigen bleibt dann nicht virtuell-theoretisch, sondern man setzt sich real mit den eigenen Seelenkräften auseinander, sie werden erlebbar. Ist so etwas heutzutage nicht einfach notwendig?

U. Buermann: Auf jeden Fall! Es ist dringend notwendig! Eine tiefe Seelenkunde, eine Auseinandersetzung mit sich selber ist dringend notwendig. Unsere Generationen sind ein wenig zugeknüppelt worden mit der Auseinandersetzung mit dem Nationalsozialismus, die aber auch nicht richtig tiefgehend war. Die heutige Generation kann dies schon nicht mehr hören, aber genau das ist vielleicht eine Chance, mit den Jugendlichen auf einer ganz neuen Ebene, ohne direkte Anknüpfung an die eigenen Eltern und Großeltern, die Mechanismen des Bösen, des Gewalttätigen in den Blick zu nehmen. Und dann kann man genau auf sich selbst schauen, inwieweit auch in einem selbst ein KZ-Aufseher steckt, und zwar auf einer ganz anderen Ebene. Man kann sich die Frage stellen, ob heute so etwas noch denkbar wäre. Aber eine solche Seelenkunde findet natürlich überhaupt nicht statt.

Auch im Bereich der Sexualkunde müßte man wahrscheinlich umdenken, denn wenn die gesamte Mittelstufe jede Form der Pornographie in den Medien gesehen hat, kann man sich fragen, was man denen eigentlich noch erzählen soll, denn die Jugendlichen kennen – zumindest aus der Anschauung – Sexualpraktiken, von denen die Lehrer meist nichts wissen, oft nicht einmal die Bezeichnung kennen. Und auch hier steht die Frage: Brauchen wir heute nicht eine richtige Beziehungskunde? Und dabei sollte es m.E. nicht nur um Partnerschaftsprobleme, Konfliktlösungen usw. gehen, sondern auch darum, woran ich erkennen kann, woran ich erleben kann, mit welchen Menschen ich wirklich verbunden bin. Das muß gar nicht immer nur eine Partnerschaft sein, sondern es kann auch eine Freundschaft sein. Dann kann ich darauf aufmerksam werden, daß es Menschen gibt, von denen ich vorher weiß, daß sie gleich anrufen werden; bei anderen weiß ich das nicht. Oder ich denke an jemanden, und kurz danach treffe ich diese Person. Oder man sensibilisiert sich für die Phänomene, daß man auf einer Fete war – und plötzlich träumt man von einem der Besucher, aber nicht von allen. Eine Person, mit der ich vielleicht gar nicht geredet habe, taucht plötzlich in meinen Träumen auf. Für diese Ebenen sollte man sich sensibilisieren, und ich denke, daß das in die Schulen hineingehört. Das muß überhaupt kein Fach sein, in dem man Anthroposophie darstellt, sondern es geht darum, daß man über die realen Erlebnisse spricht, die wir als Menschen heute haben. Insofern sollte nicht der Vorwurf der Ideologieschule kommen, obwohl mir natürlich klar ist, daß Anthroposophie eigentlich gar nichts anderes macht als genau eine solche Lebens- und Wesensaufklärung.

W.W.: Wäre das nicht ein zusätzliches Anliegen für Sie, daß man alle die Figuren und Eigenschaften, die in den Medien in jeder Form vorkommen, in die reale Welt bringt, in eine reale Beziehungskunde, verbunden mit konkreten Seelenübungen, so daß man vollsaftig versteht, was einerseits in einem selbst ist und was andererseits in den Gewaltfilmen usw. vor sich geht? Dadurch könnte man genauso in bezug auf seine Seele kompetent werden wie mit dem Internet und verschiedensten Spielen.

U. Buermann: Das wäre ein ganz klares Zukunftskonzept. Ich selbst habe den Lehrplan für Computerkunde an Waldorfschulen mit verbrochen, soweit er denn existiert. Ferner gestalte ich an den Waldorfseminaren in Kiel und Hamburg die Fachdidaktikausbildung für die entsprechenden Kollegen, und ein Anliegen für diese Didaktik, für diesen Lehrplan war schon diese von Ihnen angesprochene Richtung. Es geht nicht nur um die Vermittlung von Handhabungskompetenz, nicht nur um die Frage des technischen Verständnisses, sondern auch wesentlich darum, daß als dritte Schiene die menschheitsrelevanten Fragen mit hineinkommen, z.b. Suchtthematiken.

Wenn ich mit den Jugendlichen darüber arbeite, muß ich selbst natürlich verstehen können, was die Jugendlichen daran so fasziniert, und das ist eben die angesprochene inhaltliche Ebene. Dann gehört auch dazu, daß man nicht nur über äußerliche Mechanismen – wie erstellt ein Programmierer ein Spiel – redet, es geht auch nicht nur darum, daß man sich fragt, wie dieses Spiel gestaltet wird, damit man selbst süchtig wird und länger spielt, sondern ich bin dann unmittelbar in einem Gespräch gefordert, mir selbst anzuschauen, warum World of Warcraft so reizvoll ist und wo hier das Suchtpotential liegt.

Das ist die Welt der Magie, die Welt der gelebten Magie, und wenn ich das ernst nehme in meinem Erziehungsauftrag, muß ich natürlich auch auf die Ebene schauen, wo solche Wesenheiten und Seelenkräfte in unserer Welt leben. Denn sonst kann man die jungen Menschen nicht sensibilisieren.

Jetzt sind wir dabei, einen entsprechenden Lehrplan für Medienkunde auf den Weg zu bringen, und da geht es auch um Bereiche dieser eben angesprochenen Schnittstellen. Ferner brauchen wir die schon angesprochene Beziehungskunde, und zwar nicht so, daß wir uns in den Waldorfschulen fragen, wo wir einzelne Stunden herkriegen, denn die Stundenpläne sind ohnehin schon zu voll, sondern eigentlich sollten wir die Zeitgenossen sensibilisieren, und Zeitgenossen sind auch die Lehrerinnen und Lehrer, wir sollten sie sensibilisieren dafür, wo man in letztendlich jedem Fach die entsprechenden Bezüge herstellen kann.

W.W.: Vielleicht könnte man es noch wirklichkeitsnäher üben: Man könnte sich verschiedene Praktiken vornehmen, die man in Gewaltspielen spielt, nehmen wir z.B. die drastische Form der Folterlust. Man müßte sich fragen, inwieweit so etwas in der menschlichen Seele anwesend ist, und sich das dann z.B. in Rollenspielen konkreter vornehmen. Natürlich kann man nicht konkret foltern.

Oder im Positiven nimmt man sich die Fähigkeit vor, daß man erahnt, wer an einen denkt, wer einen gleich anruft, also alle Formen von Gedankenübertragung und Aurabegegnung; und auch hier wieder konkrete Übungen im Vergleich zu den technischen Gegebenheiten, wie z.B. die Nummer des Anrufers im Display. Oder man nimmt sich die Figuren eines Computerspiels vor, z.B. World of Warcraft, und fragt einander, was dies alles für Figuren sind und ob es diese Figuren nicht auch real in unserer Welt gibt, z.B. in Form von Naturwesen oder Dämonen oder ähnlichem. Ich könnte mir vorstellen, daß eine solche Unterrichtseinheit äußerst spannend und lehrreich wäre.

U. Buermann: Als Ideal kann ich das nur voll und ganz unterstreichen. Für mich ist es völlig klar, aber leider ist kaum eine Schule so weit, obwohl es Ansätze gibt. Hier haben wir alle einen riesigen Nachholbedarf. Andererseits haben wir davor eine riesige Scheu.

W.W.: Aber in den Medien ist alles dies vorhanden! Und da ist es ja auch selbstverständlich.

U. Buermann: Klar, aber trotzdem muß man sagen, daß wir alle diesen Entwicklungen hinterherhinken und daß wir eigentlich bewußtseinsmäßig diese Bereiche sogar überholen müßten. Wir müßten auch die Jugendlichen bewußtseinsmäßig überholen, insofern, als wir ihnen sagen können, daß das, was sie in den Medien tun, zwar seine Berechtigung hat, aber … Und dann müssen wir ihnen die realen Hintergründe und Anknüpfungspunkte schaffen. Natürlich ist die Frage, wie man entsprechende Planspiele oder ähnliches gestaltet; das dürfte nicht ganz leicht sein. Wie soll man darstellen, daß im Menschen Doppelgängerphänomene vorhanden sind und ähnliches? Hier muß man sich sehr genau und sehr gut überlegen, wie man das konkret gestalten kann.

Capt. Justin T. Watson, U.S. Air Force

Pilot einer F-16 der US-Luftwaffe

W.W.: Selbstverständlich bin ich mir bewußt, daß das alles Zukunftsmusik ist, aber es ist absolut dran. Gerade in der anthroposophischen Bewegung sollte man sich nicht nur theoretisch über die Tiere im Menschen unterhalten, über verschiedene Doppelgänger, sondern man sollte sich real bewußtmachen, daß sie in jedem Menschen anwesend sind und im Zwischenmenschlichen ständig herauskommen, denn warum sonst streitet man sich so sehr? Eigentlich sollte man hier keine Scheu haben, denn ein Jugendlicher, der Gewalt- und Folterspiele im Internet spielt, geht auch mit solchen Kräften um, und es spricht nichts dagegen, daß man ähnliches in einer richtig eingebetteten Weise in einem Planspiel im Unterricht durchführt, um hier Bewußtsein in diese Sphären zu bringen.

U. Buermann: Ich bin ganz Ihrer Meinung, und sicherlich werden wir hier alle miteinander noch sehr viel zu tun und zu erarbeiten haben.

Die Kampfpiloten von morgen

W.W.: Welchen Unterschied macht es, Gewaltfilme nur passiv zu konsumieren, und inwiefern nehmen aktiv gespielte Gewaltspiele einen größeren Einfluß auf die Empathie des Spielers? Wie ist hier der Unterschied in bezug auf die Seele des Menschen?

U. Buermann: Was bei den Computerspielen hinzukommt, gesteigert bei den Ego-Shootern, ist neben dem Abstumpfungseffekt der Konditionierungseffekt. Hier wird wirklich auf der Instinktebene konditioniert, und das ist noch ein zusätzliches Element zu dem, was wir in bezug auf die sogenannten Amokläufer schon angesprochen haben, dem Amokzustand und der Ent-Ichung des Täters. Es gibt hier die mechanistische Konditionierung der Abläufe – draufhalten und drücken!

Das hat man in erschreckender Weise bei dem Täter von Erfurt gesehen, der bis auf drei Schüsse, die er durch eine geschlossene Tür abgegeben hat, eine 100 %ige Trefferquote hatte. Alle abgefeuerten Kugeln haben einen menschlichen Körper getroffen, und eine derartige Präzision kennen wir noch nicht einmal von Berufssoldaten. Auch Scharfschützen der Polizei zeigen in 5 von 100 Fällen noch eine Tötungshemmung, aber bei dem Täter von Erfurt waren einfach diese konditionierten Reflexe vorhanden.

In einer berühmten Rede des amerikanischen Präsidenten Reagan 1984, als er sich gegen eine Erhöhung der Steuer für Computerspiele aussprach, formulierte dieser ganz deutlich: „Die Joystick-Jugendlichen von heute sind die Kampfpiloten von morgen!" Er sah also ganz klar diesen Konditionierungszusammenhang. Dieser Zusammenhang ist hinter den Kulissen bekannt und wird entsprechend bis heute genutzt. Es ist ein wesentliches Element dieser Spiele, daß man zum Klickreflex konditioniert wird, und wenn man dann die Waffe in der Hand hat, funktioniert man entsprechend.

Prävention und Notfallpläne

W.W.: Ist eine Prävention in bezug auf sogenannte Amokläufe möglich? Sind die aufgestellten Notfallpläne sinnvoll?

U. Buermann: M.E. nur sehr bedingt. Man kann die Jugendlichen natürlich sensibilisieren, wenn sie irgendwelche Anzeichen sehen, in den entsprechenden Foren, wie z.B. StudiVZ, daß sie dann auch den Schneid haben, einen Menschen ihres Vertrauens anzusprechen. Die Notfallpläne selbst halte ich für sehr riskant. Die ersten Notfallpläne wurden nach Erfurt und Emsdetten entwickelt, und dazu gehörte z.B., daß die Schülerinnen und Schüler – anders als vorher – in den Klassenräumen bleiben und nicht in den Flur laufen sollten. Dies war in bezug auf die damaligen Täter richtig.

In bezug auf den Täter von Winnenden war dies nicht richtig, denn er hat zielgerichtet einzelne Klassen aufgesucht, und es wurde ihm viel einfacher gemacht, weil die Schülerinnen und Schüler, Lehrerinnen und Lehrer in den Klassenräumen blieben. Aber der Täter von Ansbach hatte Molotowcocktails dabei, ebenso die Schülerin von St. Augustin, und beide haben sicherlich diese Überlegungen getroffen, weil sie von diesen Notfallplänen, in der Klasse zu verbleiben, wußten. Sie haben also aus den Notfallplänen der Vergangenheit gelernt.

Es ist natürlich ein absolutes Horrorszenario, daß ein Lehrer die Klasse einschließt, um sie angeblich zu schützen, dann aber der Täter die Fensterscheibe einschmeißt und einen Molotowcocktail hineinschmeißt. Die Täter stellen sich also auf die Notfallpläne ein. Und Notfallpläne sind nur dann für eine Schule sinnvoll, wenn man sie übt – dabei muß man sich aber auch klarwerden, daß die Schläfer, die potentiellen Täter, diese Übungen mitmachen. Denn wir wissen, daß sie alle eine längere Vorbereitungszeit für ihre Taten haben. So gesehen werden sie auf den Notfallplan geschult. Deswegen ist davon auszugehen, daß diese Notfallpläne eher die Kreativität der Täter fördern. Es kann auch sein, daß die Taten der Zukunft sich verlagern und der Tatort Schule nicht mehr im Mittelpunkt steht. Die nächste Tat könnte dann z.B. in der Diskothek stattfinden.

Sensibilisierung für die Durchschnittlichen

Was wir aber auf jeden Fall brauchen, ist eine Sensibilisierung der Lehrer für die Schüler, eine Wahrnehmung vor allem derjenigen, die nicht auffällig sind. Das ist natürlich absolut konträr zu der Entwicklung, die wir zur Zeit haben. Im Unterrichtsalltag genießen zuallererst diejenigen die Aufmerksamkeit, die durch negatives Verhalten auffallen, bzw. die Überflieger, die sogenannten Hochbegabten. In allen Schulformen, in allen Klassen haben wir also diejenigen, die immer durchfallen, weil sie so wunderbar durchschnittlich sind – sie sind nicht besonders gut, sie sind nicht besonders schlecht, sie stören nicht, sie laufen mit. Irgendwann stellt man dann fest, daß sie drogenabhängig sind, magersüchtig sind – „aus heiterem Himmel", heißt es dann. Für alle kommt es völlig unerwartet. Von einem Tag auf den anderen kommen sie als Emo oder Punk in die Schule – aber sie waren doch immer so lieb! Und man versteht gar nichts mehr.

Das liegt in der Dynamik des Aufmerksamkeitsdefizitsyndroms. Wenn es uns gelingt, als einzelner Lehrer, einzelne Lehrerin unsere Schülerschaft in die Wahrnehmung zu nehmen, dann ist man hier auf dem richtigen Wege. Das kann auch das Klassenlehrerkollegium als Ganzes leisten, so daß nicht jeder Lehrer einzeln gefragt ist; dann kann man sich gegenseitig helfen, welchen Schüler man immer wieder vergißt, und dann kann man sich bewußt vornehmen, nicht nur die Problemfälle zu besprechen bzw. diejenigen, mit denen es besonders toll läuft, sondern man könnte sich z.B. als Kollegium zusammensetzen und aus dem Kopf alle Schüler aufschreiben – und dann kann man sehen, welche Schüler den meisten Lehrern zuletzt einfallen. Das sind nämlich genau diejenigen, die einem immer durch die Lappen gehen. Und dann kann man ganz bewußt diejenigen besprechen, die einem als letzte einfallen. Das ist ein Teil der Präventionsarbeit, den man leisten kann. Das ist ein Bewußtseinsschritt in die richtige Richtung, und in der Familie muß dies genauso geleistet werden. Die Eltern sollten sich bewußt mit dem Kind beschäftigen, welches keine Probleme macht. Und das gehört zu den Täterprofilen, daß das diejenigen Jugendlichen sind, die immer durchgerutscht sind. Meist haben sie auch nicht so starkes Mobbing erlebt, daß sie den Lehrern aufgefallen sind, auch wenn es subjektiv so erlebt worden ist. Und wo solche Bewußtseinsarbeit konkret lebt, kann man davon ausgehen, daß dies nicht die Orte sein werden, an denen ähnliche Taten entstehen werden.

Die virtuelle Welt saugt einen auf

Interview mit Jorit Hillendahl

von Wolfgang Weirauch

Jorit Kjaerne Hillendahl, *geb. 1990 in Oeversee, Eltern Günter und Dorothea Hillendahl, beide Waldorflehrer. Ab 1997 Besuch der* FWS *Flensburg. 2010 Abitur an der* FWS *Flensburg. Seit zwei Jahren Tätigkeit im* FLENSBURGER HEFTE VERLAG *als Packer. Ab Sommer 2010 Zivildienst in einer Reha-Klinik.*

Wissen Sie, was Creeps sind? Oder hatten Sie schon einmal eine Begegnung mit einer Blutelfe, einem Tauren, mit einer Untoten oder einem Draenei? Nein? Dann gehören Sie vermutlich nicht zu den Spielerinnen oder Spielern des größten Suchtmachers unter den Computerspielen – „World of Warcraft"!

Millionen Menschen in Deutschland sind auf verschiedenste Weise onlinesüchtig, und es werden immer mehr. Immer mehr Menschen verbringen immer mehr Zeit vor den Bildschirmen, vergeuden ihre Zeit, verschieben ihr Wirkensfeld und ihre Erlebnissphäre Stück für Stück von der realen in die virtuelle Welt. Und die virtuellen Welten saugen einen auf, wie Jorit Hillendahl in nachstehendem Interview freimütig bekennt.

Er schildert dort, wie er als 12jähriger mit Computerspielen in Berührung kam, mit Freunden auf LAN-Partys Strategie- und Killerspiele spielte, bis er online spielte, vor allem „World of Warcraft". Schleichend war dieser Prozeß – hinein in suchtartige Zustände. Jorit Hillendahl schildert viele Einzelheiten dieses und anderer Spiele, beschreibt die Gefahren, den Reiz und seine eigenen suchtartigen Zustände. Aber er beschreibt auch, wie er sich selbständig aus dieser Sucht befreite und blickt zurück – ohne Zorn, aber mit klarem Blick – und gibt Tips zum Umgang mit Computerspielen für Jugendliche und Erwachsene.

Wolfgang Weirauch: Du hast jahrelang Computerspiele gespielt. Kannst Du den Leserinnen und Lesern einmal in Kürze darstellen, was Du hauptsächlich gespielt hast?

Jorit Hillendahl: Angefangen habe ich mit zwölf Jahren, und zwar auf dem Computer meines Vaters. Damals hatten wir ein Spiel, welches sich Lego-Raser nannte, bei dem man mit ferngesteuerten Autos fahren mußte. Mit 14 bekam ich meinen ersten eigenen Rechner, und er wurde extra aufgerüstet, damit ich „Anno 1503" spielen konnte. Damals war das der große Renner, eine Art Strategiespiel. Man ist ein Entdecker von Amerika aus dem 16. Jahrhundert und baut ein eigenes Inselreich auf. Es beginnt mit einigen Siedlern, entwickelt sich dann immer weiter, und irgendwann gehört man zu den Aristokraten, baut sich ein großes Schloß usw. – Bei einem Freund spielte ich schon vorher ein Vorläuferspiel von „Anno 1503". – Auf meinem eigenen Rechner kam dann nach einer Weile „Gothic 1" dazu – ein Rollenspiel.

Feuermagie steigern

W.W.: Kannst Du einmal näher beschreiben, wie ein Rollenspiel abläuft?

J. Hillendahl: Man spielt eine Spielfigur, meist nur eine, und verbessert diese immer weiter, und mit dieser erlebt man das gesamte Spiel. Mit dieser Figur identifiziert man sich auch. In Gothic 1 geht es darum, daß man in einer hermetisch abgeriegelten Kugel ist, einem Strafgefangenenlager, in dem Erz abgebaut wird. Trotzdem ist es eine Fantasywelt – man kann zaubern, es gibt Fabelwesen. Aber das sind keine Wesen im eigentlichen Sinne, also keine Zwerge und Elfen, sondern es sind ganz skurrile Tiere, die an Fabelwesen erinnern, straußenähnliche Vögel, wolfähnliche Tiere usw. Das sind NPCs (Non-player characters) oder Creeps. Die Creeps sind computergesteuert, und man kann sie abmurksen; dafür bekommt man mehr Erfahrung.

Das System beim Rollenspiel ist, daß man Aufgaben erfüllt, Gegner tötet, wodurch die Erfahrungen immer mehr steigen. Und wenn man einen bestimmten Erfahrungsgrad überschritten hat, kommt man eine Stufe höher; gleichzeitig wird man stärker und bekommt neue Fähigkeiten.

W.W.: Welche neuen Fähigkeiten bekommt man z.B.?

J. Hillendahl: Bei manchen Spielen bekommt man Lernpunkte, und mit diesen Lernpunkten kann man z.B. seinen Schwertkampf verbessern oder seine Feuermagie steigern. Dann ist man stärker und hat beim Schwertkampf mehr Finten drauf.

Gedärme rausschießen

W.W.: Wie ging es weiter bei Dir?

J. Hillendahl: Mit 14 ging es weiter mit LANs (Local Area Network), also Zusammenkünften, bei denen man sich mit anderen trifft und über ein Netzwerk gegeneinander oder miteinander spielt. Am gängigsten dabei war natürlich „Counter-Strike", welches wir am meisten gespielt haben. Damals hatte ich noch kein Internet, die meisten meiner Freunde ebenfalls nicht, und insofern kamen wir auch physisch zu unseren LAN-Partys zusammen.

Später kamen noch Spiele dazu, wie z.B. SOF („Soldier of fortune"), ein Spiel, welches in Deutschland verboten ist. Dieses Spiel ist nicht einmal ab 18 erlaubt, da es extrem brutal ist.

W.W.: Was ist das Brutale an diesem Spiel?

J. Hillendahl: Man kann z.B. mit einer Schrotflinte den Menschen die Gedärme aus dem Bauch rausschießen, man kann ihnen den Kopf abschießen, so daß man den Hals und die Luftröhre usw. sieht, und wenn sie schon tot sind oder auf dem Boden liegen, kann man ihnen die Arme und Beine wegschießen. Man hat nebenbei ein großes Waffenarsenal, z.B. einen Griller, der stromähnliche Strahlen aussendet und mit dem man seinen Gegner grillen kann.

W.W.: Auch direktes Foltern?

J. Hillendahl: Nein, es geht nur darum, den Gegner möglichst vielseitig zu töten. Man kann aber nicht versuchen, ihn möglichst quälend langsam zu töten.

Dann habe ich „Half-Life" gespielt, wovon Counter-Strike auch nur ein Zusatz ist. Dazu gibt es eine Map, also eine Karte, die Killbox heißt. Das ist ein großer quadratischer Raum, in dem keine Schwerkraft herrscht. Die Gesetze der Physik sind aufgehoben, überall liegen

® von EA Games

Counter Strike Logo

Waffen herum, die man aufnehmen kann. Jeder spielt gegen jeden, und es geht einfach nur darum, den Gegner umzubringen, egal wie. Es gibt u.a. Raketenwerfer mit Wärmesensoren oder Sniper oder irgendwelche Alien-Waffen. Das ist so ungefähr das sinnloseste Spiel, welches ich gespielt habe.

W.W.: Sind das alles Spiele, bei denen auch andere Teilnehmer mitspielen?

J. Hillendahl: Ja, das sind die LAN-Spiele. Auf einer LAN-Party sind mindestens vier, sonst macht es eigentlich keinen Spaß.

W.W.: Spielt jeder gegen jeden, oder gibt es Gruppen?

J. Hillendahl: Es gibt entweder Teams, oder bei der Killbox spielt jeder gegen jeden.

W.W.: Wie lange dauert ein solches Spiel?

J. Hillendahl: Das ist unterschiedlich. Bei Counter-Strike kann man ewig spielen.

W.W.: Aber stirbt man nicht irgendwann?

J. Hillendahl: Ja, aber wenn man stirbt, wird man respawned, also wiederbelebt. Es gibt eine „Base", also eine Basis, und wenn man stirbt, dauert es einige Sekunden, und dann wird man durch diese Base wiederbelebt. Man taucht dann also wieder auf und muß sich neue Waffen kaufen. Bei Counter-Strike spielen zwei Teams gegeneinander, die Counter-Strike-Forces – also die Polizisten – gegen die Terroristen. Es geht darum, daß die Polizisten die Terroristen daran hindern müssen, eine Bombe zu legen, oder darum, daß die Terroristen die Polizisten daran hindern müssen, entführte Geiseln zu befreien. Es spielen z.B. drei gegen drei, und wenn alle drei aus dem einen Team gestorben sind, hat das andere Team gewonnen, gleich wie viele von diesem Team gestorben sind. Dann bildet man eine neue Runde, und dann werden alle wiederbelebt.

W.W.: Welche Spiele kamen später hinzu?

J. Hillendahl: Etwas später bekam ich dann „Rome", auch ein Strategiespiel, bei dem es um die alten Römer geht. Dies ist ein rundenbasiertes Strategiespiel. Das bedeutet, daß man in dem Moment, in dem man an der Reihe ist, alles durchführt, was möglich ist, z.B. schickt man die eigenen Truppen irgendwohin, vollzieht Wirtschaftsprozesse, indem man z.b. Felder bebaut oder Gebäude errichtet. Und irgendwann drückt man auf „Runde beenden", und dann sind alle Gegner an der Reihe. Man kann auch Schlachten schlagen, und zwar in Echtzeit. Die Kamera zoomt dazu heran, und man kann seine Einheiten durch die Gegend steuern.

Endlich bekamen wir Internet!

W.W.: Aber alles war noch ohne Internet?

J. Hillendahl: Ja, und irgendwann bekamen wir dann – in meinen Augen „endlich" – Internet, und sogleich spielte ich „Warcraft III", den Vorläufer von „World of Warcraft". Das kann man bei Battle.net spielen – einer Online-Plattform, mit der man verschiedenen Servern beitreten kann und auf der man dann gegeneinander spielt. Das Prinzip ist wie das von Counter-Strike, nur daß die Kamera eine andere ist – man steht nicht hinter der Spielperson, sondern man schaut von oben und hat somit mehr Überblick. Hierbei geht es viel um Zauberei und Fabelwesen, im weitesten Sinne also um Magie.

W.W.: Und die Spieler hast Du Dir dazu im Internet gesucht oder aus dem Freundeskreis?

J. Hillendahl: Jemand macht einen Server auf, und dann können beliebige Spieler joinen, die man vorher nicht kennt. Man kann sich aber auch vorher mit Freunden verabreden und mit ihnen gemeinsam auf diesen oder jenen Server gehen.

Am Ende der 11. Klasse war ich neun Wochen zum Betriebspraktikum in Frankreich, und in dieser Zeit hatte ich überhaupt keinen Internetzugang, spielte also überhaupt nicht mit Computern.

W.W.: Hattest Du Entzugserscheinungen?

J. Hillendahl: Nein, eigentlich war ich sogar total glücklich. Aber dann kam ich nach Hause, und meine Freunde hatten in der Zwischenzeit schon eine ganze Weile „World of Warcraft" gespielt. Umgehend habe ich mich dazugesellt, es auf meinem Rechner installiert und mit dem Spielen begonnen. Eigentlich wollte ich WoW vorher nicht spielen, aber da meine Freunde es intensiv spielten, habe ich mitgemacht.

W.W.: Warum wolltest Du WoW nicht spielen, obwohl Du doch den Vorläufer und andere Spiele auch gespielt hattest?

J. Hillendahl: Ich hatte dieses Spiel vorher immer mit festgelegter Meinung abgelehnt, fand es uninteressant.

® von Blizzard Entertainment
Logo von World of Warcraft

Anfangs machte es Spaß, WoW mit den Freunden zusammen zu spielen, und das ging dann noch etwa ein Dreivierteljahr, dann hörte ich damit auf. Mein Spiel wurde immer intensiver, ich spielte auch dann, wenn meine Freunde nicht online waren, und lernte somit auch andere Leute im Internet kennen.

World of Warcraft

W.W.: Kannst Du das Spiel für die Leserinnen und Leser, die dieses Spiel nicht kennen, einmal kurz schildern?

J. Hillendahl: WoW ist ein Rollenspiel im Internet, und man spielt gegen andere Menschen. Man spielt auf großen Servern, auf denen etwa maximal 400 Menschen online sind. Es ist eine große Welt, und man startet mit dem Level 1 und muß sogenannte Quests, Aufgaben, machen. Es gibt sehr viele NPCs, also computergesteuerte Wesen, die einem Aufträge geben, die aber vorher festgelegt wurden. Das macht jeder Spieler, der das Spiel beginnt; und dadurch bekommt man steigende Erfahrungen, dadurch wieder bessere Items, Gegenstände, und vervollkommnet sich insofern.

Wenn man etwa auf Level 20 ist, kann man einer Gilde, also Verbünden von verschiedenen Spielern, beitreten. Bei WoW ist es so, daß die „Horde" gegen die „Allianz" kämpft. In der Horde sind z.B. Tauren, die den Menotauren nachempfunden sind, ferner Untote, also eine Art Skelette, Orks, Trolle und Blutelfen.

W.W.: Was sind Blutelfen?

J. Hillendahl: Das ist eine Kreation des Spielentwicklers, es sind dunkle, böse Elfen. Dann gibt es die schon erwähnten NPCs, die

Elvis untot
Zwei World of Warcraft Costume-Player, verkleidet als Nachtelf-Druiden

stehen überall rum oder gehen festgelegte Wege, und man kann sie
ansprechen, wenn sie ein Ausrufezeichen über dem Kopf haben. Das
zeigt an, daß sie ein Quest geben können. Es gibt auch festgelegte
Händler, Beschützer von bestimmten Gebieten. Aber alle anderen
Spieler, die normal herumlaufen, sind auch andere Menschen, also
Spieler, die an ihren Computern sitzen und dieses Spiel spielen.

W.W.: Und was ist die Allianz?

J. Hillendahl: Das sind z.B. Zwerge, Nachtelfen, Menschen, Gno-
me, Draenei, auch so eine Erfindung des Spielentwicklers. Das sind
Außerirdische mit Hufen, und sie sehen so ähnlich wie die Avatare
aus dem gleichnamigen Film aus.

Zu Beginn des Spiels wählt man aus, ob man zur Horde oder zur
Allianz will. Das wird eigentlich schon mehr oder weniger zu einer
Art Glaubensfrage unter den Spielern. Wer der Horde beitritt, will
mehr oder weniger nichts mit denen zu tun haben, die der Allianz
beigetreten sind. Etwa 50 % der Spieler treten der Horde bei, die anderen der Allianz. Und es geht vor allem darum, daß diese beiden

Lager gegeneinander kämpfen. Meine Freunde und ich waren alle in der Horde.

Dann wählt man sich eine sogenannte Rasse aus; ich wählte mir einen Tauren aus. Hierbei kann man noch zwischen den Geschlechtern auswählen, und ich wählte einen weiblichen Tauren. Ferner wählt man sich eine Klasse. Die Klassen sind z.b. Jäger, Magier, Schurken, Krieger, Hexenmeister, Heiler, Schamanen und Druiden. Der Jäger hat z.b. Bögen und kann gut schießen, u.a. vergiftete Pfeile. Der Schurke ist jemand, der sich unsichtbar machen kann und dann von hinten mit dem Dolch kommt. Der Magier schickt z.b. Feuerbälle oder Eisblitze. Ein Druide kann sich z.b. in einen Bären verwandeln.

Dann gibt es einen sogenannten Talentebaum. Die Rasse und die Klasse, die man hat, haben verschiedene Fähigkeiten, und immer dann, wenn der eigene Level steigt, kann man sich eine neue Fähigkeit aneignen. Das ist dann z.b. schneller laufen, weiter schießen, stärker kämpfen o.ä.

Ich hatte also eine Taurenjägerin und spielte zusammen mit meinem Freund.

W.W.: Wie spielt man das Spiel praktisch, mit einem Joystick?

J. Hillendahl: Nein, mit WASD, also mit den Tasten. W bedeutet vorwärts, A links, S rückwärts, D nach rechts. Mit der Maus schaut man sich um und klickt auf verschiedene Sachen.

W.W.: Hast Du einen Mausfinger bekommen?

J. Hillendahl: Nein, aber ich bekam den sogenannten Gamerknubbel, unten am rechten Handgelenk eine dicke Hornhaut, eine Schwellung, weil man immer mit der Maus eine bestimmte Bewegung macht und damit auf dem Tisch liegt.

W.W.: Und wenn nun z.B. jemand mit dem Dolch von hinten kommt und Dich ersticht, bist Du dann auch wirklich tot?

J. Hillendahl: Nein, es ist nicht so wie im normalen Leben, sondern in diesem Spiel hat man verschiedene Leben, eine bestimmte Anzahl von Leben, die langsam weniger werden. Bis Level 20 etwa geht es nur darum, die einzelnen Level zu steigern und die computergesteuerten Wesen umzubringen und dadurch Erfahrung zu bekommen. Irgendwann kommt man dann in sogenannte Instanzen hinein, in von der eigenen Spielwelt abgegrenzte Welten, in denen es darum geht, in einer bestimmten Reihenfolge Gegner umzubringen, um zu einem Endboß zu kommen und diesen Endboß irgendwann zu besiegen. Dieser Endboß hat besonders teure und gute Ausrüstungsgegenstände, die man sich dann nehmen kann.

W.W.: Ist das das oberste Ziel des Spiels?

J. Hillendahl: Ja.

W.W.: Gibt es auch eine Art Gesamtsieger?

J. Hillendahl: Nein, den gibt es nicht, es gibt nur die beste Gilde. Dann gibt es noch den Battleground, wo die Allianz gegen die Horde kämpft, auch eine von der eigentlichen Spielwelt abgekapselte Welt. In dieser meldet man sich an, und wenn ein Spiel mit genügend Spielern gefunden ist, wird man dorthin teleportiert, und dann kämpfen z.B. zehn Mitglieder der Horde gegen zehn Mitglieder der Allianz auf einem Spielfeld. Hierbei geht es vor allem darum, die eigene Fahne zu stehlen.

Ehre fürs Töten

W.W.: Was zahlt man für das Spiel?

J. Hillendahl: Zwölf Euro im Monat; das ist ein Abo. Man kauft sich eine Gamecard, die dann z.B. für 60 Tage zählt. Das gesamte Spiel kauft man am Anfang für 50 Euro, kann es aber nicht spielen, wenn man sich nicht zusätzlich diese Gamecard abonniert. Je abhängiger man ist, desto länger spielt man dieses Spiel, und desto mehr Geld verdienen die Spielentwickler.

Indem man seine Fähigkeiten steigert, kommt man irgendwann zu einem Endlevel; das war bei der ersten Spielauflage Level 60. Zusätzlich gab es einen Add-on, also eine Erweiterung, mit einer neuen Welt, mit neuen Fähigkeiten, mit neuen Spielfiguren. Da ging es dann bis Level 70, mittlerweile geht es schon bis Level 80. Wenn man diese Stufe erreicht hat, geht es nur noch darum, möglichst gut zu sein, möglichst schwere Instanzen zu schaffen. Instanzen bildet man immer mit mehreren Leuten, weil man es alleine nicht schafft. Es gibt Instanzen, in die man z.B. mit 40 Leuten hineingeht. Im Battleground muß man auch immer besser werden, um dort bestehen zu können. Dort bekommt man „Ehre"; das ist die Währung, die man erhält, wenn man einen Gegner tötet. Dadurch bekommt man soundsoviel Ehre, und mit dieser Ehre kann man sich besonders rare Gegenstände kaufen.

W.W.: Kannst Du einmal ein wenig darstellen, wie man dieses Spiel spielt bzw. wie Du es gespielt hast, vor allem auch, wie lange?

J. Hillendahl: WoW war auf jeden Fall das Schlimmste, am Ende hatte ich etwa eine 50-Stunden-Woche. Ich habe also wirklich 50 Stunden in der Woche nur dieses Spiel gespielt.

W.W.: Das sind sieben Stunden am Tag?!

J. Hillendahl: Ja, in der Woche selbst waren es vielleicht nur fünf Stunden täglich, aber am Wochenende dann zehn bis 12 Stunden. Auf diese Weise exzessiv habe ich viele Wochen gespielt; lediglich in einer Woche, in der ich meine Jahresarbeit schrieb, hörte ich damit auf.

W.W.: Was ist das Süchtigmachende von WoW?

J. Hillendahl: Zu Beginn ist es so, daß man immer den Endlevel erreichen will. Level 70 zu erreichen dauert mindestens drei Monate, wenn man keine große Erfahrung hat, eigentlich sogar länger. Dann will man bessere Ausrüstungsgegenstände holen, z.B. eine bestimmte gute Armbrust. Die Armbrust kostete 25.000 Ehre, und man bekam pro getöteten Gegner zwischen 20 und 50 Ehre. Da kannst Du Dir in etwa ausrechnen, wie viele man töten muß.

W.W.: Und man stirbt in dieser Zeit nie?

J. Hillendahl: Nein, man feeded nur. Das ist wieder so ein schönes eingedeutschtes Wort. Wenn ein anderer einen tötet, bekommt dieser Ehre, und man ernährt ihn sozusagen. Ferner muß man sich ein Set zusammenstellen, also Helm, Schulterteile, Brustrüstung, Bein- und Armschienen, und wenn man dieses Set zusammen hat, bekommt man noch einmal einen Extrabonus. Deswegen ist man immer hinterher, diese Sets zu komplettieren.

Genauso ist es mit den Instanzen; auch hier gibt es sogenannte Sets. Man muß z.B. 20mal eine Instanz durchspielen. Wenn man z.B. mit 40 Menschen zusammen einen bestimmten Boß töten will, dann dropped (fallenlassen) ein Getöteter nur drei Gegenstände, und 40 Leute zusammen bekommen dann nur drei Gegenstände. Ferner ist es zufällig, was er dropped. Diese fallengelassenen Gegenstände kann man sich nehmen. Ein solches Set besteht aus acht Teilen, und wenn drei Menschen bei einer 40er-Rate nur drei Teile bekommen, kann man sich wieder ausrechnen, wie lange das dauert. Außerdem ist es zufällig, was der Betreffende fallenläßt; insofern kann man meist ewig warten, bevor man bestimmte Sets zusammen hat.

W.W.: Es können also auch Sachen fallengelassen werden, die man schon hat?

J. Hillendahl: Genau. – Und so liegt in dieser Sache der Reiz, immer besser und immer stärker zu werden, auch soziale Kontakte zu knüpfen.

Dann werden die anderen Mitspieler böse

W.W.: Sind es immer dieselben Menschen, mit denen man zusammen spielt?

J. Hillendahl: Meistens, denn man ist zusammen in einer Gilde.

W.W.: Und wenn einer zeitlich nicht in der Lage ist, was ist dann?

J. Hillendahl: Dann bekommt man ein Problem, und die anderen werden „böse".

In dieser Gilde gibt es drei Schadensklassen, z.B. den Tank; das ist ein ganz starker, der läßt sich immer hauen. Dann gibt es die Heiler, die die Tanks heilen, und dann gibt es die sogenannten DPSs (Damage per second, Schaden pro Sekunde); letztere sind Spieler, die sehr viel Schaden anrichten. Dann steht man vor dem zu bekämpfenden Boß, vorne stehen z.B. vier Tanks – und auf die haut er drauf. Dann gibt es fünf Heiler, die diese Tanks heilen, und dann gibt es 15 DPSs, die die ganze Zeit auf den Boß draufhauen. Und dann kippt der Boß irgendwann um. Wenn aber jetzt der entscheidende Tank nicht da ist, weil er z.B. mit seiner Familie in den Wald gefahren ist, dann sind die anderen ziemlich böse, weil sie es ohne ihn nicht machen können.

W.W.: Wie verabredet ihr euch denn dazu, damit das auch vorbildlich klappt?

J. Hillendahl: Bei gut organisierten Gilden gibt es eine Internetseite, mit Forum. Ferner gibt es Team-Speak; das funktioniert ähnlich wie Skype, also Telefonieren über Internet. Team-Speak ist quasi das Skype für Gamer. Man ist dann im Server drin und spricht mit allen Menschen gleichzeitig.

W.W.: Wenn aber ein entscheidender Mitspieler nicht online ist und man ihn akustisch kontaktieren muß, was machst Du dann?

J. Hillendahl: Dann rufe ich ihn an, aber so weit ging es bei mir nicht. Ich war in keiner so gut organisierten Gilde, war auch eher auf Battleground fokussiert; und da spielt man eher mit zufällig anwesenden Menschen zusammen. Aber wenn man in einer solchen 40er-Gruppe ist, entsteht ein ungeheurer Druck; und wenn man hier versagt, sterben wegen einem selbst z.B. 40 andere, und man selber ist der Oberarsch. Ein solches schlechtes Gewissen trat bei mir allerdings nicht auf, da ich nicht in diesen streng organisierten Gilden war. Ich selbst war auch nicht so kraß süchtig wie viele andere. Zeitlich war ich schon mehr oder weniger süchtig, aber von den Fähigkeiten in bezug auf WoW war ich nie richtig gut. Es war mir auch nicht so ungeheuer wichtig, wirklich gut zu sein. Aber auf jeden Fall können dadurch soziale Spannungen entstehen, ein Gefühl von sozialer Gebundenheit. Z.B. weiß man genau, daß man irgendwohin muß, z.B. zum Einkaufen, aber andererseits weiß man auch, daß man den anderen bei WoW helfen muß. Dann entsteht der Zwiespalt. Meine oberste Devise war allerdings, daß das Real life vorgeht, also das echte Leben vorgeht. Selbst wenn wir kurz vor dem Endsieg waren und meine Mutter mir sagte, daß wir einzukaufen hätten, dann bin ich aus dem Spiel rausgegangen. Die anderen waren dann zwar böse, aber das war mir egal.

Alle Gedanken fokussieren sich auf das Spiel

W.W.: Aber das ist doch gerade der Grund, weswegen bei den realen Spielern ein Abhängigkeitsverhältnis entsteht bzw. der Gruppendruck!

J. Hillendahl: Auf jeden Fall, zumindest bei schwächeren Charakteren. Mir selbst ist es relativ egal, wenn ich am nächsten Tag in die Schule gehe und die realen Spieler treffe und sie mich anmachen, weil ich das Spiel verlassen habe; aber ich kann mir gut vorstellen, daß es viele Menschen gibt, die hier abhängig werden oder unter Gruppendruck stehen, denen das sozusagen zu Herzen geht, und die sich nächstes Mal für das Internet entscheiden, nicht für reale Leben. Darin sehe ich eine große Gefahr. Von diesen Menschen, die sich mehr dem Internet als dem echten Leben verbunden fühlen, gibt es leider sehr viele, und das ist die ganz große Gefahr dieser Spiele, besonders von WoW.

W.W.: Hast Du es selbst erlebt – oder weißt Du es von anderen –, daß Du beispielsweise in der Schule sitzt und dem Unterricht nicht folgen willst, weil Du Dir wieder neue Strategien ausdenkst, die Du nach der Schule gleich verwirklichen willst?

J. Hillendahl: Ja, das gibt es, man nennt es das sogenannte Screening – daß man, wenn man nicht online ist, wenn man woanders ist, bestimmte Abläufe im Kopf durchgeht, die man dann am Nachmittag z.B. im Spiel verwirklichen will. Man denkt sich entsprechende Strategien aus. Der Betreffende hängt dann z.B. in der Schule mit dem Kopf auf dem Tisch, scheint zu schlafen, überlegt aber, daß er heute nachmittag den oder jenen Boß umlegen oder das oder jenes Set zusammenstellen will. Ich kenne es auch von mir persönlich und auch von anderen Leuten, daß der Fokus einfach auf dieses kommende Spiel gerichtet ist und man in der Schule oder am Strand an dieses Spiel denkt – an dieses Spiel denken muß, möchte ich fast sagen. Man überlegt auch in bezug auf die Vergangenheit, was man hätte besser machen können und in Zukunft besser machen will.

W.W.: Kannst Du Beispiele dafür geben, wie sich bei Dir oder anderen die Bedeutungsebenen verschoben haben, indem Du wegen Deiner virtuellen Tätigkeit, wegen der Planungen, irgend etwas im realen Leben nicht gemacht hast, weil Du gerade gespielt oder Strategien geplant hast – Dinge, die Du sonst definitiv im realen Leben erledigt hättest?

J. Hillendahl: Auf jeden Fall ist es so, daß man sehr viel mehr Zeit mit dem Spiel verbringt, als man vorher mit anderen Dingen verbracht hat. Ich habe mich auf jeden Fall sehr viel weniger mit Freunden getroffen. Noch entscheidender finde ich allerdings, daß sich fast alle Gedanken auf dieses Spiel fokussieren, so daß andere Hobbys, andere Pflichten zu kurz kommen.

Ich habe nie sehr viel für die Schule gearbeitet, insofern fiel es nie sonderlich auf, daß ich so exzessiv spielte. Ich kenne aber viele Beispiele von Klassenkameraden, die in der Schule ungeheuer abgesackt sind, weil sie nur noch spielten bzw. daran dachten, deswegen nichts für die Schule machten oder bis 2 Uhr nachts spielten und deswegen am nächsten Tag in der Schule überhaupt nicht aufnahmefähig waren.

Wenn man exzessiv spielt, hat dieses Verhalten eindeutig Auswirkungen auf das echte Leben. Es ist meist so, daß man nicht aus Langeweile plant, WoW zu spielen, sondern daß man so lange WoW spielt, bis man irgendwann denkt bzw. beschließt, daß man nun auch einmal etwas anderes machen müsse. Dann geht man fast schon zwanghaft mal draußen spazieren, oder man liest krampfhaft ein Buch und denkt nach zwei Stunden: Jawohl, nun habe ich zwei Stunden gelesen, jetzt kann ich wieder WoW spielen! Man klopft sich innerlich auf die Schulter und belohnt sich dann für diese Anstrengung mit dem nächsten WoW-Spiel.

Ich kenne einen 15jährigen, mit dem ich gespielt habe, dem ich half, weil er mit einem neuen Charakter begann. Charaktere sind einfach nur Personen, Spielfiguren, also z.B. die Elfen oder Orks usw. Man hat einen Main-Charakter, mit dem man anfängt und der am besten ist, und dann kann man sich noch weitere Charaktere aneignen. Dieser 15jährige hatte keine Freunde und sagte mitten in unserem Online-Kontakt, daß er mal kurz zur Toilette müsse. Ich wartete und wartete und wartete, und erst nach einer halben Stunde kam er wieder, und ich fragte ihn, ob er Verdauungsprobleme hätte. Er bestätigte dies und erzählte mir ganz freimütig, daß er ungeheure Verdauungsprobleme habe, ständig auf Toilette müsse und sich deswegen kaum noch traue rauszugehen oder etwas mit Freunden zu machen. Warum er diese Verdauungsprobleme hatte, weiß ich leider nicht, vermutlich wegen schlechter Ernährung oder auch aus Angst vor realen Kontakten. Er schien mir vor allem total verkümmert. Er war eigentlich immer online und hat mit Sicherheit sehr viel mehr gespielt als ich. Er hatte bestimmt zehn Charaktere, die alle auf Level 70 waren. So etwas nimmt bei verschiedenen Leuten also extreme Formen an.

Ein Freund von mir hat zuerst überhaupt nicht gespielt; irgendwann in den Ferien kam er zu uns, und wir haben ihm WoW gezeigt. Er begann etwas zu spielen, aber anfangs nur sehr wenig, dann fuhr er wieder weg, hatte das Spiel aber auf seinem Rechner. Später hörte ich von seinen Eltern, daß er extrem spiele, die Nächte durchspiele und nichts anderes mehr mache. Er war in wenigen Tagen auf Level 70 und machte alles sehr extrem. Ich rief ihn dann an, um ihn zu ermuntern aufzuhören – und dann haben wir uns gegenseitig darin bestärkt aufzuhören. Aber hier muß man sehr vorsichtig sein, denn ein anderer Freund von mir hat auch gesagt, daß er aufhören würde, aber nach zwei Monaten stellte sich dann raus, daß er heimlich weiterspielte.

Oft totale Gewissensbisse

W.W.: Hast Du niemals während Deines exzessiven Spiels den Gedanken gehabt, etwas Sinnvolleres zu tun, sei es etwas zu lernen, sei es etwas für den späteren Beruf vorzubereiten, sei es sich sozial oder politisch zu engagieren oder auch nur zu lesen oder ein anderes

Hobby zu ergreifen? Hast Du nie darüber nachgedacht, daß die Welt immer mehr aus den Fugen geht, Du aber nur dasitzt und spielst?

J. Hillendahl: Doch, solche Gedanken hatte ich oft. Ich hatte sehr oft totale Gewissensbisse. Abends, nachdem ich den PC ausmachte, kam mir immer die Einsicht, und ich dachte, was für einen Mist ich da eigentlich mache, und ich forderte mich innerlich auf aufzuhören und nahm mir vor, am nächsten Tag überhaupt nicht zu spielen. Als ich dann am nächsten Morgen aufwachte, dachte ich als erstes an WoW und hatte ungeheuren Bock auf dieses Spiel und plante die nächste Strategie.

W.W.: Würdest Du sagen, daß Du süchtig nach WoW warst?

J. Hillendahl: Das ist eine schwere Frage. Ich würde sagen: partiell. Auf jeden Fall habe ich dafür andere Sachen schleifen lassen, habe ständig an dieses Spiel gedacht, wenn ich woanders war, hatte aber nie Entzugserscheinungen, wenn ich längere Zeit woanders war. Trotzdem spielte ich immer, wenn ich konnte.

Absolut befreit!

W.W.: Und wann hast Du damit aufgehört und warum?

J. Hillendahl: Schon während des Spielens habe ich immer wieder gedacht, daß mir das nicht gut tue, daß es auch schlecht für das Soziale und für die Gesundheit ist, und dann habe ich mehr oder weniger spontan einfach zu mir gesagt, daß ich aufhöre, und ich habe das auch durchgezogen.

Mein Spielen wurde am Ende immer intensiver, ich kam mit Sicherheit auf die schon angesprochene 50-Stunden-Woche; dann hörte ich erstmal eine Woche auf, fing aber wieder an zu spielen; dann hörte ich immer mal wieder ein, zwei Tage auf, begann aber auch immer wieder zu spielen. Und irgendwann ging es mir damit psychisch so schlecht, wegen meines schlechten Gewissens und wegen des Gedankens, daß ich bei einer derartigen Fortsetzung des Spiels immer süchtiger würde – also war auch Angst dabei: Angst davor, daß ich irgendwann gar nicht mehr aus diesem Spiel aussteigen könnte, daß ich auch wieder mehr mit meinen Freunden machen wollte, das Leben genießen wollte –, daß ich dann abrupt beschloß, gänzlich mit WoW aufzuhören.

W.W.: Hast Du denn überhaupt Freunde, die nicht gleichzeitig auch spielen?

J. Hillendahl: Ja, habe ich. Ich habe zwei Freundeskreise: zum einen denjenigen, der auch Computerspiele, vor allem WoW, spielt, und einen anderen Freundeskreis, den ich schon viel länger habe, mit dem ich mich eigentlich auch verbundener fühle. Aber auch mit den anderen, mit denen ich WoW spielte, habe ich nebenher auch anderes gemacht, auch sie waren oder sind meine Freunde.

W.W.: Und wie bist Du nach Deinem Entschluß vorgegangen?

J. Hillendahl: Ich habe einfach das Spiel deinstalliert, gelöscht.

W.W.: War das wirklich ein singulärer Moment, oder hast Du Dich ganz lange darauf vorbereitet?

J. Hillendahl: Ich hatte immer wieder die schon angesprochenen Ansätze, konnte es aber nicht ganz durchziehen; was ja eigentlich auch schon eine Sucht ist. Ich konnte nicht ganz aufhören, obwohl ich es eigentlich wollte. Ich schaute dann Videos auf YouTube, und zwar von Leuten, die von WoW abhängig waren, die in irgendeiner ihrer kleinen Wohnungen saßen, in eine Flasche urinierten, weil sie keine Zeit oder keinen Bock hatten, auf Toilette zu gehen, die sich nur Tiefkühlpizza reinhauten und alle wie Leichen aussahen. In diesem Moment dachte ich: So geht es nicht! So willst du nicht werden! Abends um 21 Uhr, nachdem ich zehn solcher Videos gesehen hatte, beschloß ich, daß es jetzt reiche, und deinstallierte das Spiel. Seitdem habe ich es auch nicht wieder gespielt.

W.W.: Wie fühltest Du Dich in diesem Moment?

J. Hillendahl: Absolut befreit! Ich hatte allerdings danach immer noch das Gefühl der Lust zu spielen, aber es war kein so krasser Drang, daß ich mich irgendwie bemühte, das Spiel neu zu erhalten. Ich fühlte mich ungeheuer befreit und machte fortan sehr viel mehr mit meinen Freunden.

W.W.: Hast Du den Freunden, die ebenfalls spielten, vorher angekündigt, daß Du Dein Spiel deinstallieren würdest?

J. Hillendahl: Ich ging noch einmal online, kündigte es an und verabschiedete mich sozusagen von ihnen.

W.W.: Bekamst Du dadurch Schwierigkeiten?

J. Hillendahl: Nein, auch wenn sie es bedauerten. Sie wollten mich überreden zu bleiben, aber ich bin kein Mensch, der sich davon beeinflussen läßt. Ich kann mir allerdings vorstellen, daß dies bei anderen Leuten anders ist.

Mein Geist war in dieser anderen Welt

W.W.: Was hat sich seitdem bei Dir verändert?

J. Hillendahl: Ich habe viel mehr Zeit! Ich habe meine Schwerpunkte verlagert, habe viel mehr mit Freunden gemacht, viel gelesen. So gesehen hatte ich sehr viel mehr Zeit für mich selbst. Wenn man nur spielt, stumpft man ungeheuer ab, denn man ist immer jemand anders, wenn man dieses Spiel spielt. Das ist für mich ein ganz wichtiger, sehr kritisch zu sehender Aspekt, weil man nie man selbst ist bei diesem Spiel. Man ist immer ein Untoter oder ein Ork oder irgend jemand anderes.

W.W.: Kannst Du mit diesem Abstand sagen, was es bei Dir bewirkt hat, daß Du so oft jemand anders warst?

J. Hillendahl: Man lebt in einer anderen Welt, hat völlig andere Ansätze, andere Vorsätze. Wenn man spielt, denkt man nicht, wie man es im normalen Leben tun würde, daß es irgendwie ungut ist, auf eine Horde loszuballern, denn man denkt strategisch. Gleichzeitig ist man nicht mehr in der Realität, denn man denkt z.B. nicht darüber nach, daß man noch den Müll rausbringen muß. So gesehen schaltet man völlig ab, ist in einer anderen Welt. Bei mir war es so, daß auch mein Geist in dieser anderen Welt drinnen war und daß er dadurch total eingeschränkt war.

W.W.: Hast Du bemerkt, daß Eigenschaften bzw. Fähigkeiten, die Du im Spiel gebraucht bzw. entwickelt hast, in irgendeiner Weise auch in das reale Leben gerutscht sind?

J. Hillendahl: Das ist mir nie so gegangen; ich habe beides auch immer gut unterscheiden können. Aber anderen Menschen ist dies passiert, und dafür gibt es auch sehr viele Foren, in denen darüber geschrieben wird. Dort wird z.B. geschildert, daß Menschen über die Straße gehen und plötzlich im Augenwinkel irgendwelche Figuren sehen, die den Figuren aus dem Spiel ähneln, oder daß Gegenstände des täglichen Gebrauchs plötzlich so aussehen wie Dinge aus dem Spiel. Das sind jetzt keine Wahnvorstellungen, sondern Ähnlichkeiten des Spiels und des realen Lebens, obwohl beides nichts miteinander zu tun hat. Ich kann mir aber gut vorstellen, daß richtig Abhängige nur noch in der Welt der Spiele hängen und sich dementsprechend nach außen abkapseln.

W.W.: Könnte man auch im realen Leben ängstlich werden, weil man im Spiel ja ständig damit rechnen muß, attackiert zu werden?

J. Hillendahl: Bei extremer Suchtform könnte ich mir das vorstellen. Ich könnte mir vorstellen, daß man auch im echten Leben Angst hat, daß plötzlich von hinten irgendein Schurke kommt.

W.W.: Bist Du gefühlsmäßig durch die Ballerspiele abgestumpft, weniger empathiefähig geworden? Oder weißt Du entsprechendes von anderen?

J. Hillendahl: Bei mir habe ich das nie bemerkt. Ballerspiele gehen bei mir eigentlich nicht auf den Geist oder meine Gefühle; das kann ich total vom wahren Leben trennen. Dadurch bin ich nicht aggressiver geworden oder habe weniger Mitleid empfinden können. Aber auch das kann ich mir bei anderen Menschen vorstellen, auch wenn ich diese Gefahr nicht als so groß einschätze, daß es quantitativ vielen so gehen würde. Aber bestimmte Einzelcharaktere, das kann ich mir wiederum sehr gut vorstellen, könnten von solchen Spielformen sehr gebannt werden, so daß sie abstumpfen oder gar mitleidlos werden. Und dabei kommt dann eventuell heraus, daß das Bewußtsein, die Wahrnehmungsfähigkeit nicht mehr zwischen Spiel und Realität unterscheiden kann.

Ich will nicht mehr alleine spielen!

W.W.: Nachdem Du mit World of Warcraft aufgehört hattest – hast Du ganz aufgehört zu spielen, oder spielst Du alternativ andere Spiele?

J. Hillendahl: Zuerst habe ich ganz aufgehört, aber nach und nach spielte ich wieder einige andere Spiele, aber nicht so exzessiv und auch nicht so auf ein Spiel fokussiert. Ich habe bestimmte Stadien, in denen ich mehr spiele; und das ist bei mir wahrscheinlich eine gewisse Flucht vor der Realität; denn wenn es mir schlecht geht, spiele ich mehr. Auch im Winter, wenn das Wetter eher schlecht ist, spiele ich mehr. So gesehen ist es bei mir eine wellenartige Angelegenheit. Aber so lange, wie ich WoW spielte, habe ich nie wieder gespielt, und da möchte ich auch nie wieder hinkommen.

In der letzten Zeit habe ich wieder mehr „Warcraft III" gespielt. Das kann man auch im Battle.net spielen. Hier gibt es einen Spielmodus, der DotA heißt („Defence of the Ancient", also die Verteidigung der Alten bzw. Heiligen), und hier spielt man ebenfalls fünf gegen fünf, wiederum mit den ganzen Fabelwesen. Auch dieses Spiel kann man sehr intensiv spielen, und hier wird man erst gut, wenn man viel Übung hat. Am Anfang hat man überhaupt keine Chancen und wird nur als Noob (Greenhorn bei Online-Spielen) bezeichnet. So gesehen bemerke ich auch bei mir, daß es erneut zu Suchtformen kommen kann; insofern habe ich mir auch hier wieder vorgenommen, dieses Spiel nur noch sehr wenig zu spielen. Vor einer Woche habe ich mir ganz intensiv vorgenommen, nur noch ab 18 Uhr abends zu spielen und nur

® DotA Allstars   Eul, Guinsoo, Icefrog
Logo von Defense of the Ancients

noch mit Freunden zusammen. Ich will nicht mehr alleine spielen. Das ist eine weitere disziplinarische Maßnahme für mich selbst. Trotzdem entstehen immer wieder neue Momente, in denen man stark aufpassen muß, daß man nicht wieder in diesen Strudel hineinrutscht.

King auf der eigenen Insel

W.W.: Gibt es irgendeine Fähigkeit, die man durch das Spielen erlangt und die man für das reale Leben anwenden kann?

J. Hillendahl: Abgesehen von Vorteilen beruflicher Natur in der IT-Branche und allgemeinen Kenntnissen von Computern sehe ich keine wichtigen Lernprozesse für das reale Leben. Für mich ist Computerspielen lediglich Spaß, auch Ablenkung von der Realität. Was man vielleicht noch erwähnen sollte, ist, daß sehr viele Menschen heute keinen Sinn im Leben sehen, daß ihnen total langweilig ist, daß sie nicht auf die Idee kommen, sich sozial zu engagieren – trotzdem wollen sie etwas mit ihrer Zeit anfangen und etwas erleben; und dieses zusätzliche optische Spektakel bekommt man durch die Computerspiele. Hinzu kommt, daß man in den Spielen besser ist als im echten Leben – man ist stärker, man ist schneller, man ist schöner, man ist erfolgreicher, man ist intelligenter. Das ist für Menschen, die sozial benachteiligt werden, möglicherweise sogar gemobbt werden, ziemlich entscheidend. So gesehen wird das Computerspielen für sie zu einer Insel der Ruhe. Und auf dieser Insel sind sie selbst der King.

W.W.: Ist es so, daß die Spiele an sich gar nicht so reizvoll wären, wenn das Leben selbst spannender wäre, wenn es einem nicht an Phantasie mangelt, wenn man im Leben mehr gefordert würde, wenn man im Sozialen mehr engagiert wäre? Hätten die Spiele dann keinen solchen Reiz?

J. Hillendahl: Auf jeden Fall, das denke ich auch.

Die virtuelle Welt saugt einen auf

W.W.: Vermutlich rutschen die Spiele in eine Lücke hinein, in eine Leere, die die Menschen empfinden; denn sonst würde man sicherlich nicht so exzessiv spielen.

J. Hillendahl: Genau, diese Spiele scheinen das Spannendste, dasjenige, was am meisten Spaß macht, das Attraktivste zu sein, um damit seine Freizeit zu füllen. Man kann es ein wenig mit dem Gefühl vergleichen, wenn man z.B. beim Handballspielen gewonnen hat. Es ist eine Art Glücksgefühl, eine Art Erfolgsgefühl, wenn man spielt und dabei auch noch erfolgreich ist. Das Entscheidendste bei diesen Spielen ist für mich aber, daß der Geist, die Seele aus der wirklichen Welt abgetrennt wird. Die gesamte Aufmerksamkeit wird in das Spiel hineingesaugt, und wenn die virtuelle Welt einen so aufsaugt, kann es keineswegs gesund sein.

Onlinesucht

W.W.: Wenn Du Deine Freunde, Mitspieler und Bekannten im Internet betrachtest – inwiefern würdest Du eine Aussage treffen können, ob diese Spiele ein Mittel sind, selbst onlinesüchtig zu werden? Wie stark ist die Gefahr, daß sich die Menschen durch diese Spiele charakterlich verändern?

J. Hillendahl: Ich denke, daß die Gefahr groß ist, seine soziale Kompetenz zu verlieren. Es ist eine Art Teufelskreis: Man wird immer unfähiger, sozial zu agieren oder zu interagieren, deshalb spielt man immer mehr am PC, und so steigert sich beides immer weiter. Deswegen sollte den Kindern auf ihrer Ebene schon sehr früh klargemacht werden, womit sie es hier zu tun haben und was das für Folgen hat. Ich kann mich noch gut erinnern, wie es war, als ich 14 war: Ich wollte den ganzen Tag spielen, und wenn meine Eltern es mir dann verboten, war ich völlig genervt. Insofern muß es eine Möglichkeit geben, auf der Ebene der Kinder und auf der Ebene der Jugendlichen, daß man ihnen klar macht, welche Folgen das Spielen am PC hat. Und ich denke, daß die Entwicklung immer stärker in die Richtung geht, daß man sich in dieser Welt verliert. Die Tendenz geht ja auch dahin, daß man mit seinem ganzen Körper in die virtuellen Welten einsteigt: es gibt dafür entsprechende Anzüge, an denen überall Elektroden sind, man trägt eine Brille und läuft dann in den virtuellen Welten herum. Insofern nimmt die Entwicklung immer extremere Formen an.

W.W.: Und wie siehst Du die Zukunft? Werden in Zukunft alle mehr oder weniger onlinesüchtig?

J. Hillendahl: In einer gewissen Form bestimmt. Das Spielen wird auch zu einer sehr starken sozialen Ebene, z.b. über Facebook, SchülerVz oder MSN. Hier findet man alles, was man normalerweise machen würde, wenn man sich real mit Freunden träfe, aber man kann alles bequem am PC ausführen. Die Menschen merken nicht, daß dabei vieles Zwischenmenschliche verlorengeht. Daß sich die Zahl der Onlinesüchtigen so erhöht hat, ist sicherlich deswegen, weil immer mehr Menschen Zugang zu diesen Medien haben. Die Menschen bekommen immer früher Internet, alles wird immer schneller, dadurch werden immer mehr Möglichkeiten geboten, und entscheidend ist auch, daß viele Erwachsene die Gefahr nicht sehen.

Ich habe z.B. einen Freund, der zwei kleine Kinder hat. Das eine Kind ist sieben und in der 1. Klasse, das andere fünf. Das fünfjährige Kind ist im Kindergarten, und dort gibt es einen PC, an dem sie auf für Kinder konzipierten Internetseiten Spiele spielen. Das ist in meinen Augen absolut katastrophal. Denn dadurch wird die Entwicklung eines Menschen ungeheuer gehemmt. Der Geist und alle Aktivitäten mit seelischer Beteiligung werden durch die Medien aufgesaugt. Wenn das Kind sich aber noch entwickeln soll, wenn ihm die Zeit, sich zu entwickeln, tagtäglich genommen wird, dann wird das zu einem einzigen Horror für die Entwicklung dieses Kindes. Aber das liegt an den Erwachsenen, die dies vorleben und die solche Geräte im Kindergarten bereitstellen. Dadurch werden immer mehr Menschen verleitet, in vielfältiger Weise mit den Medien umzugehen.

Ich weiß noch, vor etwa sechs Jahren hatten vier aus meiner Klasse – wir waren 30 in der Klasse – Internet. Bei heutigen Gleichaltrigen ist man schon jenseits von Gut und Böse, wenn man kein Internet hat. Das ist der Hauptfaktor hinter allem, auch daß der Umgang damit immer selbstverständlicher wird.

Der Reiz, sich zu treffen, geht verloren

W.W.: Wie beurteilst Du die Foren Facebook, StudiVz bzw. SchülerVz? Warum wollen alle da hinein, warum wollen sie sich darstellen und viele Freunde haben?

J. Hillendahl: Ich denke, daß das Darstellen völlig natürliche Hintergründe hat, denn man möchte sich auch im echten Leben gut präsentieren. Vor allem als Jugendlicher möchte man allgemein einen guten Eindruck machen – auf seine Mitmenschen, vor allem auf die gleichaltrigen Mitmenschen. Man möchte gut aussehen, man möchte cool reden, man möchte durch tolle Klamotten auffallen – und das kann man im Internet leicht bewerkstelligen, auch dann, wenn man eigentlich nicht so ist. Denn dort kann man sich mit allen möglichen Tricks ein tolles Profil schaffen, man kann dazu witzige Sprüche posten, die man irgendwo im Witzeforum gefunden hat. Durch diese Foren wird es vereinfacht, sich positiv zu präsentieren.

Ich bin von Anfang an in der Handy-Internet-Generation aufgewachsen, und ich kann mir kaum vorstellen, wie es früher war, als es noch gar keine Handys gab. Dann mußte man vielleicht mit dem gewöhnlichen Telefon anrufen, oder als es diese auch noch nicht gab, mußte man vielleicht einen Brief schreiben, einige Tage warten, und erst dann konnte man sich treffen.

W.W.: Ich kenne das aus der Wendezeit, z.B. aus Leipzig. Wenn man jemanden treffen wollte – und meistens hatte man kein Telefon –, dann ging man physisch zu ihm hin. Das ist heute fast unvorstellbar.

J. Hillendahl: Insofern vereinfachen die Medien das Leben ungemein. Vielleicht besteht auch gar nicht mehr die Notwendigkeit, sich zu treffen, da man sich ohnehin schon über das Internet oder das Handy alles gesagt hat. Was ich auch sehr schlimm finde, ist die Situation, wenn man sich mit jemanden verabredet, mit dem man vorher schon stundenlang gechattet hat. Dann sitzt man zusammen und weiß nicht, was man sagen soll, da man sich schon alles vorher gesagt hat. Dadurch geht auch der Reiz verloren, sich zu treffen.

Bloßstellen im Internet?

W.W.: Wie ist es unter euch, wenn man nicht sein Profil in Facebook oder andere Foren stellt? Gilt man dann als Outsider?

J. Hillendahl: So weit ist es eigentlich noch nicht. Auch ich war lange nicht in Facebook drinnen, und es gibt immer noch einige, die noch nicht dort vertreten sind. Das ist sozial noch nicht schlimm. Aber man hat mehr Kontakt, wenn man in Facebook drinnen ist. Man weiß früher über bestimmte Sachen Bescheid, wo z.B. die nächste Party ist, auch daß morgen schulfrei ist und vieles mehr. Bei uns in der Waldorfschule gibt es sogenannte Telefonketten, die bei uns persönlich allerdings niemals ankommen. Warum das so ist, weiß ich nicht, und deswegen schreibe ich bei ICQ alle Klassenkameraden an und poste es zusätzlich noch öffentlich bei Facebook – und bestimmt 50 % meiner Klassenkameraden erfahren es dann über Facebook oder ICQ.

W.W.: Lernst Du auch über Facebook neue Menschen kennen? Schaust Du Dir andere fremde Charaktere an und kontaktierst diese, wenn sie Dir gefallen? Wenn jemand besonders attraktiv ist, kann er sich doch wahrscheinlich vor Kontakten nicht retten – wie bewältigt man das zeitlich?

J. Hillendahl: Natürlich kann man sich Profile anschauen, man kann sich Freunde von Freunden anschauen, man denkt sich dann auch, daß diese nett aussehen, hin und wieder schreibt man sie auch an. Mir persönlich geht das so, daß ich diesen virtuellen Kontakt nicht mag. Wenn ich mich z.B. mit einem Mädchen verabreden will, versuche ich das im realen Leben zu gestalten, mit Anrufen oder persönlichen Treffs; trotzdem gibt es viele, bei denen die Annäherung oder der Flirt im Internet beginnen.

W.W.: Sehen alle das Profil in Facebook, oder kann man dies einschränken?

J. Hillendahl: Beides ist möglich. Mein Profil kann z.B. jeder sehen, aber ich habe es gehörig abgespeckt, habe z.B. kein Foto von mir dabei, und ich gebe nur einige persönliche Informationen preis. Es gibt aber viele, bei denen steht alles drin. Da sieht man jede auch noch so intime Neigung ganz direkt. Natürlich wird man von vielen angeschrieben, aber ich habe nicht unbedingt das Gefühl, daß mich das beeinträchtigt, denn man kann jeden Kontakt ja ohne weiteres ablehnen oder ignorieren. Viele Menschen freuen sich ja, wenn sie Nachrichten bekommen. Ich freue mich auch, wenn ich eine Nachricht bekomme.

W.W.: Wie schafft man denn das zeitlich?

J. Hillendahl: Als Schüler, wenn man nicht verbissen auf die Schule fokussiert ist, hat man noch viel Zeit.

W.W.: Siehst Du bei Facebook und anderen Foren Gefahren, z.B. in bezug auf das Abscannen durch den zukünftigen Arbeitgeber?

J. Hillendahl: Die Gefahr ist groß, und wenn man sich hier bloßstellt, kann man für sich großen Schaden anrichten. Wenn man z.B. von irgendwelchen Partys, auf denen man volltrunken war, Bilder ins Netz stellt – am besten noch mit Verlinkung, damit man es auch direkt findet –, dann sieht es für eine spätere Arbeitsstelle natürlich schlecht aus. Solange man aber sorgfältig und bewußt mit den eigenen Informationen umgeht, sehe ich hier keine Gefahr. Eine größere Gefahr sehe ich bei Kindern, weil diese noch keine Verantwortung in bezug auf sich selbst haben und sich der Folgen noch nicht bewußt sind. Es kommt sehr oft vor, daß sich 13jährige Mädchen ganz oder halbnackt zeigen, auch daß sie dann von irgendwelchen Pädophilen angeschrieben werden.

Haß auf andere

W.W.: Inwiefern spielt Cyberbullying eine Rolle in Deinem Bekanntenkreis?

J. Hillendahl: Eigentlich gar keine; ich kann mich an keinen konkreten Fall erinnern. Ich habe einen ziemlich intakten Freundeskreis, in dem es nicht so ist, daß sich irgendwer nicht mit einem anderen gar nicht versteht oder mit ihm Cyberbullying macht; es gibt dort auch keinen, der in irgendwelcher Art gemobbt wird.

W.W.: Die heutigen School-Shooter, die man landläufig Amokläufer nennt, sind ja meist Charaktere, die sich ihre Tat genauestens überlegen und sie langfristig planen. Kannst Du solche Gefühle und Gedanken verstehen? Sind Dir auch schon entsprechende Gedanken gekommen, mal die Lehrer oder andere abzuballern?

J. Hillendahl: Mir sind solche Gedanken fremd. Auf einer bestimmten Ebene kann ich es aber nachvollziehen. Wenn man z.B. vollständig ausgegrenzt ist, darüber hinaus den Bezug zur Realität verliert, in einer nicht intakten Familie lebt, sozial nicht kompetent ist oder nie wußte, wie man sich sozial verhält, was das Soziale überhaupt ist, und nur in der Computerwelt lebt, so kann ich mir durchaus vorstellen, daß man das Gefühl dafür, wofür man eigentlich eine Verantwortung hat, verliert, daß man nicht mehr weiß, wie eine Gesellschaft aufgebaut ist, und dadurch auch keine Hemmungen mehr hat, andere Menschen umzubringen. Eigentlich ist das eine egoistische Egalhaltung, die daraus entsteht, daß man sich selbst bemitleidet und auf alle anderen einen Haß hat, weil sie einen anscheinend vernachlässigen, mobben – oder was auch immer. Und dadurch entwickelt man dann eine entsprechende Haltung: Ich zeig's euch allen! Ich glaube, daß die School-Shooter pure Rachegedanken hegen, und wen sie dabei umbringen, ist gar nicht so ungeheuer entscheidend.

W.W.: Das ist bei jedem anders. Manche bringen irgendwen um, andere ganz gezielt Mädchen oder Lehrer. Jeder hat hier seine eigenen Motive.

J. Hillendahl: Genau, auf jeden Fall ist es so, daß das soziale Verständnis bei diesen Menschen immer unwichtiger wird.

Über den Tod hinaus virtuell präsent

W.W.: Früher war es so bei denjenigen Menschen, die nicht an ein nachtodliches Leben glaubten bzw. an die Reinkarnation, daß sie sagten, sie würden gerne in den Gedanken ihrer Kinder weiterleben, oder sie setzten sich einen entsprechenden Grabstein. Nun gibt es das Internet, und hier kann man in einer gewissen Weise eine virtuelle Unsterblichkeit erlangen. Man weiß, daß alles, was man im Internet ablegt, mehr oder weniger ewig bestehen bleibt. Viele der School-Shooter wollen sich umbringen, zugleich aber eine Art virtueller Unsterblichkeit erlangen, oder sie machen den erweiterten Suizid, indem sie andere mit in den Tod reißen. Aber sie wollen ein Zeichen setzen, damit sie für die Nachwelt im Internet als Helden oder Täter Bestand haben. Ist diese Haltung, daß man mit allem, was man tut – und zwar über den Tod hinaus –, sich selbst ein Denkmal setzen möchte, mittlerweile unter euch jungen Menschen eine reale Denkungsart?

J. Hillendahl: Ich denke, daß es eine urmenschliche Geste ist, das man auf irgendeine Weise irgendwie unsterblich sein möchte, vor allem in dem Sinne, daß man nicht vergessen wird. Insofern sind die heutigen Medien dafür sehr gut geeignet, denn in ihnen kann man auch über den Tod hinaus präsent sein. Das Internet schafft dafür eine ungeheuer geeignete Plattform. Aber auch ohne Internet wäre dies so. Robert Steinhäuser, der School-Shooter von Erfurt, hat dies ja auch mit anderen Medien als Erbschaft hinterlassen. – Allerdings glaube ich auch, daß Computer für diese Attentate nicht der entscheidende Anlaß sind, denn alles hat immer eine Vorgeschichte, warum sich jemand auf diese Weise in einen solchen Sog, bis hin zum School-Shooten, hineinziehen läßt. Jemand, der sozial ein völlig intaktes Leben führt, einen guten Freundeskreis hat, eine heile Familie, kommt nicht in dieses extreme Suchtverhalten hinein; es sei denn, bei ihm ist etwas seelisch kaputt. Insofern sind aus meiner Sicht Computerspiele und andere Medien nicht der Anlaß, aber eine Art Pusher für vorhandene einseitige Tendenzen bei den Menschen.

Kinder und Internet

W.W.: Internet und Computerspiele wird man nicht abschaffen können, die Gesellschaft verlangt den Umgang mit dem PC und dem Internet. Nehmen wir an, Du hättest eigene Kinder: Ab wann und wie würdest Du den Kontakt Deiner Kinder zum PC und zum Internet beginnen und gestalten?

J. Hillendahl: Gefühlsmäßig und ganz radikal würde ich den Umgang vor 16 verbieten, obwohl ich natürlich weiß, daß das sehr schwierig ist, vor allem in bezug auf das soziale Umfeld. Natürlich ist man gerade im jüngeren Alter ausgegrenzt, wenn man hier überhaupt keinen Zugang hat. Auf jeden Fall würde ich die Medien aus den Kindergärten und den ersten Schuljahren herauslassen, und vielleicht ab 13 Jahren den Zugang zum Internet zu Hause langsam beginnen lassen, so daß sich die Kinder ihre diversen Accounts machen können und auch ein wenig surfen können. Nur sollte man ein Auge darauf haben, und es muß der Rechner des Erziehungsberechtigten sein, und er sollte nicht im Kinderzimmer stehen, sondern z.B. im Arbeitszimmer des Erziehungsberechtigten oder in einem öffentlichen Raum. So kann man den Internetzugang einigermaßen kontrollieren. Mit Computerspielen ist es dagegen schwierig. Ich weiß noch genau, wieviel Spaß mir das gemacht hat, und insofern finde ich es in zeitlich begrenzter Form auch in Ordnung, solche Spiele zu spielen. Nur bin ich der festen Überzeugung, daß solche Spiele die Entwicklung der Kinder stören. Chatten halte ich nicht für so gefährlich.

W.W.: Man lernt nebenbei vielleicht auch schreiben...

J. Hillendahl: ... das auch, ja. Obwohl es genauso sein kann, daß man dadurch das Schreiben verlernt, weil es fast egal ist, wie und was man schreibt. Die Groß- und Kleinschreibung und die Kommasetzung sind beim Chatten ja ohne Bedeutung.

W.W.: Stört es Dich nicht, wenn viele orthographisch völlig falsch schreiben?

J. Hillendahl: Mich nervt es ungeheuer, aber allgemein spricht man darüber nie.

W.W.: Stell dir vor, Du bist in ein Mädchen verliebt, und ihr chattet, aber jedes zweite Wort, das sie Dir schreibt, ist falsch geschrieben. Wäre das nicht abturnend?

J. Hillendahl: Das habe ich noch nicht erlebt, aber ich kann mir vorstellen, daß das nicht ohne Probleme wäre. Ich habe Freunde, die sind Legastheniker, und ich kann nicht entziffern, was sie schreiben. Man schreibt ja auch nicht mit einem Stift, sondern tippt und kann sich nebenbei auch noch vertippen – es gibt Buchstaben- und Wortverdreher. Oft fühle ich mich da wie eine Art Ägyptologe, der die Hieroglyphen entziffert. Das stört natürlich sehr.

W.W.: Würdest Du es ablehnen, Kindern bis ca. zur Pubertät Medien ins Kinderzimmer zu stellen – also Internet, Fernseher, Spielkonsole?

J. Hillendahl: Das würde ich ablehnen, denn sie werden von diesen Medien fast vollständig absorbiert. Ein Kind muß immer das Gefühl haben, noch in der Realität zu leben. Wenn der PC dagegen im Arbeitszimmer des Vaters steht und er danebensitzt und arbeitet, hat das Kind immer noch den Bezug zur Realität, zu den Mitmenschen, zu seiner konkreten Umwelt, auch wenn man die wirkliche Welt nur noch aus dem Augenwinkel wahrnimmt. Wichtig ist, daß der PC in einem Verkehrsraum steht und daß man als Kind oder Jugendlicher nicht ganz in ihn hineinsinkt. Man muß als Erwachsener aufpassen, was die Kinder am PC machen, allerdings sollte die Kontrolle nicht zu stark sein. Das Kind braucht auch seinen Freiraum.

Alle dürfen es, nur ich nicht!

W.W.: Aber wie bringt man beides zusammen: auf der einen Seite die Gefährlichkeit der Medien, wenn man sich suchtartig von ihnen manipulieren läßt; auf der anderen Seite der Freundeskreis der Kinder und Jugendlichen, die den Umgang mit den Medien in verstärktem Maße mehr oder weniger fordern? Denn einer aus dem Freundeskreis ist immer der Älteste oder der, der jedes Spiel hat, der jeden Film kennt, und dann möchten die anderen ihm natürlich nacheifern. Und dann kommt der immer wieder gehörte Spruch der Kinder und Jugendlichen: „Alle dürfen es, nur ich nicht!" Wie geht man mit diesem Spannungsverhältnis um?

J. Hillendahl: Auf jeden Fall muß man seine eigenen Richtlinien durchziehen und sich nicht von anderen Eltern oder Jugendlichen beeinflussen lassen. Trotzdem muß man aufpassen, daß das Kind dadurch nicht irgendwelche schweren Nachteile erleidet oder gar in der Schule gemobbt wird. Andererseits habe ich es nie erlebt, daß Kinder, die kein Internet zu Hause hatten, die nicht spielten, benachteiligt wurden. Hier muß man aufpassen, daß man das Kind nicht durch einen zu starken Entzug benachteiligt.

W.W.: Aber wenn ein Kind oder Jugendlicher kein Handy hat und damit von seinen Freunden sozial ausgegrenzt wird, so ist das doch ein Problem für das Kind bzw. den Jugendlichen!

J. Hillendahl: Sicherlich.

W.W.: Würdest Du Handys in der Schule ganz verbieten, oder siehst Du es als unproblematisch an, wenn man während des Unterrichts simst?

J. Hillendahl: Das ist natürlich nicht in Ordnung, besonders für Kinder ist es das nicht. Aber ab ca. 13 sollte man dem Kind schon ein Handy geben. Aus dem Unterricht sollten die Handys natürlich verschwinden, aber es ist sehr schwer, dies durchzusetzen. Denn dann müßte man jeden Tag jeden Schüler filzen, weil sich natürlich gerne über jedes Verbot hinweggesetzt wird. Das Handyverbot in Schulen halte ich insofern für richtig, aber man muß es so machen, daß man auf die Jugendlichen zugeht und ihnen versucht klarzumachen, warum das so ist, und auf einer gemeinsamen Ebene mit ihnen darüber spricht. Ich halte die Konversation, das Gespräch zwischen Kindern und Erziehern, für das Entscheidende.

W.W.: Und wie würdest Du mit Ego-Shooter und ähnlichen Spielen in bezug auf Kinder und Jugendliche umgehen? Würdest Du sie verbieten? Ab welchem Alter würdest Du was erlauben?

J. Hillendahl: Ego-Shooter halte ich nicht für so gefährlich wie Rollenspiele, also z.B. WoW, weil letztere einen Suchtfaktor haben. Andererseits kann ich nicht beurteilen, welche Auswirkungen Ego-Shooter auf andere Persönlichkeiten haben. Aber allgemein denke ich, daß man solche Spiele frühestens ab 16 erlauben sollte, etwas härtere Spiele ab 18. WoW sollte man wirklich nur Erwachsenen verkaufen dürfen, denn wenn man als Erwachsener kompetent damit umgeht, ist es auch in Ordnung, so etwas zu spielen. Suchtspiele sind viel gefährlicher als Ego-Shooter. Strategiespiele halte ich nicht unbedingt für das Gefährlichste, ich halte es für möglich, daß ein Jugendlicher ab ca. 13 solche Spiele in Maßen spielt. Denn dabei kann man immerhin etwas lernen. Bei dem Spiel „Anno 1503" gibt es kaum Gewalt, und der Hauptschwerpunkt liegt beim Handel, bei der Wirtschaftsexpansion; es ist eine heile Welt, die einem auch irgendwie sympathisch ist, die auch beruhigen kann, wenn alles in Maßen gespielt wird. Es darf nur nie zum Schwerpunkt im Leben eines Menschen werden. Die MMORPGs (Massively Multiplayer Online Role-Playing Games) sind die gefährlichen Spiele, also einerseits Rollenspiele, andererseits mit Internetzugang.

W.W.: Was würdest Du Dir von den Eltern, anderen Erwachsenen und von der Schule wünschen, damit das Heranführen der Kinder und Jugendlichen an den PC in bestmöglicher Weise geschieht?

J. Hillendahl: Wichtig finde ich, daß Eltern und Erzieher den Kindern andere Perspektiven aufweisen, sei es Sport, Musik, andere Interessen, soziales Engagement. Es müssen also Bereiche gefördert werden, die vom PC ablenken. Denn dann entsteht nicht unbedingt der Wunsch der Kinder, viel spielen zu wollen, weil sie an anderen Dingen mehr Spaß haben.

Lehrer sollten die Spiele kennenlernen

W.W.: Du bist an der Waldorfschule aufgewachsen; ist dort etwas schiefgelaufen in bezug auf das Heranführen der Jugendlichen an die Medien, vor allem den PC? Gibt es hier etwas, was anders gemacht werden könnte?

J. Hillendahl: Eigentlich bin ich ziemlich zufrieden mit unserer Waldorfschule, wie sie damit umgeht. Manchmal ist es mir ein wenig zu stark, wenn Medien verteufelt werden, auch wenn teilweise etwas naiv damit umgegangen wird, denn die meisten Erwachsenen an Waldorfschulen haben relativ wenig Ahnung von den neuesten Medien. Das liegt daran, daß sie nicht wirklich daran interessiert sind oder eine gewisse kritische Einstellung dazu haben. Hier sollten die Lehrer ein wenig mehr Zeit darauf verwenden, sich mit diesen Medien auseinanderzusetzen, vor allem, damit sie wissen, was in der jeweiligen Gegenwart abgeht.

W.W.: Wäre es ein Vorschlag, wenn in gesonderten Einheiten Schüler und Lehrer gewisse Spiele zusammen spielen, die Schüler den Lehrern die Spiele zeigen, mit dem Hintergrund, daß die Lehrer die Spiele kennenlernen?

J. Hillendahl: Das hielte ich nicht für das Schlechteste. Lehrer können dann ein Gefühl dafür bekommen, was die Schüler eigentlich an diesen Spielen reizt, was sie darin sehen, was in diesen Spielen überhaupt abgeht. Denn wenn man von etwas keine Ahnung hat, kann man auch nicht mit dem Zeigefinger kommen und etwas verbieten. Insofern sollte man ein gewisses Bewußtsein dafür entwickeln, was hier eigentlich los ist.

Jeder muß heute einen Spagat leisten

W.W.: Die Erwachsenen haben ja diese Welt aufgebaut, auch die entsprechenden Medien. Und die Menschen verändern sich zunehmend, genauso wie die Gesellschaft und die Technik; neue Kinder und Jugendliche wachsen heran. Aber viele Kinder und Jugendliche werden durch einen exzessiven Mediengebrauch lebensuntüchtig oder geraten in eine Onlinesucht, so daß der Graben zwischen diesen Jugendlichen und den Erwachsenen bzw. der von ihnen aufgebauten Welt immer größer wird. Hast Du Vorschläge, wie man mit diesen Herausforderungen umgehen kann?

J. Hillendahl: Was ich total ablehne, ist der fast schon selbstverständliche Umgang vieler staatlicher Schulen mit Computern und daß man in diesen Medien überhaupt keine Gefahr sieht. Das finde ich ziemlich katastrophal. Jeder muß heute einen Spagat leisten zwischen dem notwendigen Wissen über diese Medien und der Gefahr, die mit den Medien verbunden ist. Was natürlich überhaupt nicht geht, ist, wenn sich Erwachsene bei Kindern oder Jugendlichen anbiedern.

W.W.: Daß man am PC schreiben lernt, daß man ihn als Arbeitsgerät einsetzen lernt, daß man wichtige Seiten im Internet kennenlernt, halte ich für Schüler für absolut notwendig; aber das hat mit Computerspielen herzlich wenig zu tun. Insofern ist es sehr müßig, den PC bzw. das Internet als Ganzes abzulehnen. Siehst Du hier Wege, wie man beide Felder besser voneinander trennt, da sie eigentlich gar nichts miteinander zu tun haben?

J. Hillendahl: Ich habe auch in der Schule tippen gelernt, was ich für sehr gut halte. Nur muß man aufpassen, daß man das nicht zu früh macht. Wenn z.B. in der Schule in der ersten Klasse schon die PCs herumstehen würden, oder wenn die Kinder in der Pause nur bei „Spielaffe" oder anderen Seiten herumsitzen würden, dann wäre das eine absolute Fehlentwicklung. Aber bestimmte Lernprozesse am PC durchzuführen, halte ich für sehr richtig, doch alles zu seiner Zeit. Der erste Umgang sollte m.E. erst ab 14 Jahren sein, Bewerbung schreiben und ähnliches sowie der Umgang mit dem Internet vielleicht ab 16. Wichtig ist immer der bewußte Umgang mit dem PC und dem Internet. Beides muß man immer nur als *ein* Mittel zum Zweck begreifen.

Man muß sich nicht bemühen

W.W.: Die Welt ist eigentlich ungeheuer spannend und gleichzeitig voller Probleme. Menschen verhungern, die Umwelt wird kaputtgemacht; allerdings versucht die Zivilgesellschaft, neue Projekte zu entwickeln u.v.m. Müßte nicht auch derartiges in neuen Fächern im Unterricht durchgeführt werden, so daß das Leben und der Unterricht so spannend werden, daß auf diesem Wege das überbordende suchtartige Interesse z.B. an Computerspielen paralysiert wird? Oder ist das zu idealistisch gedacht?

J. Hillendahl: Natürlich muß man schauen, ob die Kinder und Jugendlichen bereit sind, entsprechendes Interesse zu entwickeln.

W.W.: Was ich nicht verstehe, ist, daß immer die Medien – früher waren es eher Filme –, das Spannendste am Leben sind, zumindest hier bei uns in der westlichen Welt. Scheinbar gibt es gar nichts, was unvergleichlich spannender ist als entsprechende Filme, jetzt Computerspiele u.ä. Wie kommt das?

J. Hillendahl: Was an den Medien so spannend scheint, ist, daß der Umgang mit ihnen und deren Konsum überhaupt nicht schwierig ist. Man muß sich nicht bemühen. Man muß nicht irgendwohin fliegen oder hingehen, man braucht keine Bücher zu lesen, sondern man macht einfach den Knopf an, drückt auf Play, und schon geht es los. Diese Bequemlichkeit, diese Einfachheit dahinter reizt. Man muß sich nicht anstrengen, um etwas machen zu können. Deshalb dürfen die PCs im Unterricht nicht überhandnehmen, weil dadurch andere Interessen kaum noch geweckt werden können. Weltinteresse ist natürlich immer gut und sollte auch ständig vermittelt werden, und bei einem entsprechenden Interesse-Wecken könnte ich mir schon vorstellen, daß hier das entsprechende Engagement geweckt wird. Allerdings wird dies in der Schule zu wenig angeregt. Und durch die PCs werden diese Bequemlichkeit und das Desinteresse auf jeden Fall verstärkt. Auch wenn man nicht viel spielt, entsteht doch eine gewisse Egalhaltung gegenüber der Welt, und dann will man vordringlich nur spielen, und es ist einem egal, ob gleichzeitig in Afrika Kinder verhungern. Hier muß man sehr stark aufpassen, hier muß absolut intensiv aufgeklärt werden.

Praktische Seelenkunde

W.W.: In der virtuellen Welt ist alles – Foltern, Töten, Gefühle, Liebe, Gespräche, Mobbing – virtuell vorhanden, allerdings mit realen Folgen für das Gefühlsleben des Menschen. Könntest Du Dir vorstellen, wie man das Virtuelle in jeder Hinsicht – altersgemäß, z.B. in einem bestimmten Unterrichtsfach –, konkret, anschaulich, gefühlsecht durchleben und besprechen könnte? Ich denke dabei z.B. an eine Art praktische Seelenkunde oder etwas Ähnliches im Umgang mit dem Internet, um vielleicht in Rollenspielen zu erleben, was Mobbing und Ausgrenzung sind, was Foltern, Töten und Umgang mit Geld wirklich bedeuten, was Einsamkeit ist, welche Träume man hat usw. Könntest Du Dir vorstellen, daß man alles das, was man im Internet bzw. am PC virtuell gestaltet, auch einmal mit Anleitung real durchlebt und durchfühlt, damit man nicht durch die virtuelle Beschäftigung den Bezug zur realen Welt verliert?

J. Hillendahl: Ich glaube nicht, daß die virtuellen Taten unbedingt einen Bezug auf die reale Welt haben – wenn man z.B. virtuell foltert, macht man dies dann nicht auch im realen Leben. Trotzdem halte ich es für durchaus sinnvoll, wenn man aufzeigt, was man bei der virtuellen Betätigung alles macht. Allerdings denke ich, daß dies immer sehr persönlich ist, eigentlich sogar eine Privatsphäre ist. Wenn man dies als Unterrichtsfach hätte, würde sich wahrscheinlich niemand offen dazu äußern. Deswegen halte ich es für sinnvoller, dies in Einzelgesprächen bzw. in einem Einzelunterricht durchzuführen.

W.W.: Man könnte doch die ganze Klasse dazu auffordern, z.B. Dich persönlich zu mobben, so daß Du das real durchlebst. Das dürfte äußerst unangenehm werden und führt doch zu einer gefühlsechteren Wahrnehmung dessen, was Mobbing ist, als z.B. in einem virtuellen Rollenspiel oder einem sonstigen Computerspiel.

J. Hillendahl: Klar, das wäre durchaus hilfreich.

W.W.: Ich habe zunehmend den Eindruck, daß die Gewalttaten in Computerspielen immer heftiger werden und daß man überhaupt nicht überdenkt, was man da eigentlich macht. Wenn man vorher einmal in einem Rollenspiel oder in einem Theaterstück z.B. eine Tötung spielt, wird eine solche Tat durchaus konkreter, und vielleicht kommt man dadurch zu eigenen Gedanken dahingehend, daß das Töten im Internet nicht unbedingt die sinnvollste und produktivste Beschäftigung ist. Wenn alles immer nur virtuell zugeht, könnte man ja langsam den Bezug zur realen Welt verlieren, weil man meint, alles, was dort möglich ist, ist auch wirklich möglich.

J. Hillendahl: Man sollte auf jeden Fall klarmachen, daß das Virtuelle immer einen Bezug zur realen Welt hat und umgekehrt. Wenn man derartige Bezüge ernsthaft angeht, wäre das auf jeden Fall einen Versuch wert.

Man wird durch die Medien immer gefügiger

W.W.: Fühlst Du Dich manchmal ohnmächtig angesichts dieser Welt, angesichts der Probleme dieser Welt, mit der Herausforderung des Internets, den Verlockungen?

J. Hillendahl: Klar!

W.W.: Ich vermisse manchmal in eurer Generation ein stärkeres politisches oder soziales Engagement, auch wenn einzeln sicherlich sehr viel geschieht. Wie siehst Du das?

J. Hillendahl: Der Umgang mit den Medien macht einen zu einem großen Stück gleichgültig. Natürlich nehme ich die Welt wahr und sehe, wie kompliziert sie ist, daß man die politischen Zusammenhänge, die internationalen Finanzmärkte usw. kaum durchschaut; gleichzeitig sehe ich das ungeheure Ausmaß von Schlechtem – und da sind die Medien, besonders die Computerspiele, immer eine gute Fluchtmöglichkeit. Wenn die Menschen nicht so viel Computer spielen würden, würden sie sicherlich mehr auf die Idee kommen, auf die Straße zu gehen, gegen Atomkraft zu demonstrieren oder sich in politischen Vereinigungen zu engagieren. So gesehen werden die Menschen durch die Medien immer gefügiger gemacht. Computer verhindern auf jeden Fall eigenständiges Denken auf vielen Gebieten.

W.W.: Wenn Du auf der einen Seite die Probleme dieser Welt siehst, die Not, die überall herrscht, auf der anderen Seite die Welt der Technik, der Medien, die aber von den Erwachsenen aufgebaut worden ist – wirst Du dann nicht ungeheuer sauer, möchtest vielleicht alles kaputtschlagen?

J. Hillendahl: Ich bin oft total wütend auf alle anderen Menschen, zumindest darauf, wie uneinsichtig viele sind, wie sie Offensichtliches nicht bemerken; und das gilt für Jugendliche genauso wie für Erwachsene. Mich regen allein schon die Wahlergebnisse auf, und es macht mich furchtbar wütend, was die Menschen teilweise wählen. Bei YouTube kommentiere ich oft Videos, z.B. solche von Nazis oder radikale Forderungen wie die, daß man alle Muslime aus Deutschland rausschicken soll – und dabei rege ich mich

® von Google Inc

YouTube Logo

tierisch auf und diskutiere mit blöden Nazis im Internet. Natürlich kann man ihnen nicht eine andere Meinung aufdrücken, weil sie völlig verblendet sind; trotzdem versuche ich sie immer wieder zur Vernunft zu bringen.

W.W.: Seelsorge und politisches Engagement im Internet!

J. Hillendahl: Genau. Ich chatte auch oft mit vielen Menschen im Internet und könnte mich tierisch über ihre Ansichten aufregen.

W.W.: Das ist doch eigentlich ein sehr positiver Effekt, der es einem möglich macht, aufgrund des Internets weltweit mit Menschen zu sprechen oder mit ihnen zu diskutieren. Und da könnte ja dann ein Mutter-Teresa-Auftrag im Internet entstehen, ähnlich, wie Du es gerade geschildert hast.

Chatroulette

J. Hillendahl: Auf jeden Fall, das ist eine sehr positive Möglichkeit, die man durchaus stärker nutzen sollte. Auf jeden Fall ist es sehr interessant, mit Menschen aus der ganzen Welt zu reden. Es gibt z.B. die Internetseite „Chatroulette"; das ist eine Internetseite, die im letzten Jahr von einem 17jährigen Russen erstellt worden ist, und dort wird man per Zufallsgenerator einem anderen Besucher zugeteilt, mit dem man dann chatten kann. Man weiß nicht, wer das ist. Meist läuft es auf Englisch. Zusätzlich hat man eine Webcam; ohne diese kann man sich nicht anmelden. Eine gewisse Zeit habe ich das gemacht, und ich war nur etwa eine halbe Stunde auf diesem Portal und habe in dieser Zeit mindestens zehn erregte Penisse gesehen, fünf nackte Brustpaare. Diese Menschen sitzen vor ihrem PC irgendwo in der Welt, holen sich einen runter und chatten mit irgendwelchen fremden Menschen.

Eigentlich ist die Einrichtung des Chatroulettes recht interessant, aber sie wird immer mehr von genannten Personen bevölkert. Manchmal kann man interessante Gespräche führen, aber wenn man zu einem anderen will, drückt man auf „next", und dann sieht man wieder jemanden, der sich gerade einen runterholt. Das ist eine total absurde Situation. Und so wird das immer mehr von irgendwelchen Perversen bevölkert, die inständig darauf hoffen, daß nach 50 Klicks irgendwann einmal eine Frau kommt. Und nach meiner Einschätzung sind die User dort mittlerweile zu mindestens 75 % Männer, weil die Frauen da natürlich nicht reinwollen, wenn jeder zweite nackt erscheint. – Auf der Seite sieht man oben links die Kamera des anderen, unten links die eigene, und rechts ist das Chatfenster. Soviel zum Thema weltweite Kommunikation und welche Ausmaße dies annehmen kann.

Es gibt aber auch sehr viele positive Seiten im Internet, aber Chatroulette ist wiederum ein Beispiel, wie das Positive vom Negativen überrumpelt werden kann. Eigentlich bietet so etwas eine tolle Chance für ein weltweites Gespräch, aber dann wird es von solchen Perversen überfrachtet. Der Reiz daran ist, daß alles absolut anonym ist, man weiß nicht, wer der andere ist, man weiß nicht, wo er sitzt, man sieht nur die Einstellung der Kamera.

Jeder muß an der Zukunft arbeiten

W.W.: Hast du noch Ideen, die bisher noch nicht angesprochen worden sind, was man in der heutigen Welt in bezug auf die Jugendlichen und die Medien verändern sollte? Ich weiß nicht, was in einigen Jahrzehnten mit einer Welt passiert, wenn die Millionen von heute Onlinesüchtigen die Welt von morgen als Erwachsene gestalten sollen.

J. Hillendahl: Eine solche Gesellschaft könnte durchaus zusammenbrechen. Auf jeden Fall muß jeder Mensch weitgehend aufgeklärt werden über alle bestehenden Gefahren und Einseitigkeiten. Als Bevölkerung muß man ein Bewußtsein dafür entwickeln, was in jedem Augenblick geschieht. Eigentlich gab es das zu jeder Zeit, daß das allgemeine Volk von irgendwelchen Interessensgruppen verarscht oder gegängelt wurde; und so sollte jeder einzelne ungeheuer aufpassen, daß für die allgemeinen Entwicklungen und einseitigen Tendenzen nicht das Bewußtsein verlorengeht. Ich halte es für das Wichtigste, daß zwischen allen Menschen immer ein Gespräch entsteht und eine Bereitschaft zum Gespräch vorhanden ist, daß aufgeklärt, gewarnt wird, Gefahren verhindert werden. Aber ich fürchte, daß dies nur ein frommer Wunsch ist. Ich weiß nicht, wie man eine zunehmende Onlinesucht und die Folgen verhindern könnte. Jeder, dem das klar wird, muß aber daran arbeiten, um es denjenigen, denen es nicht klar ist, klarzumachen.

W.W.: Kindern, die heranwachsen, ist es nicht klar, in welchen Gefahren sie schweben, wenn sie von vornherein mit den Medien umgehen. Hier wäre die Aufgabe der Eltern.

J. Hillendahl: Genau, die Eltern haben diese Welt aufgebaut. Und hier lauern auch die ganzen Gefahren, denn es gibt ungeheuer viele Erwachsene, die es toll finden, wenn ihre Kinder Computerspiele spielen. Und hier muß viel aufklärerische Arbeit geleistet werden. Dies wird aber oft, auch von den Medien, unterdrückt.

Jugendliche bilden Freundeskreise, oft geprägt durch die Abschottung von Erwachsenen. Dafür ist das Internet, sind die Computer tolle Plattformen. Hier kann man alles machen, was die Erwachsenen nicht wissen sollen. Diese Abschottung ist in meinen Augen vollständig normal, aber man sollte alternative Internet-Plattformen finden oder gestalten, auf denen sich die Jugendlichen treffen können. Noch wichtiger wären Plattformen außerhalb des Internets. Man sollte also mit seinen eigenen Freunden nicht ständig nur chatten, sondern sich etwas in der realen Welt suchen, was außerhalb des Internets ist und wo man sich betätigt.

W.W.: Aber wer sagt das den Jugendlichen, die eine Antihaltung gegenüber der Erwachsenenwelt aufgebaut haben? Was sagst Du dazu als Mensch auf der Schwelle zwischen Jugend und Erwachsenenalter?

J. Hillendahl: Das könnten immer etwas ältere Jugendliche übernehmen oder Streetworker, oder es müßten Einrichtungen sein, die einigermaßen den Interessen der Jugendlichen entsprechen. Das könnten auch in der Schule immer die etwas Älteren den noch etwas Jüngeren erklären; gleichzeitig könnten sie vor den Gefahren im Internet warnen. Auf ältere Schüler schaut man ja immer mit einer gewissen Ehrfurcht und nimmt gerne etwas von ihnen an. Wenn man Jugendliche mit einer derartigen Verantwortung betreut, werden sie diese auch wahrnehmen; gleichzeitig steigert das ihr Selbstwertgefühl, ihre Verantwortung gegenüber anderen. Wenn sie mit einer solchen Aufgabe von Erwachsenen betreut werden, könnte man auch einen Großteil des Problems der Ignoranz gegenüber den Problemen der Welt lösen.

Gewalt:
Verlust der Autonomie –
Gefahr der Hilflosigkeit

von Michael Alberts

Nähert man sich, zunächst ohne Wertung, dem Begriff der Gewalt, so ist Gewalt im Hinblick auf mich und meine Selbstverwirklichung nichts anderes als das Mittel zur Durchsetzung meiner Intentionen und per definitionem nicht unbedingt gegen jemanden oder etwas gerichtet. Ich habe die Gewalt über mein Leben. Ich kann mich selbst in einem vorgegebenen Rahmen bestimmen. Und in dieser Weise z.b. nutzt auch der Staat sein Gewaltmonopol, um durchzusetzen, was seiner Auffassung nach richtig ist. So gesehen ist Gewalt zunächst neutral.

Verlust der Autonomie

Die Sache ändert sich, wenn ich Adressat der Gewalt eines Aggressors oder von anderen Menschen werde oder auf andere Weise die Gewalt über mein Leben verliere. Jetzt wendet sich Gewalt gegen mich. Ich erlebe die gegen mich gerichtete Gewalt als Gewalttat, oder ich erlebe einen Verlust meiner Selbstverwirklichung, Selbststeuerung. Verliere ich die Gewalt, bin ich ohnmächtig – anderen oder mir selbst ausgeliefert. Im Bereich der Fremdgewalt ist schnell ein Beispiel gefunden. Gerate ich z.B. in Gefangenschaft innerhalb einer kriegerischen Auseinandersetzung, so ist das Erleben von Autonomieverlust sehr schnell nachvollziehbar. Ich kann nicht mehr gehen, wohin ich will, mein Tagesablauf wird durch Aufseher, durch die Lagerleitung bestimmt und festgelegt. Die einzige Autonomie, die ich mir noch bewahren kann, ist die innere Autonomie. Den Verlust der inneren Autonomie zu fassen ist weitaus schwieriger.

In meiner Beratungspraxis als Online-Berater habe ich immer wieder mit jungen Menschen zu tun, die diesen Autonomieverlust beschreiben. Sie haben den Eindruck, den Dingen, Begegnungen, Gefühlen ausgeliefert zu sein, nicht steuern zu können, was kommt, wie es weitergeht etc. Es ist die Beschreibung eines Herrschaftsverlustes über sich selbst, über das, was man eigentlich möchte, was nicht mehr in den Willen kommt.

Faßt man diese Begriffe, Autonomie und Autonomieverlust, konkreter, überträgt man sie in den Alltag, dann geht es um Gelegenheiten, das Leben zu leben, seine Impulse, Ideen zu verwirklichen oder eingeschränkt zu sein bzw. sich selbst einzuschränken, in seiner Würde als Mensch anerkannt oder in seiner Integrität verletzt zu werden. Habe ich z.B. eine Lebens- und Arbeitsumgebung, in der ich anerkannt bin, in der ich – trotz des einen oder anderen Fehlers – geliebt werde und dies auch mitgeteilt bekomme, dann werde ich und fühle ich mich von dieser Umgebung getragen. Dann kann ich mich trauen, Erfahrungen zu machen, zu lernen und zu leben ohne Angst. Rückschläge und Irrtümer geschehen dann auf einem Boden, der trägt. Mein entwickeltes Selbstbewußtsein hat die Möglichkeit, diese Rückschläge und Fehler in mein Leben und meine Person zu integrieren, ohne daß meine Grundlage, mein Selbstbewußtsein, angegriffen wird. Ich lebe in Selbstvertrauen und durch das Vertrauen anderer.

Lebe ich dagegen in einem Umfeld, in dem ich ständig abgewertet werde, in dem jeder Fehler ein weiterer Beweis für meine Unfähigkeit, für mein Nicht-Können, meine Überflüssigkeit ist, dann bin ich in meinen Möglichkeiten eingeschränkt. Jede neue Erfahrung, jedes neue Lernen stellt ein potentielles Risiko dar. Habe ich eine halbwegs erträgliche Situation für mich gefunden, so versuche ich, diese möglichst zu halten und zu verteidigen. Öffne ich mich Neuem, gehe ich die Gefahr ein, daß es zu erneuten Abwertungen, zu erneutem Beweis meiner Unfähigkeit kommt. Daher ist es verständlich, wenn man in einer solchen Situation alles vermeiden will, was einen in die Nähe eines Erlebens solcher negativer Gefühle bringt. Ich bin in einer Situation, in der ich kein oder nur wenig Vertrauen in mich selbst und andere Menschen habe.

Wehrlosigkeit als Motor der Aggression

Es ist letztlich nicht entscheidend, ob wir von Autoaggression (Suizid und selbstverletzendem Verhalten) sprechen oder von Gewalt gegen andere Menschen oder Sachen. Festzuhalten ist – und das macht die Angelegenheit in der Gegenwart so dramatisch –, daß man den

Eindruck hat, gewisse Grenzen in der Ausübung von Gewalt gegen sich und andere seien gesprengt.

Früher war aggressives Verhalten, z.B. untereinander auf Schulhöfen in sogenannten Banden, begrenzt und geregelt. Ehrenkodizes etc. sorgten dafür, daß Gewalt (zumindest im Alltag) nicht ausuferte. Diese Hemmschwellen scheinen in der Ausübung von Gewalt heute wie weggeblasen; sowohl in der gewaltsamen Auseinandersetzung mit anderen Menschen als auch in der Autoaggression.

Schläge, Fußtritte (auch gegen den Kopf) eines am Boden liegenden Menschen sind heute immer wieder Gegenstand der Medienberichterstattung. War früher die Wehrlosigkeit des Gegners der Moment, in dem der Angriff abgebrochen wurde, der Sieg errungen war, so entsteht gegenwärtig nicht selten der Eindruck, daß es gerade die Wehrlosigkeit des Opfers ist, die die Aggression weiter anstachelt.

Auch in dem Bereich Selbstbestrafung haben sich durch die Formen der Selbstverletzung und die Bereitschaft zum Suizid die Qualitäten der Dinge verändert. Waren früher die selbst verpaßte eigene Ohrfeige, der Schlag mit der offenen Hand gegen die Stirn oder das Treten gegen die Wand Ausdrucksmittel, um Unzufriedenheiten etc. mit sich auszumachen, so werden heute scharfe Gegenstände (Rasierklingen, Messer und Scherben) gegen sich selbst eingesetzt. Es werden Selbstverletzungen vorgenommen, die das Risiko einer Selbsttötung bewußt oder unbewußt in Kauf nehmen. In der Online-Beratung für Jugendliche nehme ich in letzter Zeit vermehrt wahr, daß die Situationen schnell als so ausweglos empfunden werden, daß der Gedanke oder der Wunsch, sich selbst zu töten, Anlaß der Beratung werden.

Angriff ist die beste Verteidigung

In alter Zeit <siehe dazu das Interview mit Uwe Buermann in diesem Heft S. 63> war die Anwendung von Gewalt das Mittel der Völker, ihre Autonomie zu verteidigen. Frei nach dem Motto: „Angriff ist die beste Verteidigung" wurde Gewalt eingesetzt, um tatsächliche oder vermeintliche Gefahren vom eigenen Stamm, der eigenen Volksgruppe etc. abzuwenden. Die Reaktion folgte auf dem Fuße. Der oder die Angegriffenen setzten sich zur Wehr, erlebten ihrerseits ihre Autonomie als bedroht und verteidigungsbedürftig. Was daraus folgte, ist hinlänglich bekannt. Der Anlaß von Gewaltanwendung war, wenn auch nicht immer verständlich, so doch einfacher nachvollziehbar.

In bezug auf selbstverletzendes Verhalten, so wie wir es heute erleben, finden sich in der Geschichte keine Beispiele. Bei der Eingabe von „selbstverletzendem Verhalten in der Historie" liefert Google als Ergebnis eine Zeitleiste, in der der Begriff SVV einen starken Anstieg in der Zeitachse nach 1900 mit steigender Tendenz zur Jahrtausendwende hin aufweist.

Gewalt, oder besser die Form der Gewalt, scheint – so habe ich mittlerweile den Eindruck – nicht mehr so sehr an den unmittelbaren Anlaß gebunden zu sein. Hatte Gewalt oder gewalttätiges Verhalten früher einen erkennbaren Sinn, so zweifelhaft der auch sein mochte, so erleben wir heute scheinbar Gewalt um der Gewalt willen. So reichen oft schon nichtigste Anlässe aus, um eine unverhältnismäßige Reaktion heraufzubeschwören. – Im Rahmen meiner Tätigkeit in der Jugendhilfe beobachte ich immer wieder Situationen zwischen Jugendlichen, aber auch zwischen Jugendlichen und Erwachsenen, in denen Reiz und Reaktion überhaupt nicht zueinander passen, in denen spürbar ist: Da geht es um etwas ganz anderes. Es geht nicht, oder nur eingeschränkt, um den aktuellen Konflikt. Da brechen Wut, Verzweiflung und Aggressionen heraus, die sich über lange Zeiten, vielleicht schon seit der Kindheit, angestaut haben.

Das einfache Wegnehmen eines Gegenstandes, ohne zu fragen, führt zur Eskalation. Zunächst verbal, dann u.U. – wenn nicht eingeschritten wird – körperlich. Da ist der Stuhl schon in der Hand des einen Jugendlichen, und die Fäuste des anderen sind geballt. Und beide sind eigentlich nicht das, was man gemeinhin als Schläger bezeichnen würde. Normalerweise kennt man sie eher schüchtern, zurückhaltend oder auch hilfsbereit, aber oft auch hilflos, verletzlich und verletzt.

Was letztendlich fehlt, ist eine wirkliche Erklärung! Die Medien liefern Beschreibungen der Täter, ihrer Lebensläufe, Tathergänge: „13mal hatte er es bislang mit der Staatsanwaltschaft zu tun, sechsmal stand er vor Gericht. Unter anderem wegen räuberischen Diebstahls und schwerer Körperverletzung. Mit 15 wurde er zu zwei Wochen Dauerarrest verurteilt, mit 16 zu zwei Jahren Gefängnis, nachdem er einen Kaufhausdetektiv arbeitsunfähig geschlagen hatte. Vor einem Jahr hat er einem 63jährigen an der U-Bahn-Station Tierpark die

Zähne ausgeschlagen, seitdem ist er auf Bewährung draußen. Marco, 20, ein Großstadtkind aus einem Berliner Randbezirk, ist außer Kontrolle geraten, vor Jahren schon. Er ist einer jener Jugendlichen, die in den vergangenen Jahren Schlagzeilen gemacht haben (...), einer jener mehrfachen Gewalttäter, deren Zahl in den Polizeistatistiken immer größer, immer bedrohlicher wird.

Wie ist Marco der geworden, der er ist? Und warum bekommt der Staat diesen Jungen nicht in den Griff?"[1]

Gibt es etwas, woran man Risikogruppen, potentielle Täter oder Betroffene erkennt? Sucht man nach etwas Gemeinsamem bei Selbstverletzern, Gewalttätern, Amokläufern, dann werden sie alle als eher ängstliche Menschen beschrieben. Eine Angst, die sich während der Tat anscheinend in Aggression und Autoaggression umwandelt. Dabei sind Unterschiede zwischen den Geschlechtern zu beobachten. So richten Mädchen und Frauen die Gewalt eher gegen sich selbst (SVV/ Suizid), während Männer Gewalt eher gegen andere Menschen richten. Eine Ausnahme scheint dabei die Internetgewalt, das Bullying zu sein; hier sind Mädchen und Jungen ungefähr gleich stark beteiligt.

Es sind nicht allein die Bedingungen

Fragen bleiben ungeklärt: Warum wird von zwei Menschen, die annähernd das gleiche erleben, der eine zum Amokläufer, der andere nicht? Warum verletzt sich das eine mißbrauchte Mädchen, das andere nicht?

„In den Analysen der Ursachen von Gewalt bei Kindern und Jugendlichen seitens der Sozialwissenschaft werden als hauptsächliche Faktoren Vereinzelung, Perspektivlosigkeit, zerrüttete Familienverhältnisse, geringer Status, materieller Mangel, strukturelle Gewalt, gesellschaftliche und mediale Gewaltnormen und Vorbilder angeführt sowie in der individuellen Sozialisation Vernachlässigung, Lieblosigkeit und Härte, eigene Gewalterfahrung, Lernen an Modellen, insbesondere am Verhalten von Bezugspersonen. (...)

Je mehr Faktoren im Einzelfall zusammenkommen, desto eher entsteht eine Gewaltdisposition, die bei gegebenem Anlaß schnell in ein entsprechendes Verhalten einmünden kann. Ein Kind, das

---

1 Kohlenberg, Kerstin: Der Fluch der Bewährung, DIE ZEIT; Nr. 28; 8. Juli 2010, S. 13

ohne Vater aufwächst, dessen Mutter alkoholabhängig ist, das in einer engen Etagenwohnung eines Großstadtwohnblocks lebt, in seiner Kindheit geschlagen wurde und, ständig auf sich allein gestellt, fehlende Zuwendung und mangelnde Spielmöglichkeiten durch übermäßigen Bildschirmkonsum ersetzt, nimmt eher aggressives, gewalttätiges Verhalten an als ein Kind, das in günstigeren Verhältnissen aufwächst. Letztlich geht es immer um eine individuelle Situation, die nicht zu verallgemeinern ist."[2]

Es sind nicht allein die Bedingungen, unter denen ein Mensch aufwächst, die seinen Umgang mit Gewalt bestimmen, sondern auch die Frage, mit welchen Resilienzfaktoren er ausgestattet ist, um „negativen" oder nicht optimalen Umwelteinflüssen widerstehen zu können. Bezieht man die Tatsache, daß der Mensch ein geistiges Wesen ist, mit in die Überlegungen ein, so bekommt die Frage nach den Ursachen der Gewalt zusätzliche Dimensionen. Einerseits stellen sich individuelle Schicksalsfragen und andererseits Fragen nach der menschlichen Entwicklung überhaupt.

Im Verlaufe der Entwicklung haben wir es mit der zunehmenden Individualisierung zu tun. Die Menschen werden individueller. Damit ist grundsätzlich die Fähigkeit verbunden, sich in andere Menschen hineinversetzen zu können, das Ich im Du erkennen zu können. Individualisierung bedeutet aber auch, daß der Mensch Eingriffe in seine Autonomie und auch Eingriffe in die Autonomie anderer stärker empfinden kann. Voraussetzung dafür ist allerdings, daß die Entwicklungsmöglichkeiten vorhanden sind; und das scheint immer weniger der Fall zu sein.

Verlust der Geborgenheit

Die Sicherheit und Geborgenheit, deren Kinder insbesondere in den ersten Lebensjahren bedürfen, sind für viele Kinder nicht mehr erlebbar. Dabei ist Sicherheit und Geborgenheit dasjenige, was den Kindern Vertrauen in die Welt geben kann, denn das Menschenleben beginnt mit Angst! „Wenn ein Kind die Erde betritt, da ist Angst nicht ein Faktor unter anderen, sondern sie ist der zentrale Inhalt im Erleben des Kindes. Das ganze Kind ist von Angst erfüllt. Wenn

---

2 Linde, Frank: Aggression und Gewalt im Kindesalter, FH 50; 1995, Seite 90

dann von Geborgenheit, Hülle und Wärme usw. gesprochen wird, so sind das zwar Dinge, die unerläßlich, ja lebensnotwendig sind, aber es sind eben Dinge, die die Eltern dem Kind entgegenbringen müssen, um die Angst des Kindes zu lindern. Wenn das Kind Angst hat, wenn es auf die Erde kommt, muß man es einhüllen, behüten, beschützen. Das wäre doch sonst gar nicht nötig. Hülle geben heißt doch entängstigen.

Wenn die kindliche Seele sich aus der geistigen Welt heraus auf der Erde inkarniert, so kommt sie unmittelbar aus einem Reich der Geborgenheit in eine fremde Welt, in der alle Eindrücke neu und entsprechend bedrohlich sind. Jeder Lichtstrahl, jeder Laut und Geruch sind neu und entsprechend bedrohlich. Im Mutterleib war das Kind zwar schon eingegliedert in die physische Welt, aber noch in einem Zustand maximaler Geborgenheit; mit der Geburt wird es dann hinausgeworfen in eine kalte, unfreundliche Realität, die ihm panische Angst macht. Das Leben beginnt – überspitzt gesagt – mit einem Panikanfall."[3]

Doch diese Entängstigung findet in einer Welt, in der so wenig Verständnis für das Wesen des Kindes aufgebracht wird, nicht statt. Das, was also wünschenswert für die Kinder und ihre Entwicklung anzusehen ist, die Geborgenheit, Sicherheit und Ruhe, sowohl äußerlich als auch innerlich, treffen diese Kinder oft genug nicht mehr an.

Unsicherheit in Erziehungsfragen (siehe auch: FLENSBURGER HEFTE Nr. 98, S.33ff.) prägen eine ganze Generation von Eltern und damit natürlich auch von Kindern. Zudem schwindet der Abstand zwischen Erzieher und Erziehendem, insbesondere in den Jugendjahren. Die altersgemäßen Entwicklungsschritte verschwinden. Heute sind die Erwachsenen ebenso auf Sinn- und Zielsuche wie früher die Jugendlichen, suchen sogar mit ihnen zusammen. Erwachsene sind nicht mehr erwachsen oder werden von den Kindern und Jugendlichen nicht mehr als erwachsen erlebt. (siehe auch: FLENSBURGER HEFTE Nr. 50, S.28ff.)

Gerade in den ersten Lebensjahren ist die Klarheit dessen, was die Erwachsenen sind und tun, für die Kinder wichtig. Denn in den ersten Lebensjahren sind es nicht so sehr die Worte und das Verkünden sittlicher Gebote, es ist vielmehr das Vorleben dasjenige, was auf die Kinder wirkt.

---

3 Köhler, Henning: Was Kinder wirklich brauchen; FH 50, 1995, S. 85

Dieses Erleben der inneren Unsicherheit der Erwachsenen steht im Widerspruch zu einer Kindheit, die heute vielfach eine organisierte, durchstrukturierte Angelegenheit ist. Von der Krabbelgruppe in den Kindergarten, vom Kindergarten in die Schule. Auch die Nachmittage, die eigentlich als Spielzeit zur Verfügung stehen sollten, sind verplant. Musikunterricht und Sport, Nachhilfe und Lerngruppe, selbst Verabredungen zum Spielen müssen aufgrund terminlicher Abstimmung und Entfernungen geplant werden. Die Kindheit ist räumlich und zeitlich organisiert. Das Erleben der Kindheit entspricht mehr und mehr der Arbeitswelt, in der es um Normierung und Disziplinierung geht. Der Freiraum, der Erlebnisraum geht im wahrsten Sinne des Wortes verloren, jede freie Fläche in den Städten wird verbaut, verplant, nutzbar gemacht. Damit werden aber gleichzeitig die Möglichkeiten zur Entwicklung der Sinne eingeschränkt, derjenigen Sinne, die notwendig sind, um dann in der späteren Kindheit zu Selbstvertrauen, Vertrauen in das eigene Können und die eigenen Fähigkeiten zu führen.

„In den Lebensverhältnissen, in denen die Kinder heute stehen, fehlen natürliche, elementare Erlebnisräume nahezu vollständig. Die Kinder wachsen größtenteils in einer Umgebung auf, die vom Menschen geschaffen ist und die ihnen ein bestimmtes geordnetes Verhalten aufzwingt, etwa auf Spielplätzen, in Parks oder im Straßenverkehr. Stellen wir uns eine Kleinfamilie mit ein, zwei Kindern vor, die in einem Mehrfamilienhaus mitten in der Stadt lebt. Draußen vor der Tür ist eine reich befahrene Straße, der nächste Spielplatz mit einigen Klettergeräten, einer Sandkiste und einer Rutsche ist einige Straßen entfernt, Bäume gibt es in der näheren Umgebung nur als Fahrbahnbegrenzung. In dieser Umgebung sind die Kinder allein schon durch die Umstände festgehalten, man kann sie ja nicht einfach laufen lassen."[4]

Therapie statt Erlebnis – die Pathologisierung der Kindheit

Statt dessen bieten wir dann in heilpädagogischen Tagesstätten, in Kinderheimen, in Ergotherapie, Motopädie und sonstigen Therapien (wiederum organisiert) das an, was die Kinder in einer natürlichen Umgebung sich selber zur Entwicklung ihrer Sinne holen könnten.

---

4 Köhler, Henning: Was Kinder wirklich brauchen; FH 50, 1995, S. 40

Die eigentlich gesunde Wildheit der Kinder wird heute „verkrankhaftet". Jede vom Bedürfnis der Kinder aus gesehene normale Verhaltensweise – Bewegungsdrang, Experimentierfreude – wird, wenn sie nicht in den organisierten Rahmen paßt, pathologisiert. Tests werden vorgenommen, kinder- und jugendpsychiatrische Gutachten eingeholt. Dasjenige, was eigentlich zu einem gesunden Aufwachsen dazugehört, der Bewegungsdrang, das Ausprobieren, das alles wird heute sehr schnell unter dem Gesichtspunkt psychischer und psychiatrischer Fehlentwicklung gesehen.

„Man darf nicht unterschätzen, was es für Kinder bedeutet, wenn sie von klein auf mit dem Gefühl leben: ‚So wie ich bin, bin ich eigentlich falsch.‘ Das braucht ihnen gegenüber gar nicht ausgesprochen werden, es reicht völlig, sich entsprechend zu verhalten. Und oft werden sie dann ja auch ganz offen pathologisiert, also für krank erklärt und abgeschoben."[5]

Es fehlt den Kindern also oft schon in früher Kindheit an Entwicklungsmöglichkeiten, insbesondere im Bereich der Ausbildung der Sinne an der Weltwirklichkeit. Diese Ausbildung der Sinne in der frühen Kindheit, Lebenssinn, Tastsinn, Bewegungssinn und Gleichgewichtssinn, sind Grundlage der Erkenntnis von uns selbst und unserer Umwelt. Sie bilden die Grundlage für unser Zurechtfinden in der Welt. Findet eine Ausbildung dieser Sinne nicht oder nur noch eingeschränkt statt, führt dies zu Verunsicherung und wird zu einem Teil des Verlustes unserer Autonomie. Aber das ist es nicht nur allein, daß mehr und mehr Kindern die Gelegenheiten zur Wahrnehmungsschulung fehlen – die Weltwahrnehmung wird zusätzlich durch die Medien korrumpiert:

„Ein anderes Problem sind z.B. die Medien, mit denen Kinder schon mit drei, vier Jahren Umgang haben. Wenn sie in diesem Alter nicht schon fernsehen, so sitzen sie doch zumindest vor dem Kassettenrekorder. Im Grunde brauche ich dazu gar nicht mehr viel zu sagen. Wenn Fernsehen und Kassettenrecorder die primäre Erlebniswelt des Kindes ausmachen, wird die kindliche Entwicklung aus Mangel an förderlichen Erfahrungen nicht in der richtigen Weise durchlaufen. Das versteht sich von selbst. Die sinnliche Erfahrung von ‚Wald‘ ist in Disneys ‚Dschungelbuch‘ unauffindbar, obwohl sich

---

5 Ebd. S. 47

da alles im Wald abspielt. Die Hörspiel-CD läßt wenigstens etwas Spielraum für sinnliche Assoziationen. Vor dem Fernseher ist man buchstäblich unter Quarantäne."[6]

Die Killerschafe greifen an

Folgende Begebenheit kann das verdeutlichen: Bei einem Aufenthalt mit einer Gruppe Großstadtjugendlicher auf dem Land werden in unmittelbarer Nähe unserer Zelte Schafe auf die Weide getrieben. Eines der Mädchen reagiert halb belustigt, halb verängstigt und erzählt mir, daß sie einen Film gesehen habe, in welchem genau diese Art Schafe Menschen angegriffen und aufgegessen hätten. Wir unterhalten uns über die reale Gefahrenlage. Darüber, daß es tatsächlich gefährlich sein kann, wenn ein ausgewachsener Schafbock auf einen zugerannt kommt. Dann sollte man diesem tatsächlich aus dem Wege gehen, damit man nicht umgerannt wird. Aber von einem bewußten Angriff dieses Tieres aus Bösartigkeit oder gar von absichtlicher Tötung und anschließender Verspeisung von Menschen kann nicht die Rede sein. Und doch bemerke ich bei ihr – auch über die nächsten Tage hinweg – eine Verunsicherung, die sie zwar einerseits mit einem Lachen überspielt, aber andererseits durch Vermeidung des Umganges mit den Tieren und des Immer-wieder-darüber-reden-Müssens ausdrückt.

Ihr Empfinden gegenüber diesen Tieren ist von Verunsicherung, von Unsicherheit geprägt. Auf der Grundlage eines nicht ausgeprägten Selbstvertrauens, einer durch die Medien verschobenen Realität, findet in gewisser Weise ein Autonomieverlust statt. Das Mädchen fühlt sich von einer Gefahr bedroht, die irreal ist und die nicht mit den Realitäten des Lebens übereinstimmt. Letztlich ist es das Erleben von Angst und Bedrohung, was nun vorliegt. Sie ist in gewisser Weise in ihrer Autonomie eingeschränkt. Sie kann nicht einfach gehen, wohin sie will. Dort, wo die Schafe sind, will sie nicht sein. Im Grunde erlebt sie sich ohnmächtig; ein Gefühl, das schwer aushaltbar ist, das wohl jeder am liebsten wieder loswerden will. Eine Möglichkeit ist es, der Gefahr aus dem Wege zu gehen und den Autonomieverlust zu akzeptieren. Ein anderer Weg besteht darin, die Autonomie durch Ausüben von Gewalt wiederzuerlangen.

---

6 Ebd. S.62

Das oben angeführte Beispiel illustriert eine Situation, die eine gewaltsame Reaktion sicher nicht rechtfertigt. In anderen Situationen, in denen Gewaltanwendung sinnvoll sein könnte, sieht es dann schon anders aus. Ob man einen direkten und alleinigen Zusammenhang zwischen Medienkonsum und Gewalt herstellen kann, ist dabei nicht entscheidend. Entscheidend ist, daß abhängig davon, womit wir, wie wir und wo wir unsere Zeit verbringen, unsere Lebenserfahrung gebildet, unsere Sinne geschult und ausgebildet (oder eben auch nicht ausgebildet) werden. Haben wir bestimmte Erfahrungen nicht machen können, so zeigt sich ein Phänomen im Jugendalter dann so, „daß die Jugendlichen an der Wirklichkeit der sie umgebenden gegenständlichen Welt zweifeln, wobei dieser Zweifel von Ängsten begleitet ist, die sich bis zur Panik steigern können. Solche Erlebnisse schildern immer mehr und mehr Jugendliche. Das hängt in hohem Maße mit der mangelnden taktilen Integration zusammen."[7]

Diese mangelnde taktile Integration ist *eine* Ursache, die das Gespür für Grenzen in der Ausübung von Gewalt korrumpiert. Wenn Jugendliche riskantes Verhalten zeigen – beliebt ist in Großstädten das S-Bahn-Surfen –, wenn sie sich und andere Menschen verletzen, so tun sie das nach eigener Aussage oft, um sich zu spüren. Das, was sie eigentlich spüren und verwirklichen wollen, dazu haben sie in unserer vorgefertigten und unter dem Diktat der Ökonomie stehenden Welt oft gar keine Gelegenheit mehr. Und so unterschiedlich die Motive und Ziele Jugendlicher sind, das Erleben des Nichts-ändern-Könnens, des Ausgeliefertseins an die Situation ist das, was Hoffnungslosigkeit, Resignation und letztlich Wut erzeugt. Die Jugendlichen geraten mehr und mehr unter Druck. Bereits in der Grundschule, so hat es den Anschein, entscheiden sich die späteren Lebenschancen. Da wird spätestens zum Zeitpunkt des Übertrittszeugnisses mit allen Mitteln von seiten der Eltern gekämpft und Druck auf die Kinder und Lehrer ausgeübt. Und letztere geben, ob sie wollen oder nicht, diesen Druck an die Kinder weiter. Und die Kinder wissen, was von ihnen erwartet wird. Diese Erwartungen werden internalisiert, und diejenigen, die merken, daß sie den eigenen und den Erwartungen der anderen nicht gerecht werden, resignieren.

---

7 Ebd. S.63

Hartz IV – der neue schwarze Mann

„Parallel dazu gewinnt schließlich die Steuerung der wirtschaftlichen Existenz für junge Menschen aller Schichten immer mehr an Bedeutung. Oftmals beobachten wir eine Aufgabe der jugendlichen Ideale, Ziele und Bedürfnisse im Austausch für einen gesicherten Ausbildungsplatz. Dem folgt die Unterordnung der Familie unter den Job, schließlich die Aufopferung im Beruf bis hin zur totalen Erschöpfung: Die Angst scheint unverhältnismäßig groß zu sein, arbeitslos zu sein, zum Prekariat zu gehören, zur unteren Schicht der Zweidrittelgesellschaft. Erwerbslosigkeit bedeutet Erfolglosigkeit, Erfolglosigkeit bedeutet Wertlosigkeit. Und so mutiert Hartz IV zum Kinderschreck, denn selbst im sogenannten Sozialstaat bestimmt die Existenzangst inzwischen oftmals bereits von Kindheit an das Handeln und die Zukunftsplanung.

Dem jungen Menschen wird zudem auch meist von klein auf gezeigt, daß er sich anpassen, sich den Regeln konform verhalten muß, um zu den Gewinnern zu gehören und nicht unter die Räder zu geraten. Das Ringen um Individualität fällt so der Existenzangst früher oder später, meist gegen Ende des dritten Lebensjahrsiebts, zum Opfer. Verschiedene Mechanismen greifen, um den Heranwachsenden möglichst nahtlos in das übermächtige Wirtschaftssystem zu assimilieren, in dem nur mehr seine ökonomische Leistungsfähigkeit zählt."[8]

Wird dieser Druck zu hoch, dann ist die Gefahr da, daß er sich entlädt. Und auf welche Weise sich dieser Druck entlädt, hängt eben auch davon ab, wie ich gelernt habe, mit Druck umzugehen, ob ich den Druck gegen andere entlade oder gegen mich selbst richte.

Das Lernen von Gewalt

„Selbstverständlich kann man Gewalt auch lernen, oft auch unbewußt. Es gibt Untersuchungen über Soldaten aus dem Zweiten Weltkrieg, die zeigen, daß bei ihnen die Schwelle zum Töten viel höher war als z.B. bei GIs in den Golfkriegen, die richtig zum Töten gedrillt worden sind. Die Soldaten aus dem Zweiten Weltkrieg haben oft einfach nur auf den Feind geschossen und vielleicht sogar gehofft, daß sie nicht treffen. Die

---

8 Wagner, Johannes M.: Die Jugend in den Focus; FH 98, 2007, S. 124 f.

GIs wurden aber durch Videofilme – und vor allem durch kontinuierliche Wiederholungen dieser Szenarien – direkt zum Töten ausgebildet. Ich habe früher Leistungssport gemacht und weiß, daß alles, was dem Menschen in Fleisch und Blut übergehen soll, automatisiert werden muß – und dies geschieht durch ständige Wiederholung."[9]

Diese ständige Wiederholung, nämlich z.B. das Angreifen und Töten von Menschen, findet in den Medien tagtäglich statt, und der Medienkonsum breitet sich nach wie vor aus: Durchschnittlich sieben Stunden pro Tag verbringen Jugendliche mit verschiedenen Medien,[10] 58,6 % der Jugendlichen verfügen über einen eigenen Internetzugang in ihrem Zimmer.[11] Fast jeder Haushalt hat in Deutschland die Möglichkeit, ins Internet zu gehen. Natürlich läuft nicht jeder Jugendliche, der Gewaltspiele spielt, sich entsprechende Videos und DVDs anschaut, im Anschluß daran Amok. Aber eines wird dort gelernt: Gewaltanwendung ist Macht. Und je mehr Gewalt ich anwende, um so mächtiger werde ich. Da kann ich es denn endlich mal allen zeigen. Je mehr nun die virtuelle und die tatsächliche Welt verrutschen, desto gefährlicher wird es. Erfolgen dann keine Korrekturen aus der wirklichen Welt, weil es keine realen Kontakte, keine Freunde mehr gibt, dann wird aus einer gespielten Rache plötzlich eine reale Möglichkeit. Eine Möglichkeit, die umgesetzt wird.

Dagegen sind die Formen der Gewalt, die sich gegen einen selber richten, versteckter, von außen kaum zugänglich. In meiner Beratungspraxis mit Mädchen ist auffällig, daß sich das zunehmend vermischt. Autoaggression und Aggression schließen sich nicht aus, sie können nebeneinander existieren und treiben die jungen Menschen in eine noch größere Verzweiflung. Sie agieren nach außen und verzeihen sich dieses Agieren nicht. Einer Internetseite, die sich mit der Beratung von selbstverletzendem Verhalten beschäftigt, entnahm ich folgenden Text der Musikgruppe „Goethes Erben", der dieses Phänomen recht eindrucksvoll beschreibt:

„Es macht mir eigentlich keine Freude,
in meine eigene Hand zu schneiden,

---

9 Rüth, Thomas: Wir arbeiten an der Spitze des Eisberges; FH 98, 2007, S. 26
10 Bauer, Pfeiffer, Rabold, Simonson, Kappes: Kriminologisches Forschungsinstitut Niedersachsen e.V.; Forschungsbericht 109, Kinder und Jugendliche in Deutschland, S 38.
11 Ebd. S. 22

rote Tränen zu beobachten,
die einen kleinen Rinnsal bildend,
mich verlassen.
Die einzige Möglichkeit,
mich an mir zu rächen,
zu sühnen für das,
was ich sprach und tat.
Ohne bewußt gehandelt zu haben.
Es kommt mir vor,
als hätte ich nie gelacht
nie geweint,
gelacht, geweint. (...)"[12]

Das alles findet in einer zunehmenden Vereinsamung statt. Wenn, wie es das Kriminologische Forschungsinstitut Niedersachsen e.V. (KFN) ermittelt hat, durchschnittlich sieben Stunden des Tages mit Medien verbracht werden, dann bleibt wenig Zeit für Kontakte, für Freunde, für die Begegnung mit anderen Menschen. Das Gefühl der Einsamkeit, des Allein-für-sich-Seins ist schwer aushaltbar, ist anstrengend und verunsichernd, weil die Jugendlichen im Leben Defizite bemerken und auch zum Teil die Erwachsenen als verunsichert, als nicht lebenstüchtig erleben. Das Internet, insbesondere die sozialen Netzwerke sind es, die dann einen Ersatz bilden, doch auch hier geht der Leistungsdruck in gewisser Weise weiter, geht es darum, möglichst viele „Freunde" in Facebook zu haben.

Cyberbullying – die anonyme Gewalt

Doch auch der Ort Internet ist nicht sicher: Nach der bereits zitierten Untersuchung des KFN haben bei ca. 33,8 % der chattenden Jugendlichen Personen über 18 Jahren versucht, ein Treffen zu vereinbaren. 11,1 % der Schüler haben ein solches Treffen vereinbart, dabei wurden 1,6 % sexuell belästigt. Bei Treffen mit Personen über 17 Jahren steigt die Ziffer auf 14,9 %.[13] Mehr als jeder zehnte Jugendliche wurde im Chat sexuell belästigt, wobei Mädchen doppelt so häufig betroffen

---

12 Goethes Erben: Rote Tränen; http://www.goetheserben.de/iceland.php?action=lyrics&cd=5
13 Bauer, Pfeiffer, Rabold, Simonson, Kappes: Kriminologisches Forschungsinstitut Niedersachsen e.V.; Forschungsbericht 109, Kinder und Jugendliche in Deutschland, S 36

sind wie Jungen.[14] In den USA, aber auch zunehmend auf der ganzen Welt, hat das Cyberbullying, das noch nicht Gegenstand der Untersuchung des KFN war, Formen der Gewalt angenommen, die bis hin zur Selbsttötung des Opfers gingen.

Von Cyberbullying spricht man, wenn Kinder andere Kinder im Internet mobben: „Es gibt keinen Ort mehr, an dem wir nicht ins Internet kommen. Eine freie Entscheidung? Für Vater und Mutter vielleicht. Aber nicht für ein Kind. Es hat Angst, daß sich die anderen gerade im Netz zusammenrotten. (…) Am 7. Oktober 2003 erhängte sich sein Sohn Ryan Patrick Halligan im Keller seines Elternhauses in Essex Junction, oben im Norden von Vermont, fast an der Grenze zu Kanada. Er war 13 Jahre alt. (…) So wie Jessie Logan, die ihrem Freund ein Nacktfoto zuschickte, das der dann an die gesamte Schule weiterleitete. Am 8. Juli 2008 kam sie von einer Beerdigung und hängte sich auf. Sie war 13.

Oder Megan Meier, die auf MySpace einen Jungen kennenlernte, Josh Evans. Er war nett, sehr nett, dann fing er plötzlich an, sie zu beschimpfen: ‚Die Welt wäre besser ohne Dich.‘ Das war seine letzte Nachricht am 17. Oktober 2006. Zwanzig Minuten später war sie tot. Sie war zwölf. Dabei waren diese Nachrichten gar nicht von dem Jungen gewesen. Mitschülerinnen und die Mutter einer Freundin hatten sich als Josh Evans ausgegeben.

Oder Jeffrey Johnston, über den ein Mitschüler online das Gerücht verbreitete, er sei schwul. Am 29. Juni 2005 fand ihn seine Mutter tot im Kleiderschrank. Sie sagt: ‚Mit der Tastatur als Waffe hat der Bully die Unverletzlichkeit meines Hauses zerstört und mein Kind ermordet. Als wäre er durch ein zerbrochenes Fenster gekrochen und hätte mit seinen eigenen Händen Jeff ermordet‘ (…) Dann holt er (der Vater von Ryan Patrick Halligan, Anm. d. Verf.) einen kleinen Zettel raus. Ein paar Zeilen kleben am oberen Rand. Ryans Abschiedsbrief an einen Fremden:

Junge: wirst du dich jetzt endlich umbringen?!

Ryan: yep

Junge: phew

Junge: ist ja auch verdammte Zeit.

Ryan: morgen kannst du es in der Zeitung lesen."[15]

---

14 Ebd. S. 37

15 Steinberger, Karin: Ich mach Dich fertig, Süddeutsche Zeitung; 29/30 Mai 2010, S. 3

Die Anleitung zur Selbsttötung finden die Jugendlichen im Netz. So hat in diesem Jahr die bayerische Familienministerin Christine Haderthauer (CSU) vor Anleitungen für Jugendliche zu Hungern, Selbstverletzung und Suizid im Internet gewarnt. Dort gebe es Foren, die die Magersucht verherrlichen, und Videos, in denen sich Jugendliche bis aufs Blut ritzen, Communitys, die sich über Suizid-Methoden austauschen. Selbstgefährdendes Verhalten wird im Internet als moderner Lifestyle propagiert, beklagt die Ministerin. Dabei bezog sie sich auf eine Veröffentlichung von www.jugendschutz.net. Diese Hotline kontrollierte im vergangenen Jahr 19.000 Angebote und registrierte 2.400 Verstöße gegen den Jugendschutz. (…) Besonders stark sei jedoch der Anteil der Seiten gestiegen, die Selbstgefährdungen propagieren. Diese beträfen bereits fast ein Viertel der Verstöße.

Die Entwicklung ist nicht rückgängig zu machen, Verbote und Verurteilungen werden genau das heraufbeschwören, was oft genug Auslöser von Gewalt und der Flucht in die virtuelle Welt ist: das Erleben von Abwertung und Verlust von Autonomie. Es ist auch durchaus so, daß die Jugendlichen ein Bewußtsein von ihrer Internetabhängigkeit haben. In der bereits zitierten Studie des KFN gibt jeder vierte Befragte an, vom Internet abhängig zu sein.[16] Es sind oft die Jugendlichen, die in der realen Welt ebenfalls Abwertung und Ausgrenzung erfahren.

So bleibt nur, diesen und allen Kindern und Jugendlichen Alternativen im wirklichen Leben zu bieten – je früher und je mehr, desto besser –, sie erleben zu lassen, was achtsamer und wertschätzender Umgang miteinander bedeutet und ihre Wichtigkeit und Einzigartigkeit anzuerkennen.

---

16 Bauer, Pfeiffer, Rabold, Simonson, Kappes: Kriminologisches Forschungsinstitut Niedersachsen e.V.; Forschungsbericht 109, Kinder und Jugendliche in Deutschland, S 32

Heilung leerer Seelen

Interview mit Michael Birnthaler

von Wolfgang Weirauch

Dr. Michael Birnthaler: *Studium für das Lehramt in Weingarten und Freiburg, Diplom in Pädagogik; Stipendiat, Promotion in Erziehungswissenschaften bei Prof. Dr. Dr. Buchkremer. Von 1992 bis 2001 Lehrer für Sport und Religion an den Freien Waldorfschulen Pforzheim, Mainz und Schopfheim, Gründung eines Schulzirkus und einer Schuljugendgruppe. Lehrbeauftragter und Dozent an verschiedenen Hochschulen im In- und Ausland. Forschungsauftrag beim Bund der Freien Waldorfschulen.*
2002 Gründung von EOS-Erlebnispädagogik e.V. (Ferienlager, Klassenfahrten, Aus- und Fortbildungen in Erlebnispädagogik; www.eos-ep. de), des EOS-Instituts (Grundlagenforschung, Publikationen) und der Sozietät „Management by Spirit" (Team-Trainings für Organisationen und Firmen, www.teamtrainings.org) mit mehreren Repräsentanzen in Deutschland und weltweit (www.eos.im). Aufbau eines Studienschwerpunktes „Erlebnispädagogik" an der Freien Hochschule Mannheim.
Literatur: *„Erlebnispädagogik und Waldorfschulen" (2008), „Erlebenspädagogik" (2008), „Praxisbuch Erlebnispädagogik" (2010), in Vorbereitung: „Teamspiele", „Gewaltprävention".*

Die Natur wartet darauf, vom Menschen wahrgenommen, erlöst zu werden. Aber immer weniger Menschen begegnen noch der Wesenhaftigkeit der Natur, nehmen nicht mehr ihre Schönheit und elementare Wucht wahr. Immer weniger Menschen haben schlicht keine Erlebnisse mehr in der Natur, erleben nur noch sich selbst, den eigenen Genuß und die schattenhafte Palette aller Bildschirmaktivitäten. Die Kluft zwischen Mensch und Natur wird immer größer. Die Natur zieht sich zurück, die Seelen der Menschen werden leerer und füllen sich mit den virtuellen Bildern der Medien.

Michael Birnthaler vom EOS-Institut Freiburg stellt dieser fatalen Entwicklung seine Erlebenspädagogik entgegen. Er schildert die Entwicklung der Erlebnispädagogik vom Beginn des 20. Jahrhunderts bis zu den gegenwärtigen Aktivitäten der EOS-Academie und anderer. Mit dem Hintergrund seiner vielfältigen Erfahrung vermittelt er anschaulich, wie man Jugendliche wieder zu wirklichen und gesättigten äußeren und inneren Erlebnisse führen kann und auf welche Weise die vielfältigen Formen der Gewalt u.a. durch Erlebenspädagogik geheilt werden können.

Wolfgang Weirauch: Können Sie eine kurze Definition der Erlebnispädagogik geben?

Michael Birnthaler: Erlebnispädagogik ist der couragierte Versuch, der leistungsorientierten und intellektualistischen Pädagogik ein Pendant zu geben.

W.W.: Welches ganzheitliche Ziel setzt sich die Erlebnispädagogik?

M. Birnthaler: Seit einigen Jahrhunderten gehen die offizielle Pädagogik und die Erziehungswissenschaften davon aus, daß die optimale Ausstattung mit Wissen und Bildung und die Ausbildung von kognitiven Fertigkeiten die maximale Reichweite der Erziehung markieren würden. Die Erlebnispädagogik geht weiter und glaubt an reichhaltigere Potentiale im Menschen, an die tieferen Sehnsüchte, an die Macht seines Willens und an die Kraft seiner Emotionen und Visionen.

Erlebnispädagogik ist eine noch sehr junge Richtung

W.W.: Warum hört man in der allgemeinen Pädagogik relativ wenig von Erlebnispädagogik, und warum werden relativ wenige Elemente der Erlebnispädagogik in diese aufgenommen?

M. Birnthaler: Man darf nicht vergessen, daß die Erlebnispädagogik eine noch sehr junge Richtung ist, die eigentlich erst in den 8oer Jahren des letzten Jahrhunderts entwickelt worden ist. Trotzdem hat es die Erlebnispädagogik bis heute so weit gebracht, daß sie in fast allen pädagogischen Feldern salonfähig geworden ist. Merkwürdig ist allerdings, daß sie an den Schulen noch recht stiefmütterlich behandelt wird. Das liegt aber wahrscheinlich daran, daß die Erlebnispädagogik in der Wissenschaft noch nicht recht zufassen konnte, indem sie z.B. durch Professuren an den Lehrerbildungsstätten noch nicht richtig verankert ist. Aber hier sehe ich in der Wissenschaft einen großen Aufholbedarf und sogar eine gewisse Aufholrallye.

W.W.: Wie steht es hier mit der Waldorfpädagogik? Gehen Waldorfpädagogik und Erlebnispädagogik auch mehr oder weniger getrennte Wege?

M. Birnthaler: Ja, gerade in der Waldorfpädagogik ist es frappierend, da die Waldorfpädagogik in einer gewissen Parallelität zur Erlebnispädagogik läuft. Ohne es überzeichnen zu wollen, können die Waldorfschulen als Vorreiter der Grundgedanken der Erlebnispädagogik bezeichnet werden. Allerdings ist zwischen der großen Idee der Waldorfpädagogik, wie sie Rudolf Steiner gegeben hat, und der Waldorfschulrealität von 2010 eine Schere entstanden. Aufgrund von äußeren Anpassungszwängen mußten die Waldorfschulen leider im Laufe der Zeit ihr ursprünglich vorhandenes erlebnispädagogisches Konzept mehr und mehr ausdünnen. Ich habe viele Jahre auch in verantwortlichen Positionen an Waldorfschulen gearbeitet und bin heute zu der Erkenntnis gelangt, daß im Zeitalter des Pisa-Schocks die Waldorfschulen wieder eine führende Rolle im gesamten Bildungssystem übernehmen könnten, falls sie ihre im Kern angelegten erlebnispädagogischen Konzepte stärker hervorkehren und vertreten würden.

Zu naturalistische Erlebnispädagogik

W.W.: Ein kleiner Sprung in die Vergangenheit: Immer mal wieder bezeichnet man Rousseau und Thoreau als gewisse Vordenker der Erlebnispädagogik. Ist dies so richtig?

M. Birnthaler: Ich bin persönlich kein großer Anhänger der beiden pädagogischen Modelle der von Ihnen genannten Personen; ich muß auch mit Bedauern zur Kenntnis nehmen, daß viele meiner erlebnispädagogischen Kollegen auf den engen Zusammenhang zwischen Rousseau, Thoreau und der Erlebnispädagogik schwören. Aus meiner Sicht führen diese Bekenntnisse aber zu einer Untermauerung einer zu naturalistischen Erlebnispädagogik. Einer der drei offiziell in der Erlebnispädagogik diskutierten Wirkungsmodelle heißt ja bezeichnenderweise auch „The mountains speak for themselves". Hier wird also z.B. die Reflexion in der Erlebnispädagogik deutlich unterschätzt.

W.W.: Inwieweit muß man auch noch Baden-Powell und die Pfadfinder erwähnen?

M. Birnthaler: Im Umbruch des vorletzten Jahrhunderts entstanden sie wie aus dem Nichts heraus, die ganzen reformpädagogischen Strömungen, die zum Teil von der Jugendbewegung impulsiert wurden. Dazu gehörten auch die Pfadfinder, die Wandervögel, die Jungschar. Steiner hat sich ja einmal so geäußert, daß er den großen Entwurf der Anthroposophie genausogut in der Wandervogelbewegung hätte machen können. Konsequenterweise legte er dann großen Wert darauf, daß die Elemente der Jugendbewegung an der ursprünglichen Waldorfschule Platz finden sollten. So forderte er z.b. auch, daß an der ersten Waldorfschule in Stuttgart eine Jugendgruppe gegründet werden sollte. Diese Jugendgruppe wurde auch nach seinem Tod begründet, hieß damals die Blaue Schar, ist dann aber in der Zeit des Faschismus und des Zweiten Weltkrieges wieder eingegangen. 1985 sind diese Wurzeln wieder ausgegraben worden – unter der Bezeichnung Artaban – und wurden neu belebt. Heute existieren an etwa zehn Waldorfschulen in Deutschland und Österreich diese freien Jugendgruppen.

W.W.: Noch ein paar Worte zu Baden-Powell: Ihm war es ja wichtig, die Jugendlichen auf die eigenen Beine zu stellen, ihnen Verantwortung zu übergeben, ihnen etwas zuzutrauen. Wie entstand ein solches Konzept in der damaligen Zeit vor dem Ersten Weltkrieg?

M. Birnthaler: Die Jugendbewegungen sind offiziell 1898 entstanden – als Antwort auf die wilhelminische Ära des Spießbürgertums. Die Waldorflehrer haben das Ganze später etwas beargwöhnt, auch Steiner äußerte sich teils kritisch gegenüber den Pfadfindern, in dem Sinne, daß man sich des Klimbims in der Jugendbewegung entledigen müsse. Aber der Impuls der Blauen Schar geriet dann leider unter die Räder der Nazis.

© PD

Artaban-Freundschaftsrune

Kurt Hahn: Junge Menschen zum Guten führen

W.W.: Kurt Hahn wird auch oft als Vater der Erlebnispädagogik bezeichnet. Wer war er, welche Konzepte hatte er?

M. Birnthaler: Kurt Hahn ist einer der herausragendsten Gestalten in der Pädagogik des gesamten letzten Jahrhunderts. Bereits in jungen Jahren war er schon ein äußerst hochrangiger Politiker, der beispielsweise schon mit 33 Jahren maßgeblich am Versailler Friedensvertrag mitgearbeitet hatte. 1920 gründete er sein erstes Landerziehungsheim, die Schule Schloß Salem, die heute vermutlich die berühmteste Schule in ganz Deutschland ist. Hahn hat diese Schule bis 1934 persönlich geleitet. Als Jude mußte er dann Mitte der 30er Jahre vor den Nazis fliehen, emigrierte nach Schottland, gründete dort auch fleißig neue Schulen und hat dort auch die gesamte Outward-Bound-Bewegung begründet.

Nach dem Zweiten Weltkrieg kehrte er relativ früh zurück nach Deutschland, gründete auch dort die Outward-Bound-Bewegung und baute an verschiedenen Standorten in Deutschland die sogenannten Kurzschulen auf. In den 60er Jahren bekam er große Preise und Auszeichnungen und wurde von Golo Mann für den Friedensnobelpreis vorgeschlagen. Als Zeitgenosse, als Mensch und Politiker war er zeitlebens von einer Mission durchzogen, nämlich von der Überzeugung, daß man die jungen Menschen durch die richtigen und intensiven Erlebnisse zum Guten führen könne.

Was verwunderlich ist, aber auch wichtig, ist die Tatsache, daß er den Begriff Erlebnispädagogik nie selbst verwendet hat. Er hat sein Konzept eigentlich immer als Erlebnistherapie bezeichnet. Insofern ist Kurt Hahn nur mittelbar als Vater der Erlebnispädagogik zu bezeichnen.

W.W.: Sind sich Hahn und Steiner irgendwann einmal persönlich begegnet?

M. Birnthaler: Während des Ersten Weltkrieges war Kurt Hahn Sekretär und persönlicher Berater von Prinz Max von Baden, dem letzten deutschen Reichskanzler vor der Weimarer Republik (Oktober und November 1918). Rudolf Steiner hatte nachweislich auch Kontakt zu Max von Baden. Ob aber eine persönliche Bekanntschaft mit Hahn möglich wurde, habe ich in meinen Nachforschungen noch nicht bestätigen können. Es ist aber nicht auszuschließen. Interessant ist, daß beide wahrscheinlich am gleichen Tag eine Friedenspetition bei Max von Baden eingegeben haben.

Verfallserscheinungen und ihre Heilung

W.W.: Hahn sprach von sogenannten Verfallserscheinungen in seiner Zeit – was meinte er damit?

M. Birnthaler: Er formuliert hier ähnlich wie Rudolf Steiner, der verschiedene Kulturerscheinungen als Routine, Phrase und Konvention bezeichnet hatte. Ähnlich hat Hahn die Gegenwart markiert, indem er zunächst eine Bewegungsarmut diagnostizierte, er sprach sogar analog zur Unterernährung von Unterbewegung; zweitens diagnostizierte er den Verfall der Initiativkraft, also die schwindende Ausdauer, die Abnahme der Durchhaltefähigkeit und Widerstandskraft; und drittens diagnostizierte er den Verfall der Sorgsamkeit, womit er vor allem die Abnahme der seelischen Sensibilität meinte. Ferner beklagte er noch den Verfall der menschlichen Anteilnahme.

W.W.: Was würde der arme Kerl heute sagen!

M. Birnthaler: Das mag man sich kaum vorstellen.

W.W.: Wie wollte Hahn mit seinen Konzepten diesen Verfallserscheinungen mit seiner Erlebnistherapie begegnen? Welche heilenden Wirkungen wollte er mit seinen Konzepten entgegensetzen, vor allem unter dem starken Eindruck des Ersten Weltkriegs?

M. Birnthaler: Es ist verblüffend, daß Kurt Hahn mit einer ähnlichen Brille die Verfallserscheinungen diagnostizierte, wie es auch Rudolf Steiner getan hat. Man kann seine Darstellung der vier verschiedenen Verfallserscheinungen mit den vier Wesensgliedern in Beziehung setzen: den Verfall der körperlichen Tauglichkeit, den Verfall des Lebensleibes, des seelischen Leibes und des Ichs. Dem Verfall der körperlichen Tauglichkeit stellte er im Kontext seiner Erlebnistherapie eine intensive Bewegungsschulung gegenüber; der Anteil von Sport war an allen Hahnschen Schulen sehr hoch, es gab keinen Tag, an dem nicht in irgendeiner Weise Sport betrieben wurde.

Dem Verfall der Initiativkraft stellte er sein Konzept der Expedition gegenüber. Das waren damals vierwöchige Kurzschulen, und innerhalb dieser vierwöchigen Kurzschulen fanden Trekkingtouren statt, die z.B. eine oder zwei Wochen dauerten. Man wurde dann z.B. durch unwegsame Landschaften geführt, und diese Trekkingtouren forderten von den jungen Menschen viel ab. Ziel war, daß die Widerstandskraft, die Frustrationstoleranz und die Willensstärke gesteigert wurden.

Dann kommt der dritte Verfall, der Verfall der Sorgsamkeit, der seelischen Empfindsamkeit; dem stellte er das sogenannte Projekt gegenüber. Projekt ist natürlich ein schwammiger Begriff; aber in seinem Terminus handelte es sich dabei z.b. um gemeinschaftliche Bauprojekte, dem gemeinsamen Bau von Booten, mit denen man dann später eine gemeinsame Bootsfahrt durchführen konnte. Ihm ging es dabei vor allem um die Sensibilisierung von sozialen und kreativen Möglichkeiten.

Die Krönung seiner Erziehungsphilosophie bezeichnete er mit seinen markigen Worten als das Gegengift gegen den Verfall der menschlichen Anteilnahme. Er setzte dabei auf das heute sehr vernachlässigte Element des Sozialen Dienstes. Er wurde nie müde herauszufinden, wie den jungen Menschen die Hilfsbereitschaft oder auch die Nächstenliebe einzupflanzen ist. Das versuchte er vor allem durch vielfältige humanitäre Projekte; die führte er dann z.b. im Sinne von Albert Schweitzer in Afrika durch, oder auch durch Mitarbeit der Schüler beim Roten Kreuz, bei Rettungsdiensten, bei der Feuerwehr, beim Technischen Hilfswerk usw. Das ist heute noch in den Hahnschen Schulen gängiger Usus. Davon könnten sich andere Schulen eine Scheibe abschneiden.

Moderne Gewaltprävention

W.W.: War er davon überzeugt, daß seine Konzepte gewaltpräventiv wirken würden?

M. Birnthaler: Davon war er felsenfest überzeugt. Im Grunde kann man die gesamte Hahnsche Erlebnistherapie als einen großen Entwurf für eine moderne Gewaltprävention bezeichnen. Viele seiner Ideen werden heute wie eine Art Steinbruch benutzt, auch wenn das nicht bekanntgemacht wird. Es gibt ja auch viele aktuelle Studien, z.b. die Studie von Brettschneider aus dem Jahre 2001, die klar belegen, daß Schulen, in denen der Anteil von Sportunterricht erhöht worden ist – z.b. an drei Tagen in der Woche Sportunterricht –, im Vergleich zu anderen Schulen in bezug auf den Umfang der Gewalttaten deutlich besser abschnitten.

W.W.: Wie deuten Sie das?

M. Birnthaler: Sportunterricht hat die Eigenschaft, daß er die Persönlichkeit des jungen Menschen moduliert und die Frustrationstoleranz junger Menschen erhöhen kann, und die niedrige Frustrationstoleranz vieler Jugendlichen führt eben heute häufig zu Gewalttaten. Die Hahnschen Theorien der Erlebnistherapie sind ja unbemerkt auch in die erfolgreichsten Modelle der Gewaltprävention eingeflossen, die über die Glen-Mills-Schulen von Professor Jens Weidner nach Deutschland und vor allem in der konfrontativen Pädagogik zum Ausdruck gekommen sind.

W.W.: Wie verstand Hahn die Natur, welche Wirkung maß er der Natur zu, und welche pädagogische und heilende Wirkung ging für ihn durch die Natur und durch die Begegnung mit der Natur für die Schüler aus?

M. Birnthaler: Hahn hat sich nicht so sehr mit pädagogischen Gedanken befaßt. Diese Diskussionen haben erst kurz nach seinem Tod in die Pädagogik Einzug gehalten. Insofern ist dies eine ziemliche Grauzone bei der Interpretation. Ich vermute, daß er der Natur eine ziemlich heilende Wirkung zuschrieb.

W.W.: Spielt Hahns Erlebnistherapie in der heutigen Erlebnispädagogik noch eine Rolle?

M. Birnthaler: Er wird gerne als ihr geistiger Gewährsmann angesehen, er wird als ihr Spiritus rector zitiert. Von den echten Ideen Kurt Hahns, z.B. von den vier Elementen der Erlebnistherapie, ist in der modernen Erlebnispädagogik kaum mehr etwas zu finden. Da spielt ein großer kommerzieller Anpassungsdruck in der Erlebnispädagogik eine entscheidende Rolle. Auch Outward Bound Deutschland, das Flaggschiff der Hahnschen Erlebnistherapie in Deutschland, mußte zu meinem großen Bedauern vor zwei Jahren tragischerweise Konkurs anmelden. Das mag auch damit zusammenhängen, daß man sich von den Ideen Kurt Hahns gesellschaftlich weitgehend distanziert hat.

W.W.: Welche Parallelen zwischen der Hahnschen Erlebnistherapie und der Waldorfpädagogik gibt es?

M. Birnthaler: Erstaunlich viele. Beide hatten bei ihrer Entstehung ein sehr distanziertes Verhältnis zu ihrem pädagogischen Umfeld, zur Reformpädagogik. Hahn bezeichnete seine Kollegen mit Vorliebe als Schmeichelpädagogen, Steiner bezeichnete die Vertreter der

Landerziehungsheime gerne als weltfremde Pädagogen aus dem Wolkenkuckucksheim. Beide Pädagogen speisten ihre Ideen zunächst aus humanistisch-spirituellen Quellen, beide sind angetreten, um den Schrecken des Ersten Weltkrieges eine neue Pädagogik entgegenzusetzen. Das Schicksal wollte es, daß fast zeitgleich die beiden erfolgreichsten Alternativpädagogiken gegründet wurden – die Waldorfpädagogik in Stuttgart und die Erlebnistherapie von Kurt Hahn in Salem, in einem Zisterzienser-Kloster am Bodensee. Der Erfolg beider Pädagogiksysteme ist wahrscheinlich dadurch zu erklären, daß von keinem anderen Pädagogiksystem die Ganzheitlichkeit mit so großer Konsequenz in den erzieherischen Alltag eingebettet worden ist. Das wird auch heute noch in Salem mit einem großen Respekt vor den Hahnschen Traditionen gelebt.

Die Erlebnisfähigkeit des Menschen retten

W.W.: Können Sie Erlebnispädagogik noch etwas genauer definieren?

M. Birnthaler: Erlebnispädagogik will die Erlebnisfähigkeit des Menschen schützen, pathetisch ausgedrückt: vielleicht auch retten. Ein Blick in das Gesicht der modernen Gegenwart verrät, daß der Kampf um die Erlebnisfähigkeit des Menschen für die weitere kulturelle Entwicklung der Menschheit entscheidend geworden ist. Die not-wendigen Ziele der Erlebnispädagogik sind deshalb, die Entfremdungsprozesse des Menschen zu bekämpfen: die Entfremdung des Menschen von seiner natürlichen Umwelt, seiner sozialen Mitwelt und seiner spirituellen Innenwelt. Ich sehe die großen Aufgaben der Erlebnispädagogik darin, erzieherische Mittel zu finden, durch welche die Erlebnisfähigkeit, die seelische Empfindungsfähigkeit, die Empathie, die psychische Geschmeidigkeit, der emotionale Reichtum in der jungen Generation gefördert werden kann. Erlebnispädagogik versucht also vor allem durch abenteuerliche Erlebnisse die psychische Elastizität der Kinder und Jugendlichen zu fördern und aufzubauen.

Dann würde ich zwischen einer primären Erlebnispädagogik unterscheiden, bei der die eher klassischen Methoden der Erlebnispädagogik zum Einsatz kommen, also vor allem die natursportlichen Einsatzfelder mit allem, was mit dem Berg und dem Wasser zu tun hat: Klettern, Bergsteigen, Höhlenbefahrung, Kanufahren und Se-

Soren Harward

LandArt: Spiral Jetty bei Rozel Point (Utah, USA)

geln, und den sekundären Bereichen der Erlebnispädagogik, bei denen die Grenzerlebnisse weniger im Vordergrund stehen; dazu gehören beispielsweise Fechten, Zirkus, Bogenschießen, Abenteuerspiele, Reiten, Mountainbike und Vision Quest (Visionssuche). In unserem Definitionsversuch gibt es auch noch die tertiäre Erlebnispädagogik; darunter fallen sämtliche kreativen und gestalterischen Methoden. Man darf sie aber nicht geringschätzen, denn sie haben einen großen Anteil innerhalb der erlebnispädagogischen Konzepte, sie sind wie eine Art Ferment der erlebnispädagogischen Aktivitäten. Dazu gehören schauspielerische und künstlerische Elemente oder andere künstlerische Großprojekte wie das LandArt.

Erzieherische Methoden der Nazis

W.W.: Vordergründig verbindet man manchmal Elemente der Erlebnispädagogik mit erzieherischen Methoden der Nazis, obwohl es hier sicherlich kaum einen Zusammenhang gibt. Können Sie trotzdem sagen, inwiefern der Faschismus, vor allem auch in der Zeit nach 1945, schattenwurfartig auf die Erlebnispädagogik wirkte, weil man einfach Elemente der Erlebnispädagogik mit den Erziehungsmethoden der Nazis gleichsetzte?

M. Birnthaler: Die Nazis haben sich auf eine sehr krude Weise der Methodik der Erlebnispädagogik bedient. Der Reichsjugendführer Baldur von Schirach hatte die eigenartige Gabe, die Jugend durch das Zelebrieren von gewaltigen Erlebnissen in eine Art kollektiven Taumel zu versetzen und sukzessiv auf die Ziele der Nazis einzuschwören.

Nach 1945 wurden alle pädagogischen Konzepte verdrängt, in denen Erlebnisse eine Rolle spielten; mit ihnen wurde eine Art Kahlschlag vorgenommen. Darunter fielen auch viele wertvolle Ansätze der Reformpädagogik, die man in der Nachkriegsära in die Nähe der Nazis rückte, die geächtet und verurteilt wurden und die schließlich vergessen und begraben worden sind. Am meisten getroffen hat es leider die hoffnungsvollen Jugendbewegungen wie z.B. die Wandervögel und die Jungschar.

Spiritualität fließt wieder in die Pädagogik

W.W.: Wie haben sich die Elemente der Erlebnispädagogik nach dem Zweiten Weltkrieg bis heute fortentwickelt?

M. Birnthaler: Abgesehen von der Waldorfpädagogik, die nach dem Zweiten Weltkrieg wieder Fuß fassen konnte und die auch die Pädagogik des Erlebens praktiziert, waren es bis in die 70er Jahre

© EOS

EOS

Erlebnispädagogische Segeltörns

ausschließlich die Einrichtungen von Kurt Hahn, welche den Mut hatten, weiterhin zum Erlebnis zu stehen. Erst in den 8oer Jahren, nach Kurt Hahns Tod, konnte das Erlebnisprinzip wiederum in der Pädagogik auftauchen. Zunächst waren dies Praktiker, vor allem auch in der Sozialpädagogik, in der Arbeit mit schwererziehbaren und unbeschulbaren Jugendlichen, in der Arbeit mit jungen Menschen, die von der Gesellschaft und dem gesamten Schulsystem ausgemustert und fallengelassen worden sind. Sie wurden z.B. auf erlebnispädagogische Segeltörns mitgenommen, segelten monatelang auf Segelschiffen über den Atlantik. Am Anfang wurden sie von den Politikern ausgelacht oder auch von den Erziehungswissenschaftlern beschimpft.

Nach dieser Ära durch die Praktiker wurde die Erlebnispädagogik mehr und mehr von den Hochschulen und den Erziehungswissenschaften angenommen, und heute quellen die Bibliotheken mit Büchern über die Erlebnispädagogik über. Aktuell ist als ziemlich erstaunliches Phänomen zu beobachten, daß über die Erlebnispädagogik wiederum die Spiritualität in die Pädagogik Einlaß findet. Das sind dann Themen wie Grenzerfahrungen, Sinnfragen oder die Flowtheorie von Mihaly Csikszentmihalyi, einem Ungar, der die Frage nach neuen Bewußtseinszuständen aufwarf und versuchte, diese in eine knappe Formel zu packen: Flow, die Formel des Glücks. Diese Themen werden momentan diskutiert, und ich spüre, daß hier auf eine neue Weise Spiritualität in die Pädagogik hineinkommt, also auch in die konventionelle Pädagogik.

Auch viele Konzerne schätzen die Erlebnispädagogik mehr und mehr für ihre Teamentwicklung. Seitdem sich herumgesprochen hat, daß die wirtschaftliche Rentabilität von Firmen viel mehr vom sozialen Klima im Betrieb abhängt, sind plötzlich die Experten für Teambildung gefragte Zeitgenossen. Auch bei uns fragen immer mehr Organisationen an und führen Teamtrainings auf Anfrage durch; und diese Anfragen kommen keineswegs nur von alternativen Unternehmen wie Weleda, sondern auch aus Bereichen des Topmanagements von europäischen Konzernen, die wir auch beraten und in die wir wie mit einem Trojanischen Pferd auch Werte implementieren können. Das ist ein Ball, der momentan den Erlebnispädagogen zugespielt wird.

Erlebnis als aktiver emotionaler Prozeß

W.W.: Welche zentrale Rolle spielt das Erlebnis in der Erlebnispädagogik; bzw. wie wird das Erlebnis durch Sie definiert?

M. Birnthaler: Die gediegensten Beschreibungen von psychologischen Vorgängen, die man mit Erlebnis bezeichnet, stammen naturgemäß von den Vertretern der Lebensphilosophie. Am gründlichsten hat sich hiermit Wilhelm Dilthey, der auch der Begründer der geisteswissenschaftlichen Pädagogik ist, auseinandergesetzt. Entscheidend ist im Erlebnisverständnis, daß das Erlebnis den gesamten seelischen Raum des Menschen, bis in alle seine innersten Winkel, durchspült und durchläuft. Zum anderen ist mir wesentlich, daß das Erlebnis kein passiver seelischer Eindruck ist und sein darf, sondern ein aktiver. Das Erlebnis muß ein alle psychischen Bereiche umfassender emotionaler Prozeß sein.

Die Gefahr heute ist allerdings, daß Erlebnisse lediglich als Berieselung genommen werden, Erlebnisse lediglich seelische Schaumbäder sind. Die Kunst der Erlebnispädagogik ist es deshalb, nicht weiter in die Kerbe des Wir-amüsieren-uns-zu-Tode zu schlagen, sondern umgekehrt die Erlebnisfähigkeit zu sensibilisieren.

Die Natur erleben, wie sie ist

W.W.: Erlebnisse sind ja ziemlich subjektive Gefühle, jeder Mensch hat andere Wahrnehmungen und andere Reaktionen in seiner Seele. Führt dies nicht zu einer gewissen Beliebigkeit?

M. Birnthaler: Jein. In unserem EOS-Institut sind wir gerade dabei, Erlebnisfelder der einzelnen Naturräume gründlicher zu erforschen. Wie wirkt ein Erlebnis speziell in einer Höhle? Was ist das Spezifische am Berg, am Meer, und wie wirkt dies auf den Menschen? Wie wirkt ein Fluß auf den Menschen? Wir gehen davon aus, daß ein sensibler Mensch in einer Höhle ganz bestimmte und spezifische Erlebnisqualitäten empfinden wird.

Die Beliebigkeit im Erlebnis, die auch gerne als Gegenargument gegen die Erlebnispädagogik verwendet wird, ist eigentlich ein Indiz dafür, daß die Erlebnisfähigkeit in unserer Zeit deutlich zurückgegangen ist. Wenn die Menschen in ihrer Erlebnisfähigkeit abgestumpft sind, entsteht nämlich genau diese Beliebigkeit beim Erlebnis. Der eine empfindet dies, der nächste empfindet etwas anderes usw. Und oft sind die Empfindungen in beiden Fällen vollkommen entgegengesetzter Art.

Steiner hatte damals schon von den Menschen gefordert, ihre Erlebnisfähigkeit zu verfeinern. Wenig bekannt geworden ist leider, daß er neben der Waldorfschule auch noch eine zweite Schule gegründet hat, nämlich die Friedwart-Schule, eine Schule für junge Menschen im Alter von etwa 16 bis 18 Jahren, die bereits von anderen Schulen abgegangen waren und für den Arbeitsmarkt zur Verfügung standen. Hier hat er einen speziellen Lehrplan entwickelt, und der fokussierte vor allem auf der Schulung der Erlebnisfähigkeit. Die Schüler sollten so weit in ihrem Erleben sensibilisiert werden, daß sie z.B. die differenziert andere Qualität im Erleben des Sonnenuntergangs und im Erleben des Sonnenaufgangs wahrnehmen konnten. Das war übrigens für uns auch ein Motiv, unser Institut EOS, nach der griechischen Göttin der Morgenröte, zu benennen.

W.W.: Wie kann man denn ein Erlebnis einigermaßen sicher planen, so daß man einigermaßen zielsicher ein Erlebnis hervorrufen kann?

M. Birnthaler: Erlebnisse sind weniger planbar als Lernprozesse, bei denen es um Wissensvermittlung geht. Aber auch die pädagogische Zubereitung von Erlebnissen ist prinzipiell planbar und auch lernbar, auch wenn manche das abstreiten wollen. Wer hundertmal ein Ferienlager mit Kindern oder ein bestimmtes Erlebnisprojekt mit Kindern und Jugendlichen in der Natur durchgeführt hat, der hat ein evidentes Grundgefühl, wie sich Stimmungen und Atmosphären unter den Kindern und Jugendlichen steuern lassen. Ich könnte genau beschreiben, wie Erlebnisse erstaunlich genau austariert werden, daß es hier kompositionelle Strukturen und Rhythmen, Schwingungen gibt, daß die gesamte Dramaturgie einer erlebnispädagogischen Fahrt beherrschbar ist. Aber man braucht in der Tat eine gehörige Portion Erfahrung und eine spezielle pädagogische Kunstfertigkeit dazu.

W.W.: Wenn man annehmen will, daß in der Natur eine spezifische Geistigkeit ist, im Berg diese, auf dem See jene, dann muß es ja auch möglich sein – wenn man sich öffnet –, daß man diese Geistigkeit einigermaßen so wahrnimmt, wie sie ist, wie sie gestikuliert, wie sie sich zeigt. Zumindest wäre das ein Ziel.

M. Birnthaler: Genau, das *ist* auch unser Ziel. Und wir haben dies auch möglichst genau versucht. Wir haben z.B. aufgegliedert, daß wir,

© EOS

EOS

Kooperative Abenteueraufgabe

wenn wir am ersten Tag ein bestimmtes Erlebnis hineinbringen, am dritten Tag mit einem Lagerkoller rechnen müssen. Oder wir müssen damit rechnen, daß am letzten Abend die Sau rausgelassen wird. Da sind dann Erlebnisse wie ein Lagerfeuer, eine Nachtwanderung oder eine Bergtour willkommene natürliche Hilfe, die gezielt eingesetzt werden können gegen eine Kollerstimmung oder eine aggressive Atmosphäre. Wer hätte nicht schon erfahren, daß ein Abend an einem Lagerfeuer eine Gruppe junger Menschen besser zentrieren kann als viele andere mühsame pädagogische Handstände.

Auf der Suche nach dem letzten Einhorn

W.W.: Können Sie ein Beispiel nennen, wie man ein bestimmtes Erlebnis gewinnbringend in den Alltag hinübertragen kann? Geben Sie hier den Jugendlichen bestimmte Tips mit? Wie können die Jugendlichen das, was sie auf ihren Lagern erleben, im Alltag gewinnbringend verwenden?

M. Birnthaler: Die Umsetzung von Erfahrung in Wissen ist in erster Linie vom Alter der Teilnehmer abhängig. Wenn wir mit Studenten oder Managern arbeiten, wenden wir natürlich ganz spezielle Evaluationsmethoden an, wir benutzen bestimmte Reflexionsinstrumente und sichern den Transfer durch Follow-Ups in den

Alltag. Wenn wir mit Kindern oder mit Jugendlichen arbeiten, ist dies vollkommen anders; hier spielen auch die Erkenntnisse von Entwicklungspädagogen, wie z.B. Piaget, eine Rolle, die von prälogischen und prärationalen Prozessen ausgehen. Deswegen haben wir versucht, altersgerechte Methoden der Erlebnisverarbeitung zu entwickeln, z.B. verschiedene symbolische oder metaphorische Methoden.

Daneben achten wir vor allem darauf, daß bei den Kindern nach einem Abenteuer der Raum für den seelischen Nachklang geschaffen wird. Wenn z.B. ein Betreuer von uns sich mit den Kindern in den geheimnisvollen Wald vorgepirscht hat, auf der Suche nach dem letzten Einhorn und in einen packenden Kampf gegen den roten Stier verwickelt wird, dann ist entscheidend, daß es den Betreuern gelingt, die Kinder nach dem Erleben, nach dem Abenteuer in das Gefühl des Staunens oder der Ehrfurcht zu führen. Diese Gefühle des Staunens und der Ehrfurcht sind der seelische Humusboden, auf dem dann später der Wissensdurst und das echte Interesse für die Welt entstehen.

W.W.: Wenn man nicht den ganzen Tag vor dem PC sitzt, hat man auch im Alltag verschiedenste Erlebnisse. Wie kann man diese Erlebnisse bei Ihnen, in der Erlebenspädagogik, in der Erlebnistherapie so kanalisieren, daß sie zu außergewöhnlichen und nicht alltäglichen Erlebnisse werden?

M. Birnthaler: Hier kann ich etwas schildern, was sich zunächst vielleicht grotesk anhört: Je feiner die Erlebnisse in den Alltag hineinragen können, desto mehr bedarf es etwas Ergänzendem zur Erlebnispädagogik. Hier möchte ich die Gewohnheitspädagogik ins Spiel bringen. Je mehr es in der regulären Pädagogik gelingt, das Leben von Kindern rhythmisch anzulegen und Gewohnheiten auszubilden, desto stärker können auf diesem Boden dann die kleineren und feineren, leisen Erlebnisse zu etwas Besonderem werden. Im Grunde ist die Pädagogik dazu aufgerufen, die Langeweile zu domestizieren. Die Erlebnispädagogik braucht also eine Zwillingsschwester, mit der sie Hand in Hand geht, und das ist die Gewohnheitspädagogik.

Erlebnis-Overkill

W.W.: Wenn man als Laie mit der Erlebnispädagogik konfrontiert wird, hat man den Eindruck, daß es hier vielfach und schwerpunktmäßig um körperliche Aktivitäten geht, daß Wissensvermittlung überhaupt nicht dabei ist, daß man sich lediglich fit machen, die Natur ausnutzen will, daß man einen besonderen Kick haben möchte, vielleicht sogar Männlichkeitswahn und Militarismus oder Narzißmus ausleben möchte. Sind dies entscheidende Elemente in weiten Kreisen der Erlebnispädagogik, oder täuscht das?

M. Birnthaler: Man darf die Erlebnispädagogik beileibe nicht überschätzen; sie maßt sich aber auch nicht an, ein vollwertiger Ersatz für die gesamte Schule zu sein. Aber sie tritt an, eine vollblütige Ergänzung der Schule zu sein, vor allem zur oft blutleeren Schulpädagogik. Hartmut von Hentig, einer der einflußreichsten Pädagogen der letzten Jahrzehnte, hat gerade in seinem vermächtnishaften Werk „Bewährung statt Belehrung" ein radikales Umdenken im gesamten deutschen Erziehungswesen gefordert; so forderte er z.b., daß die Abgänger aller Schulen in eine Art Pflicht-Freiwilligendienst geführt werden sollten. Eine andere Forderung von ihm ist die sogenannte Entschulung in den Jahrgangsklassen sieben bis neun und der Ersatz von typischem schulischem Unterricht durch erlebnispädagogische Projekte. Damit hat er sich wie kaum ein anderer Pädagoge für die Erlebnispädagogik an unseren Schulen aus dem Fenster gelehnt.

Dem anderen kann ich in der Tendenz getrost zustimmen. Als Teilnehmer unserer heutigen Erlebnisgesellschaft leiden wir alle mehr oder weniger an dem sogenannten Erlebnis-Overkill, den Neil Postman schon in seinem Buch „Wir amüsieren uns zu Tode" angekreidet hat. Vor diesem Hintergrund kann es auf keinen Fall Aufgabe der Erlebnispädagogik sein, das Erlebnis-Wettrüsten weiter anzuheizen. Vielmehr wäre es eine vornehme Aufgabe, als Fachmann für die Kunst des Erlebens mitzuhelfen, daß auf dem Erlebnismarkt die Spreu vom Weizen getrennt wird.

W.W.: Wie steht es damit, daß im Bereich der Erlebnispädagogik kaum politische Aussagen vorkommen, kein Bemühen um die Probleme der Welt?

M. Birnthaler: Ursprünglich war die Erlebnispädagogik unter Kurt Hahn sehr stark politisch motiviert, als Gegenkraft zu einer Pädagogik, die durch die Überbetonung des Kopfes zur seelischen Verarmung geführt hat. Die heutige Erlebnispädagogik samt ihren Organisationen hat in der Realität viel zu sehr mit dem Bestehen auf dem Markt zu kämpfen; von daher ist sehr wenig Spielraum für großangelegtes politisches Engagement. Aber viele Erlebnispädagogen hegen große Sympathien mit der Friedensbewegung, der Ökologiebewegung, der spirituellen Szene. Und viele von ihnen haben ihren Fokus von der äußeren auf die innere Revolution verlegt, auf Persönlichkeitsschulung, Gewaltprävention, Teamentwicklung.

W.W.: Entwickelt man in der Erlebnispädagogik überhaupt ein wirkliches Verständnis für die Natur, oder nutzt man sie nur egoistisch aus, um sich selbst in ihr zu beweisen? Gibt es hier sinnvolle und spirituelle Ansätze wie z.B. bei Ihnen im EOS-Institut?

M. Birnthaler: Hier kristallisieren sich immer mehr Spielarten heraus. Einige Vertreter der Erlebnispädagogik nutzen die Natur in der Tat als erweitertes billiges Sportgerät aus, sie instrumentalisieren die Natur zu einer besseren Kulisse. Andere neigen zum Gegenteil, mystifizieren die Natur, idealisieren die Natur in übertriebener Weise. Hier fühlen wir uns aufgerufen, einen dritten Weg zu gehen, auf dem der Mensch und die Natur in ein partnerschaftliches Verhältnis gebracht werden. Aber das ist noch Zukunftsmusik.

Schulung der Erlebnisfähigkeit

W.W.: Sie formulieren statt Erlebnispädagogik Erlebenspädagogik; was ist der Unterschied?

M. Birnthaler: Auf einen kurzen Nenner gebracht ist Erlebenspädagogik die Synthese von Waldorfpädagogik und Erlebnispädagogik. Bei der Erlebenspädagogik geht es primär um die Schulung des Erlebens, also die Schulung der Erlebnisfähigkeit. In der Erlebnispädagogik liegt dagegen der Schwerpunkt mehr auf dem Erlebnis an und für sich. Vielleicht kann man das mehr mit dem Satz von Erich Fromm, „Haben und Sein", umschreiben. Bei der Erlebnispädagogik geht es um das Haben von Erlebnissen, bei der Erlebenspädagogik um das Sein, das Aufgehen und Wachsen im Erleben. Um der Erlebnispädagogik nicht unrecht zu tun, möchte ich die eher habenorientierte Erlebnispädagogik lieber als Abenteuerpädagogik apostrophieren, im krassen Fall sogar als Action-Pädagogik.

W.W.: Wie erreichen Sie es, daß die Sinne der Kinder und Jugendlichen nicht durch Erlebnisse bombardiert werden, sondern sensibilisiert werden, und daß die Kinder und Jugendlichen sich für die Natur öffnen?

M. Birnthaler: Das geschieht allein schon durch die Auswahl der Inhalte.

Leider gibt es immer wieder Anläufe, um kommerzielle Trends aus dem Extremsport und dem Abenteuerbereich in die Erlebnispädagogik mit einzufüttern. Manche reiten da auf einer Welle mit, nutzen den Boom und kleben dann auf einiges, was aus dem Extremsport trendig kommt, das Etikett Erlebnispädagogik, um das Ganze aufzuwerten. Ein Beispiel ist Jochen Schweizer, der das Bungeespringen vor Jahrzehnten nach Europa gebracht hat und alle denkbaren billigen Spaßevents verkauft. Hier schwappt uns wirklich eine große Welle von dieser Seite in die Erlebnispädagogik hinein, wo die Erlebnispädagogen aufgerufen sind, auf den guten Leumund ihres Metiers zu achten.

Weltweites Engagement

W.W.: Wie integrieren Sie in die Erlebenspädagogik Bereiche, damit der Jugendidealismus und das soziale Engagement gefördert werden und die Jugendlichen sich nicht im reinen Lustprinzip veräußerlichen?

M. Birnthaler: Das stellt für uns eine große Herausforderung dar, und wir haben dafür auch noch längst keine befriedigende Lösung gefunden. Im Sinne von Kurt Hahn und seinem Dienst am Nächsten haben wir vor einiger Zeit vereinzelt Hilfsprojekte durchgeführt, z.B. vor längerer Zeit einer Waldorfschule bei Montségur bei einem Bauprojekt geholfen; vor einigen Jahren haben wir auf Island mitgeholfen, einen Kunstpark aufzubauen. In diesem Sommer haben wir ein Jugendprojekt in Finnland begonnen, durch das ein großer Internationaler Jugendtreff aufgebaut werden soll. Von uns ausgebildete Erlebnispädagogen haben auch im Gazastreifen mitgeholfen, ebenfalls nach der Katastrophe auf Haiti. EOS-Chile hat gleich nach dem schweren Erdbeben in Chile einen erlebnispädagogischen Beitrag geleistet.

Hier waren wir überall tätig; aber es läuft an der Peripherie, vor allem bei unseren Stützpunkten in der Welt. Bedauerlicherweise ist es aber nur ein Tropfen auf dem heißen Stein. Aber bei den Jugendlichen, die in den Genuß gekommen sind, bei diesen Einsätzen dabei zu sein, ist ganz deutlich nach diesen Einsätzen ein großer Reifungsschub feststellbar gewesen.

W.W.: Wie erreichen Sie es, daß Frauen genauso angesprochen werden wie Männer?

M. Birnthaler: Oft ist die Erlebnispädagogik in der Tat eine Männerdomäne. Wir achten deshalb darauf, daß der künstlerische Anteil – Schauspiel, Musik, Tanz und die gesamtkünstlerische Gestaltung von erlebnispädagogischen Projekten – stark verankert ist. Wir legen auch einen großen Wert auf Soft-Skills, also auf soziale und personale Kompetenzen; viel mehr als auf die Vermittlung von Hard-Skills, dem bloßen Beherrschen von Techniken, von Fertigkeiten

© EOS   EOS
Vertrauensübung

wie Klettern, Bootfahren, Segeln usw. Der Frauenanteil an unseren Kursen ist mittlerweile sogar deutlich höher als der Männeranteil.

W.W.: Vermitteln Sie in Freiburg auch politisches Engagement, Ökologiebewußtsein, Wahrnehmen für das Charakteristische der Landschaft, oder machen Sie das nur in den eben von Ihnen genannten Projekten?

M. Birnthaler: Hier heißt unsere Devise Entschleunigung von Lern- und Erlebnisprozessen. Wenn wir z.B. ein ganzes Wochenende mit Teilnehmern in Booten unterwegs sind, geht es uns überhaupt nicht um die Suche nach irgendwelchen Erlebnissen, ganz im Gegenteil, denn wir versuchen vielmehr das Verweilen zu kultivieren, das Innehalten, sogar die Langeweile. Wir verfolgen sogar mit einem gewissen sympathischen Interesse die neue Slobby-Bewegung; die Menschen, die sich unter die Lebensmaxime „Slower but better" versammelt haben.

Und nach solchen Wochenenden gibt es vielleicht den einen oder anderen, der dann sagt, daß man den ganz besonderen Kick nicht erlebt habe, aber dafür konnten diese Teilnehmer um so mehr die Schönheit der vorüberziehenden Natur von ihren Booten beschauen und diese in sich einsaugen. Dahinter verbirgt sich unsere Hoffnung, daß diese Teilnehmer emotional so berührt werden, daß sie sich später aufgerufen fühlen, sich vielleicht auch politisch und ökologisch für die Erhaltung der Landschaft und Natur einzusetzen. Denn man hat durch die intensivierte Erfahrung den affektiven Bezug als Boden dazu entwickelt.

Ich-Erfahrungen bei Grenzerlebnissen

W.W.: Zwar liegt in jedem Menschen ein spiritueller Kern, aber bei den meisten ist er verschüttet. In den letzten Jahren treffe ich allerdings immer mehr Menschen, die spirituelle Erfahrungen und Erlebnisse haben und auch Grenzerlebnisse suchen. Liegt die Erlebnissuche vieler vorwiegend an der erlebten Sinnlosigkeit der Gesellschaft, einer zu leistungsorientierten Schulbildung und der Verwahrlosung im Elternhaus, oder gibt es darüber hinaus ganz allgemeine Veränderungen im Wesensgefüge der Menschen?

M. Birnthaler: Ich teile Ihre Erfahrungen absolut, ich erlebe die Zunahme von Menschen mit spirituellen Erlebnissen genauso. Den Hauptgrund für die teils besorgniserregend einseitige Erlebnissuche der heutigen Jugend sehe ich in erster Linie in der starken Intellektualisierung und Reduzierung des schulischen Alltags auf kognitive Fähigkeiten begründet. Wer den halben Tag in denkfabrikartigen Lehranstalten verbringt, dem ist nicht zu verübeln, daß er sich in der zweiten Hälfte die volle Erlebnisdröhnung gibt. Erschwerend kommt hinzu, daß die meisten Schulen für die Schüler Spielwiesen und Käseglocken sind, in denen es im Grunde um nichts Wesentliches geht. Vieles erschöpft sich im Reproduzieren von Unterrichtsstoff aus verstaubten Büchern und Lehrer-Mitschrieben, und jeglicher Idealismus und gesunde Ehrgeiz wird im Ergattern von passablen Zensuren aufgebraucht.

Junge Menschen suchen heute aber mehr, sie wollen ernstgenommen werden, sie wollen auch Verantwortung tragen, sie wollen sich in abenteuerlichen Situationen und Herausforderungen bewähren. Seit einiger Zeit ist auch neu hinzugekommen, daß sie sich bei Grenzerlebnissen und in Schwellenerlebnissen neu definieren wollen.

W.W.: Ist das aus Ihrem Erlebnis heraus auch die Suche nach einer geistigen Welt, nach einer Ich-Erfahrung?

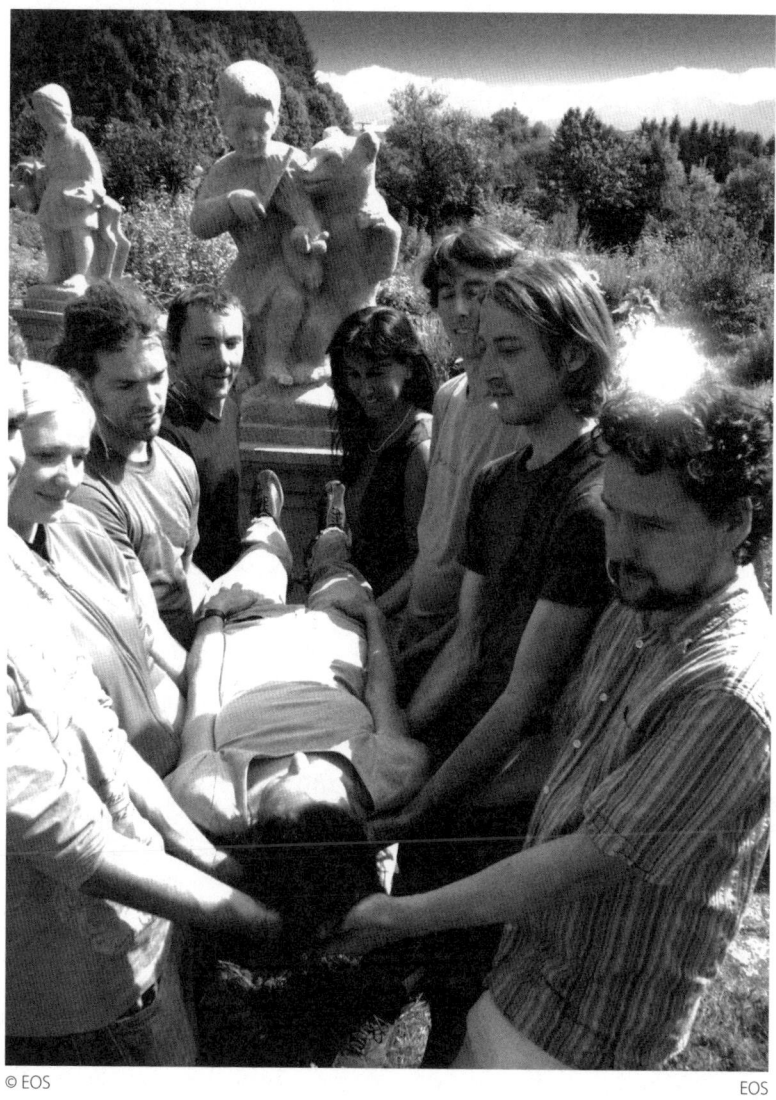

Vertrauensfall

M. Birnthaler: In vielen Fällen durchaus. Ich kann hierzu Beispiele bringen: Wir waren einmal in einer abenteuerlichen Situation mit Jugendlichen in einer Höhle und sangen dann spontan im Chor Lieder. Später berichtete mir einer der eher als schwierig gehandelten

Jugendlichen, daß er beim Singen plötzlich von einer Art übernatürlichem Glücksgefühl durchrieselt worden sei.

Ein anderes Beispiel: Eines Tages berichtete mir ein Schüler, der mir als Heißsporn vertraut war, von einer jüngst unternommenen Mountainbike-Tour. Er bretterte bei einer Downhill-Fahrt mit 70 km/h wie auf einem Trip den Berg hinunter, aber seine rauschartige Fahrt wurde dann jäh von einer Wurzel gebremst, die er übersehen hatte. Als er im hohen Bogen durch die Luft segelte, beschrieb er den Filmriß in seinem Gehirn, in seinem Bewußtsein – und er sah sich folglich in der Adlerperspektive wieder, er schwebte über sich, sah sich von oben. Gleichzeitig sah er sein gesamtes Leben, sein Lebenspanorama in Bildern, die wie von der Spule rollten. Alle Situationen – seine Bewährungen, seine Niederlagen in seinem Leben – stiegen vor ihm in Bilderform auf. Der Sturz verlief glimpflich, aber dieses thanatologische Erlebnis, diese Nah-Todeserfahrung, hat seinen Charakter völlig verändert, hat ihn schubartig reifen lassen.

Wie sich tiefe Geborgenheit anfühlt

Ein letztes Beispiel: Wir führen mit jungen Menschen immer wieder den sogenannten Vertrauensfall durch, das bedeutet, daß man sich von einer Mauer rückwärts in die Arme anderer fallen läßt. Einmal hatten wir dabei einen jungen Mann, der zunächst prahlte, daß er schon viele Male mit einem Fallschirm gesprungen sei und daß er von dem Vertrauensfall nichts Neues erwarte. Als er dann aber rückwärtskippte und in die Hände seiner Freunde fiel, brachen bei ihm die Tränen aus, er spürte, als er in den Armen seiner Freunde lag, schlagartig, wie sich tiefe Geborgenheit anfühlt und wie er diese Geborgenheit vermißt hat, vor allem in seiner Kindheit. Das führte letztlich bei ihm zu einem spirituellen Verarbeitungsprozeß, indem er die Kindheit und die Beziehung zu seinen Eltern neu aufrollte.

Das sind Beispiele von jungen Menschen, die vermeintlich äußere Abenteuer aufsuchen, sich im Grunde aber, vielleicht in einer Art maskierten Weise, nach inneren Abenteuern und nach Grenzerfahrungen sehnen und auch danach suchen. Und diese Jugendliche gibt es zahlreich.

W.W.: Wie vermeiden Sie es, daß diese Suche, die immer stärker wird, nicht ins Äußere abrutscht und vorsichtig in eine spirituelle Richtung gelenkt werden kann?

M. Birnthaler: Gefährlich wird es dann, wenn man versucht, die spirituellen Erlebnisse mit der Erlebnis-Brechstange herauszuholen; das kann z.b. beim Bungee-Jumping passieren. Aufschlußreich ist, das weiß man heute, daß diese Sportart von einer uralten polynesischen Kultur stammt und nach Europa importiert wurde. Dort wird es heute noch so praktiziert, daß den Halbstarken der Sprung in das Erwachsenenalter ermöglicht wurde. Soweit ich weiß, findet das immer noch am 1. Mai statt. Die Jugendlichen springen von einem hohen Baum herunter und werden kurz vor dem Aufprall wieder gestoppt, weil zuvor an ihre Fußgelenke Lianen gebunden wurden. Bei ihnen wird aber dieser Sprung gründlich vor- und nachbereitet, er gilt als kulturell verankerter Übergangsritus des Jugendlichen in das Erwachsenenalter. Aus diesem Kontext wurde das Bungee-Jumping herausgerissen, wurde in die westliche Welt verfrachtet und im Grunde als Adrenalin-Sport vermarktet. Deshalb braucht man sich auch nicht wundern, wenn man mit dem Bungee-Jumping immer wieder psychisch traumatisierende Erlebnisse produziert; ähnlich bei anderen Extremsportarten.

Der Thrill des Abenteuers in Computerspielen

W.W.: Abgesehen von der Schlafenszeit verbringen die europäischen Jugendlichen die meiste Zeit vor dem PC bzw. Fernsehen, sogar die durchschnittliche Schulzeit ist kürzer; in den USA hat die Zeit vor den Bildschirmen bereits die Schlafenszeit überrundet. Die eigentlichen Erlebnisse finden also vor dem Bildschirm statt. Haben hier Erlebnispädagogik und Erlebenspädagogik nicht eine immer wichtiger werdende Aufgabe, um die Jugendlichen mit realen, nicht mit virtuellen Erlebnissen zu konfrontieren?

M. Birnthaler: Die immer stärker werdende Onlinesucht ist für mich ein Indiz für den starken Erlebnisdrang der Menschen, vor allem der jungen Menschen. Wer sich mit den modernen Medien auch semantisch beschäftigt, wer auch versucht, die Inhalte zu analysieren, wird eine frappierende Entdeckung machen können: Die inhaltlichen Muster der meisten Computerspiele entsprechen in gewisser

Weise ziemlich exakt den Mustern, nach denen auch strukturell Abenteuer aufgebaut sind. Das Computerspiel „World of Warcraft" übt beispielsweise eine ungeahnte mysteriös-magische Anziehungskraft auf Jugendliche aus. Christian Pfeiffer vom Kriminologischen Institut aus Hannover hat hier viele Untersuchungen durchgeführt und erschreckend festgestellt, daß allein 3 % der Neuntkläßler von dem Spiel „World of Warcraft" süchtig geworden sind. Hier scheint es den Spieleproduzenten meisterhaft gelungen zu sein, den Thrill des Abenteuers in einem Computerspiel einzufangen. Das müßte präventiv von der Erlebnispädagogik genutzt werden.

Grenzerlebnisse

W.W.: Wie gehen Sie mit Grenzerlebnissen, mit spirituellen Erlebnissen in Grenzsituationen um, wenn Sie bei den Jugendlichen auftreten?

M. Birnthaler: Aus meiner Erfahrung sind diese Erlebnisse keineswegs so selten, wie man oft vermutet. Erlebnispädagogen arbeiten ja an den Randzonen der Erfahrungsfelder, die zu erstaunlichen historischen Wurzeln zurückführen. Das sind Zeiten, in denen alte archaische Mysterien noch eine größere Bedeutung hatten. Diese alten Mysterienkulturen waren nach dem Prinzip der Einweihung aufgebaut. Eine jeweils führende Gruppe dieser Kulturen wurde in die jeweiligen Mysterien eingeweiht und wurde dadurch in einen neuen Bewußtseinszustand, in eine neue Verantwortlichkeit für die Gruppe eingeführt. Diese Einweihungen waren mit ganz speziell ausgestalteten Zeremonien verbunden. Bei den Externsteinen konnte man z.B. rekonstruieren, daß zwischen den Felsen damals Seile aufgespannt wurden. Die für mich einzige plausible Erklärung dieser Seile ist für mich, daß die Schüler für die Zeremonie der Einweihung über diese Seile balancieren mußten.

W.W.: Waren die Seile ganz oben oder unten zwischen den Externsteinen aufgespannt?

M. Birnthaler: Wohl ziemlich weit oben; so daß die Grenzerfahrung zwischen Tod und Leben erfahren werden konnte. Ein Absturz wäre mit finalen Folgen zu erwarten gewesen. Und hier könnte man verschiedene moderne Abenteuer aufzählen, die durch ihre Szenarien einen Rückschluß auf diese alten Mysterien ziehen lassen.

Durch das Leben zappen

W.W.: Was bedeutet es, wenn jetzt z.B. bei einem Abenteuer ein spirituelles Erlebnis, eine reale Grenzerfahrung auftritt?

M. Birnthaler: Man könnte hier mit Hermann Hesse und seinem Roman „Narziß und Goldmund" antworten. Goldmund stürzt sich in Hesses Roman ja von einem Pseudo-Erlebnis zum nächsten, immer auf der Suche nach dem wirklichen erlösenden echten Erlebnis, welches er aber nicht findet. Spirituelle Erlebnisse in der Erlebnispädagogik haben die Kraft, daß sie den Menschen von der Flucht vor sich selbst, von der Flucht vor allen möglichen Dingen befreien. Ein solches spirituelles Erlebnis kann ein erlösendes Erlebnis sein für diejenigen Menschen, die auf der Flucht vor sich selbst oder vor etwas anderem sind. Hier verbirgt sich der Schlüssel zur Erlebenspädagogik, daß es nicht auf die Höhe des Kick-Faktors ankommt, denn entscheidend ist, daß dieses *eine* Erlebnis paßgenau trifft, daß z.B. verborgene unerfüllte Sehnsüchte von jungen Menschen aufgedeckt und befriedigt werden können.

W.W.: Damit schildern Sie eigentlich eine extreme Einseitigkeit vieler Menschen der modernen Zeit, die von Eindruck zu Eindruck durch die Natur oder durch unsere Gesellschaft zappen, die sich dauernd völlig verzetteln, die keinen Ruhepol in sich finden, die nicht zu einem geführten Ich-Bewußtsein kommen. Erleben Sie diese Art von Menschen häufig bei Ihnen im Institut? Und wie steuern Sie dieses eine, von Ihnen eben geschilderte Erlebnis, so daß es unter vielen anderen zu dem entscheidenden Erlebnis wird?

M. Birnthaler: Wir erleben viele dieser Menschen bei uns in den Kursen; das sind die Reisenden, die Rasenden, die Süchtigen, viele Kinder der modernen Erlebnisgesellschaft, die ständig dem schnellen Glück hinterherjagen. Das ist ein Schicksal, welches heute leider sehr viele Menschen teilen, die von Event zu Event hetzen und im Grunde versuchen, aus ihrem Leben ein schönes Erlebnisprojekt zu machen.

W.W.: Sexuell führt das dann bis hin zu den Gang-Bangs.

M. Birnthaler: Genau. Und viele Menschen brennen dann auch einfach aus, werden depressiv, entleeren sich zunehmend durch die Fülle nicht erfüllender Erlebnisse.

Es ist machbar, daß man ein entscheidendes Erlebnis gestaltet. Das erfordert aber ein ganz feines Hinlauschen auf das, was dieser eine

Mensch sucht und braucht. Das bedarf aber einer hohen Empathiefähigkeit, Sensibilität und der Bereitschaft und Muße, hineinzulauschen und sich zu öffnen, was dieser eine Mensch sucht. Viele Jugendliche bereiten auch schon ihre eigene Fährte, so daß der Pädagoge darauf stoßen kann. Rezepte kann ich hier aber nicht geben; das ist mehr eine Frage von Fingerspitzengefühl in der jeweiligen Situation.

W.W.: Können Sie einmal ein Beispiel nennen?

M. Birnthaler: Wir hatten z.B. einen Schrank von Mann, der sich bei uns im Sommer in einem Kurs sehr öffnete; vor allem beim Bogenschießen. Dieser junge Mensch hatte aber, wie sich herausstellte, so etwas wie einen Autoritätskomplex; er zuckte immer zurück, wenn es um Machtfragen ging. In einer speziellen Situation jagte er mit seinem Bogen und seinem Pfeil in unserem Wäldchen – die Pfeile haben vorne an der Spitze eine Schaumstoffkugel, so daß nichts passieren kann – und setzte sich wie getrieben über die vorgegebenen Regeln hinweg und legte auf einen unserer anderen Teilnehmer an. Er traf den anderen auch am Schenkel, und dieser ist auch vor Schreck hingefallen. Der Schütze war die ganze Zeit wie in einem Sog, einem Bewußtseinstunnel, aber durch diesen Schuß wachte er schlagartig auf. Dieser Schuß löste bei ihm letztlich eine Art Erkenntnisprozeß aus. Es schossen bei ihm Bilder aus der Vergangenheit empor, die sein gestörtes Verhältnis zu Autoritäten bereinigten. Die Bilder, die in ihm aufstiegen, konnte er so filtern, daß sein verbautes Verhältnis zu Autoritäten klar wurde, daß ihm also klar wurde, wo hier die Ursachen lagen.

W.W.: Welcher Art waren diese Autoritätsprobleme?

M. Birnthaler: Er war übermäßig vorsichtig, fast schon war er ein bißchen speichelleckerisch. Bei diesem Schuß, so erklärte er später, stiegen wohl Bilder aus vergangenen Leben auf, durch die ihm klar wurde, daß er früher all zu oft Hüter über Leben und Tod war, daß er in früheren Zeiten also im Grunde seine eigene Autorität mißbraucht hatte. Auf jeden Fall bekam er eine befreiende Klarheit für sich darüber, warum er ein gebrochenes Verhältnis zu Machtthemen hatte.

Erlebnisarmut

W.W.: Ein noch größeres Problem in der heutigen Zeit dürfte die Erlebnisarmut sein, sei es durch den intellektuellen Unterricht in der Schule, vor allem aber durch die starke Bildschirmpräsenz, durch Fernsehen im Kindesalter, durch stundenlanges, viel zu frühes Umgehen mit Computerspielen und dem Internet. Welche Gefahren treten bei jungen Menschen auf, wenn sie durch diese Vereinseitigungen im virtuellen Bereich und durch eine intellektuelle Umgebung an Erlebnisarmut im realen Leben leiden?

M. Birnthaler: Die Erlebnisarmut ist eine der Hauptgefahren in der heutigen Zeit. Furore haben hier die auffälligen Degenerationserscheinungen gemacht, die vor allem das jüngere männliche Geschlecht betreffen. Der amerikanische Schriftsteller Robert Bly hat mit seinem Buch „Eisenhans" eine eigene Bewegung ins Rollen gebracht, die „New Frontier", durch die verschiedene Gruppen zusammengeführt werden, die sich auf die Fahne geschrieben haben, dem kulturellen und volkswirtschaftlichen Niedergang der USA entgegenzuwirken. Ihre Klage ist, daß leistungsfähige Volkswirtschaften wie die USA ins Trudeln kommen, weil vor allem die nachwachsende männliche Generation zu wenig Leistungsbereitschaft und Leistungsfähigkeit mitbringt.

Auch bei uns hat Leonard Sax mit seinem Buch „Jungs im Abseits" genau dieselben Phänomene beschrieben und hält als Lösung bereit, daß die jungen Menschen durch gesunde Erlebnisse und Herausforderungen wieder neu ihren Kern und ihren Biß entwickeln können. Ihnen wurde, durch das Abtropfen in die virtuellen Welten die Verantwortung abgenommen, so daß sie sich nicht als verantwortungsvolle Persönlichkeit entwickeln konnten. Das sind dann Menschen, die noch mit 30 Jahren im Hotel Mama leben und an der Playstation kleben wie an der Mutterbrust und dort die Monster abknallen, statt im reellen Leben ihren Mann zu stehen. Das ist ein Typ von Teilnehmern, der auch immer wieder bei uns vertreten ist.

Seelen – brüchig und trocken wie Gips

W.W.: Was geschieht in der Seele eines Menschen, wenn in ihr überhaupt keine Bilder und Erlebnisse mehr leben, wenn die Phantasie verarmt, wenn kaum Ich-Entwicklung erfolgt, weil man einen Großteil seines Tages ausschließlich nur noch virtuelle Bilder und Erlebnisse hat?

M. Birnthaler: Das sind die Zeitgenossen, die wie eine Pflanze, die nicht mehr gegossen wird, innerlich verdorren und verwelken. Ihre

Seelen verkrusten zunehmend, werden immer spröder. Selbst Kurt Hahn hatte das schon beschrieben, indem er anmerkte, daß Menschen, die bis 30 nicht ihre Abenteuer, ihre Erlebnisse finden, in ihren Seelen so brüchig und trocken werden wie Gips. Er setzte die Grenze bei 30 Jahren; bis zu diesem Lebensjahr sah er noch die Chance, in die Seele Jugendkräfte hineinzuplastizieren, danach nicht mehr.

Man kann diese Menschen auch ähnlich beschreiben wie Michael Ende in seinem Buch „Momo", also die grauen Herren mit ihren grauen Anzügen, die in den grauen Städten leben und aus ihren grauen Zellen nur graue Theorien schmieden können, die lustlos und freudlos leben und die Zeit hamstern. Auf der anderen Seite steht das quietschfidele Mädchen Momo und ruft den grauen Herren zu: „Euch gehören die Uhren, aber uns gehört die Zeit." Eigentlich ist das auch ein Leitspruch aus der Erlebnispädagogik.

Medien machen den Kopf faul

W.W.: Manfred Spitzer warnt vor einer Verdummung der Gesellschaft, weil die Kinder in den ersten Jahren vor den Bildschirmen sitzen und ihr Gehirn nicht geschmeidig wird, mit allen weiteren Folgen. Erleben Sie bei den Jugendlichen, die zu Ihnen kommen, auch schon entsprechende Phänomene, daß die Jugendlichen lebensunpraktischer werden, daß sie vergipste Seelen haben, daß sie weniger intelligent sind?

M. Birnthaler: Die führenden Gehirnforscher legen zu Recht den Finger in die größte Wunde unserer Gesellschaft, den Knick in der Leistungskurve, diagnostiziert ab etwa der Mitte der 90er Jahre, vor allem bei der jungen nachwachsenden Generation. Aus meinen Augen sind diese Ergebnisse überhaupt nicht von der Hand zu weisen. Meine Erfahrung mit jungen Menschen, die exzessiv dem Medienkonsum frönen, ist, daß sie zum einen psychisch den Eindruck erwecken, als wären sie unsäglich ausgepumpt, phantasielos und gelangweilt. Es ist aufrüttelnd, wie Manfred Spitzer die um sich greifende desolate seelisch-geistige Simplifizierung beschreibt; und diese Simplifizierung liegt auch daran, daß die medial transportierte Aggressivität den jungen Menschen viele andere seelische Kräfte bindet, die dann nicht mehr für die seelisch-kognitiven Leistungen frei zur Verfügung stehen. Medien machen den Kopf faul, das Kino arbeitet ja bekanntlich mit den großen Gefühlen, weniger mit dem intellektuellen Leistungsvermögen. Erstaunlich und zugleich beängstigend ist auch, was Rudolf Steiner in den ersten Anfängen des Kinos zu diesem neuen Medium gesagt hat. Damals behauptete er schon mit sehr ermahnenden Worten, daß es kein besseres Erziehungsmittel zum Materialismus gäbe als das Kino. Er beschrieb es so, daß der Mensch durch Kinofilme innerlich glotzäugig werde, ätherisch-glotzäugig, glotzäugig wie ein Seehund. Filme, so war er überzeugt, wirken auf die Menschen so, daß das Unterbewußtsein des Zuschauers materialisiert wird. (GA 175/1982/27.02.1917/S.91)

In einem anderen Vortrag hat er das noch einmal präzisiert, daß die komplette seelische Organisation des Menschen über die Sinnesorgane und die spezifische Perzeptionsweise so verändert wird, daß die geistig-seelische Wesenheit des Menschen vollständig mechanisiert wird. (vgl. GA 303/05.01.22)

Auf diese Weise kann man die Aussagen von Spitzer und anderen mit den Erkenntnissen der Anthroposophie unterfüttern.

W.W.: Wir haben jetzt zwei Extreme von Menschentypen charakterisiert, den Erlebnissüchtigen und den Erlebnisarmen. Gibt es auch Jugendliche, die beide Einseitigkeiten nebeneinander in sich vereinigen – also z.B. Extremsport oder Erlebnissucht gepaart mit stundenlangem Sitzen vor dem Bildschirm –, ohne daß es zu einer fruchtbaren Seelenentwicklung kommt?

M. Birnthaler: Dieser Cocktail ist bei uns relativ verbreitet. Im Grunde ist es logisch, denn wer stundenlang vor der Glotze sitzt, entwickelt auch einen Heißhunger auf Realität, vor allem auf sinnlich maximale Dröhnung an Realität. Das bieten solchen Menschen vor allem die Extremsportarten. Allerdings, wer seine Suppe zuerst versalzt, kann hinterher nicht erwarten, daß die Suppe wieder schmackhaft wird, wenn er Zucker hineinschüttet.

Die letzten Paradiese der Erde

W.W.: Sie sprechen in Ihrem Buch „Erlebnispädagogik und Waldorfschulen" (Stuttgart 2008) von drei Grundsehnsüchten, die in jedem Menschen schlummern. Eine erste Grundsehnsucht ist diejenige nach einer paradiesischen Natur. Was ist darunter zu verstehen?

M. Birnthaler: Es ist ein auffälliges Phänomen in der Gegenwart, daß viele Menschen in dieser Welt von einem eigenartigen Verlangen herumgetrieben werden: auf hohe Berge zu steigen, auf einsame Inseln zu fahren, in wildromantische Berge und Schluchten zu laufen oder verwegene Safaris zu wagen um quasi die letzten Paradiese der Erde aufzustöbern. Sie sind alle von der gleichen Sehnsucht getrieben, und diese Sehnsucht birgt in sich eine Art Erinnerung an einen paradiesischen Urzustand. Ich argwöhne: diese Menschen sind auf der Suche danach, diesen paradiesischen Urzustand wiederzufinden.

Wenn wir Steiner folgen, erfahren wir, daß jeder Mensch diesen paradiesischen Urzustand in sich trägt. Das liegt eben daran, daß der Mensch vor der Geburt ganz bestimmte himmlische Erlebnisse durchgemacht hat; und jetzt, ins Leben eingetreten, kitzeln ihn diese Erlebnisse bzw. Erinnerungen, die er im Vorgeburtlichen gemacht hat. Diese Erinnerungen schlummern nun in den Tiefen seiner Seele. Je mehr diese Erinnerungen heraufsteigen, desto mehr fühlt der Mensch sich aufgerufen bzw. getrieben, diesen verborgenen Grundsehnsüchten zu folgen.

Steiner entrollt dabei drei im Menschen tief verankerte Grundsehnsüchte: die Grundsehnsucht nach dem Guten, dem Schönen und dem Wahren. Die Sehnsucht nach dem Guten äußere sich als diejenige Sehnsucht, die den Menschen umhertreibe und ihn nach dem Guten draußen suchen lasse, vor allem in der Natur, in der paradiesischen Natur.

Entscheidend ist in der heutigen Zeit, daß diese drei Grundsehnsüchte im Kindes- und Jugendalter auch wirklich angesprochen und vor allem auch befriedigt werden. Die Befriedigung dieser drei Grundsehnsüchte sehe ich als die große Chance, den Joker der Erlebnispädagogik.

W.W.: Gehört zur Suche dieser paradiesischen Natur auch die Seelenhaftigkeit und die Geistigkeit in der Natur? Wenn man heute die Medienlandschaft bzw. die Fantasy-Literatur anschaut, so erleben wir ja dort in einer materialisierten Form eine Fülle von Wesen: Naturwesen, Dämonen, Engel usw. Suchen die heutigen Menschen auch diese Geistigkeit in der Natur, nicht nur die äußere Natur?

M. Birnthaler: Unbedingt. Aber ob ein Kontakt zu Naturwesen oder anderen geistigen Wesen hergestellt werden kann, hängt eben von der Erlebnisfähigkeit ab, und die ist eben heute oft noch nicht ausreichend fein genug entwickelt. Deswegen ist es unser Anliegen, in erster Linie, diese Erlebnisfähigkeit zu schulen. Durch die Erlebnispädagogik wird die gesamte Palette der Gefühle erreicht, sei es nun beim Bergsteigen, beim Kanufahren, beim Abstieg in die Höhle. Am Rande dieser Palette von Gefühlen warten dann die beschriebenen Naturwesen darauf, entdeckt, vielmehr erfühlt zu werden.

Nichts ist dunkler als eine Höhle

Wer in der Nacht schon einmal mit seinem Bogen durch den Wald gepirscht oder mit einem Kanu durch enge Schluchten gefahren ist, wer von dem Schein Hunderter von Kerzen in einer Höhle überwältigt war, der weiß, wovon ich spreche. Solche Erlebnisse wirken wie eine seelische Massage. Sie erhöhen die seelische Empfindsamkeit der jungen Menschen. Dies ist die Voraussetzung dafür, daß sie seelisch durchlässig und empfänglich für

© EOS   EROS
Nichts ist dunkler als eine Höhle

Geistiges werden, also für die Wesenheiten in der Natur.

W.W.: Wie gestalten Sie das mit den Kerzen in der Höhle?

M. Birnthaler: Die Höhle hat den einmaligen Vorteil, daß sie alle bekannten Sinne zum Stillstand bringt. Sie ist immer dunkel, hat immer vier Grad Celsius. Es gibt nichts auf der Welt, was dunkler ist als eine Höhle. Die Temperatur ist immer konstant. Wenn es draußen 40 Grad

EOS

Spannende Höhlenerkundung mit Kindern

sind, sind es in der Höhle vier Grad Celsius; wenn es außen -40 Grad sind, sind es in der Höhle ebenfalls vier Grad Celsius. Es konnte auch künstlich noch nichts konstruiert und gebaut werden, das geräuscharmer ist als eine Kathedrale in einer Höhle. Nirgends auf der Welt gibt es sauberere Luft als in der Höhle.

So gesehen ist die Höhle selbst wie ein irdisches Sinnesorgan, wie das Auge der Erde. Dadurch auch ein perfektes Erziehungsmittel, um bestimmte Erlebnistiefen zu erreichen, die sonst wahrscheinlich in keinem anderen Naturszenarium möglich sind. Indem die Sinneseindrücke in der Höhle auf Null reduziert werden, kann man dort mit pädagogischen Mitteln zaubern, wie das sonst nirgendwo. Wenn jetzt in einer Höhle hundert Kerzen leuchten, die Jugendliche in einem Höhlendom angezündet haben, ist das ein echter Sinnestaumel und Augenschmaus. Jugendliche lieben es auch, nun vor diesen Lichtern stehend, selbst etwas Künstlerisches entstehen zu lassen und der Höhle zurückzuschenken. Beliebt ist beispielsweise das Tönen, also im Chor gemeinsam zu versuchen, mit gesungenen Vokalen aus dem Nichts ein Liedchen zu komponieren und so zu einem Gemeinschaftsgefühl zu kommen.

Ich hatte vor einigen Jahren einen jugendlichen Bombenleger dabei, der aus der Schule geflogen war, der mir nach diesem Höhlen-

Licht-Erlebnis sagte, als wir endlich gemeinsam den gleichen Ton und eine Melodie gefunden hatten: „Dabei habe ich einen ganz großen Frieden in der Höhle erlebt." Und er meinte dies keineswegs nur äußerlich, sondern sprach von den Wesen in der Höhle, die alle von dem ergriffen waren, was durch die Gruppe der Jugendlichen erzeugt worden ist an Atmosphäre, an Stimmung, an Energien.

W.W.: Was erleben Sie selbst dabei?

M. Birnthaler: Wir alle sind immer wieder selbst ungeheuer angeregt und angerührt von der Kraft, die hinter diesen Erlebnissen steht, die in Tiefen geht, die auch für uns verblüffend sind. Aber ich erlebe auch, daß wir in einer Höhle nur das machen können, was die Höhle an Erlebnismöglichkeiten erlaubt; hier muß man genau auf das Erlebnisspektrum von Höhle eingestimmt sein. Und auf dem Berg kann man nicht das gleiche Erlebnis erzeugen wie in der Höhle, in der Höhle nicht dasjenige, was man im Wald oder auf dem Segelschiff aufbauen kann. Wir versuchen, der Natur ihre jeweiligen Erlebnispotentiale abzulauschen, wir lauschen z.b. der Höhle ab, was die Höhle selbst braucht. Es gibt vermutlich keine Höhle, an der am Höhleneingang keine Spinnen sitzen. Deswegen sind wir beispielsweise dazu gekommen, daß wir bei einer abenteuerlichen Inszenierung in einer Höhle an die Höhleneingänge ein Spinnennetz legen, durch das die Jugendlichen erst einmal durchmüssen.

W.W.: Ein künstliches Spinnennetz?

M. Birnthaler: Ja. Dadurch greifen wir das auf, was die Natur ohnehin an Signatur hat: Am Höhleneingang lebt die Welt und das Wesen der Spinne. Später versuchen wir dann in der Höhle selbst wiederum das aufzugreifen, was an Qualität und Energie in der Höhle selbst lebt, und wir versuchen es so zu verstärken, daß es in Resonanz kommt. Wenn das gelingt, entstehen ganz erstaunlich tiefe und wahrhaftige Momente, die auch Jugendliche ergreifen können.

Kein innerliches Empfinden mehr für die Schönheit der Natur

W.W.: Wählen Sie auch ganz besonders schöne Momente und Erlebnisse in der Natur aus, z.b. einen Sonnenuntergang am Meer oder einen Sonnenaufgang oben auf dem Berg, um die Grundsehnsucht nach der paradiesischen Natur zusätzlich zu fördern?

M. Birnthaler: Im Grunde machen wir das. Die Schwierigkeit heute ist aber, daß die meisten Jugendlichen heute kein durchschlagendes Interesse und kein durchdringendes Empfinden mehr für die Schönheit der Natur mitbringen. Und hier braucht es sehr viele pädagogische Krücken, um sie wieder zu einem pulsierenden Empfinden zu führen. Wir müssen sie regelrecht in die Natur locken. Und das beste Mittel, um die Jugendlichen in die Natur zu locken, sind die spannenden Abenteuer. Alles andere scheint mir in der Gegenwart fast ausgedient zu haben. Wandervereine, Naturvereine, Waldjugend usw. sterben mehr und mehr aus. Erfolgreich sind heute nur diejenigen Bewegungen, die die Jugendlichen über das Abenteuer in die Natur locken können. Erfolgreich ist beispielhaft die LARP-Bewegung (Live Action Role Playing). Das sind Abenteuer-Rollenspiele, an denen oft Dutzende und Hunderte Spieler teilnehmen. 400.000 junge Menschen sind heute aktive Rollenspieler. Und durch diese Rollenspiele, die meist bei Burgen und in reizvollen Landschaften stattfinden, gelingt es, junge Menschen wieder in die Natur zu lotsen und sie dort in einem Erlebnisstrom mit der Natur zu verbandeln. Natürlich benutzen diese Rollenspiele die Natur auch mehr oder weniger als Kulisse für ihre Inszenierungen; aber der grandiose Erfolg dieser Rollenspiele zeigt, daß Jugendliche immerhin noch über diesen Umweg bereit sind, der Natur etwas abzugewinnen.

W.W.: Gibt es keine Momente, in denen man mit Jugendlichen irgendwo in der Natur sitzt und einen gewaltigen Natureindruck hat und in denen die Jugendlichen dann angesichts dieses schönen Natureindrucks staunen oder die Schönheit bewundern? Sind solche Empfindungen nicht mehr möglich?

M. Birnthaler: Das schwindet von Generation zu Generation dahin. Auch zu seinen Zeiten hat Steiner dies schon beklagt und weist auf die Zeiten von Goethe hin, daß damals ein Sonnenaufgang etwas Fulminantes war, daß ein Sonnenaufgang einen damals noch seelisch ergriff und befeuerte. Zu Steiners Zeiten war dies schon abgeschwächt, und er prophezeite, daß dies in unseren Zeiten nur noch ein müder Abklatsch im Erleben sein wird. Neben der Waldorfschule hatte er ja deswegen die schon erwähnte Friedwart-Schule gegründet.

Deswegen befürchte ich, daß wir die Jugend nur noch über das Mittel der Abenteuer in die Natur locken können und müssen. Aber ich habe auch erlebt, daß das noch nicht ausreicht. Es sind oft nur Strohfeuer. Diese Erlebnisse müssen in den jungen Menschen zusätzlich noch richtiggehend verankert werden.

Vor einigen Jahren hatte ich das Vergnügen, mit einer 12. Klasse eine zweiwöchige Klassenfahrt zu machen, und wir haben uns schließlich beherzt entschlossen, einen Segeltörn auf der Nordsee durchzuführen. In dieser Zeit hatten wir ei-

© EOS   EOS
Kick beim Rückwärtssalto vom Segelschiff

nige Flauten, aber auch einige hohe Seegänge, und wir mußten bei brausendem Wind und wankendem Schiff hoch oben die Segel einholen, so daß wir alle ein Stoßgebet aussandten, um wieder heil an Land zu kommen.

Dieser Segeltörn war im nachhinein für die Klasse der Höhepunkt ihrer Schulzeit. Nach diesen zwei Wochen ging keiner der jungen Leute vom Schiff, ohne nicht mit der Natur, sprich dem Wind und dem Meer per Du geworden zu sein. Durch diese lange Zeit konnten sie wirklich ganz in die Natur eintauchen. Sie tauchten in das elementare Erlebnis der Natur ein – in das Erleben gewaltiger Wassermassen, in den Sturm, also in die Phänomene der Natur an und für sich. Und da es auf dem Schiff auch ernste Zerreißproben gab, mußten die Jugendlichen sich mit der Natur und deren Gewalten zusammenraufen und anfreunden. Sie mußten ihr gefügig werden, sie mußten horchen, was der Wind und der Wellengang von einem will; und es ging nicht mehr darum, daß man in zwei Tagen wieder an Land sein wollte, sondern man mußte auf das eingehen, was der Wind mit einem vorhatte. Wir haben uns nach und nach ganz auf die Naturgewalten eingelassen. Das gelang aber nur, weil es diese Dauer hatte.

Und hier sehe ich die große Chance, aber auch Kalamitäten für die Pädagogen, Schicht um Schicht der Krusten um die Seele der Jugendlichen herum abzutragen. Und heutzutage ist es eine sehr mühsame Aufgabe, Schicht für Schicht herunterzukratzen. Das geht nicht mehr innerhalb von ein paar Stunden oder Tagen wie früher, denn durch die Medien, durch die künstlichen Erlebnisse, durch die gesamte Zivilisation haben die meisten Jugendlichen eine richtig Hornhaut um ihre Seelen herum, und sie müssen wie bei Peer Gynt wie eine Zwiebel Schale um Schale geschält werden, bis nur noch der Kern dasteht. Wenn wirklich alle Zivilisationsschichten abgekratzt worden sind – also erst dann, wenn die letzte Sehnsucht des Jugendlichen nach dem Handy, dem Walkman, dem Fernseher, dem Kühlschrank abgelöst ist –, dann erst sind die Jugendlichen frei geworden und können sich für eine tiefe und echte Begegnung mit der Natur öffnen. Und das ist entscheidend, denn die Jugendlichen müssen der Natur begegnen! Vorher aber müssen sie in die Natur herausgelockt werden, und damit diese ersten Erlebnisse kein Strohfeuer bleiben, müssen sie mit Zeit, Muße und pädagogischem Fingerspitzengefühl verankert werden und für eine Begegnung mit der Natur frei gemacht werden.

W.W.: Also sind sämtliche Zivilisationserscheinungen, vorwiegend die Medien, diejenigen Mittel, die diese Zwiebelschalen um die Seelen der Jungen legen? Oder gibt es noch weitere Gründe dafür?

M. Birnthaler: Die Medien und die ganze moderne Zivilisation dünken mir die Hauptgründe zu sein. Als ich noch Oberstufenlehrer war, habe ich hin und wieder versucht, die Jugendlichen für Projekte zu gewinnen, auch für Hilfseinsätze in wunderschöner Natur, und ich versuchte die Jugendlichen z.B. für eine Waldorfschule am Montségur zu begeistern, die in Not war. Ich tingelte durch alle Klassen, und die erste Reaktion der Schüler war: „Gibt es dort auch eine Dusche?" „Dürfen wir auch den Walkman mitnehmen?" „Wie ist es mit sonst Verbotenem von A bis Z, Alkohol bis Zigaretten?"

Das ist die ganze Klaviatur, die man als moderner Wohlstandsmensch spielt. Und da wurde mir klar, daß es wirklich diese zivilisatorischen Verwöhnungen sind, die dem heutigen Menschen für eine Naturbegegnung, genauso für eine spirituelle Begegnung, im Weg stehen.

Vor einigen Tagen kam die neue Shell-Jugendstudie 2010 heraus, die vorrechnet, daß heute inzwischen 57 % der Jugendlichen nichts sehnlicher wünschen, als intensiv genießen zu können, dagegen sind es genauso viele unter den katholischen Jugendlichen, die vom Glauben abgefallen sind, die also nicht mehr an Gott glauben. Dies schlägt in die gleiche Kerbe.

Gemeinschaftsbildung der Zukunft

W.W.: Sie beschreiben eine zweite Grundsehnsucht, die nach Brüderlichkeit. Ist diese heute noch genauso stark wie vor einigen Jahrzehnten?

M. Birnthaler: M.E. noch stärker, aber hier sollte man unterscheiden. Die eher traditionellen Formen der Gemeinschaftsbildung verlieren an Kraft, Kirchen und Vereine sind nicht mehr die sinnstiftenden Instanzen. Gemeinschaften, die auf alten Sekundärtugenden basieren, die das altehrwürdige Prinzip der Verbindlichkeit reiten, haben heute kaum noch eine Überlebenschance. Dagegen haben Gemeinschaftsbildungen, die auf Spontaneität, die auf das Prinzip der direkten Begegnung bauen, einen erstaunlich hohen Zulauf. Das sieht man z.B. an der Gemeinschaft von Taizé, zu der Jahr für Jahr Tausende von Jugendlichen nach Frankreich pilgern, zu einer modernen Bruderschaft, um sich dort z.B. spirituell neu aufzutanken. Ein konträres Beispiel, eine Kehrseite davon ist bzw. war z.B. die Loveparade, bei der auch die ganz große Community beschworen wird. Auch das Public viewing beim Fußball ist ein solches Phänomen. Diese Phänomene zeugen davon, daß die Sehnsucht nach Brüderlichkeit erstaunlich virulent ist.

W.W.: Ist das nicht nur eine scheinbare Brüderlichkeit? Ist eine wirkliche Brüderlichkeit nicht eine Brüderlichkeit mit notleidenden Menschen in der ganzen Welt und nicht nur schönes Feeling untereinander?

M. Birnthaler: Ja, eine solche Gemeinschaft ist eigentlich keine wirkliche Brüderlichkeit, sondern eine Karikatur davon. Aber der Grundnerv, der darunter liegt, die tiefste Sehnsucht darunter, ist diese Sehnsucht nach Brüderlichkeit. Sie kommt in verschiedensten Masken an die Oberfläche. Sie taucht auch in degenerierten Formen der Gemeinschaftsbildung auf.

W.W.: Versuchen Sie in Freiburg und in Ihren Außenstellen auch wirkliche Brüderlichkeit zu praktizieren, also z.B. notleidenden Menschen irgendwo in der Welt zu helfen?

M. Birnthaler: Ja, das sind die schon angesprochenen Workcamps in Frankreich, Finnland, Island, in Chile. Dabei haben wir die Erfahrung gemacht, daß junge Menschen heute durchaus bereit sind, viel Idealismus und großen Einsatz einzubringen bei Projekten, bei denen Altruismus gefragt ist. In unserem Institut können wir das aber leider nur in homöopathischen Dosen vollziehen. Aber eigentlich ist das die Schlüsselaufgabe für die Gemeinschaftsbildung der Zukunft.

Das Wahre in der Welt erleben

W.W.: Als dritte Grundsehnsucht erwähnen Sie die Sehnsucht nach Bewährung und Abenteuer. Über Abenteuer haben wir schon viel gesprochen; was steckt denn als Urbild hinter dieser Sehnsucht nach Abenteuer?

M. Birnthaler: Eigentlich entpuppt sich darin die Sehnsucht nach Wahrheit, die Sehnsucht danach, daß die Welt als wahr erlebt werden kann. Ein junger Mensch will das Wahre in der Welt erleben. Diese Grundsehnsucht taucht auf, wenn der Heranwachsende in das Jugendalter eintritt. Sie hallt wie eine Art Echo aus dem Vorgeburtlichen wider. In der Jugend bekommt diese Grundsehnsucht ein bestimmtes Gesicht, und da der junge Mensch ein idealistischer Mensch ist, spürt er in sich den Ruf, auch für diese Wahrheit einzutreten, sich für die Wahrheit in der Welt stark zu machen, auch dafür zu kämpfen. Und diese Lebensstimmung treibt ihn dahin, sich auf der Suche nach dieser Wahrheit auch in Abenteuer zu werfen und sich im Abenteuer zu bewähren. Das ist das dritte Element, an dem die Erlebnispädagogik ihren Schlüssel schmiedet.

W.W.: Waldorfpädagogik einerseits und Erlebnispädagogik bzw. Erlebenspädagogik andererseits sind ja eigentlich zwei Ströme; wie kann man beide noch besser miteinander verknüpfen?

M. Birnthaler: Im Grunde muß man pointiert sagen, daß die von Steiner in der Grundlage konzipierte Waldorfpädagogik eigentlich schon pure Erlebnispädagogik ist. Heute geht es darum, die schon angelegten Potentiale wieder stärker zur Geltung zu bringen, verschiedene nicht aufgegriffene Impulse Steiners wiederzuentdecken, wiederzubeleben, ganze Kontinente aus der Ur-Waldorfpädagogik wieder neu zu heben. Den Waldorfschulen dabei in ihrem Stellungskampf gegen die übermächtige Intellektualisierung zur Seite zu stehen halte ich für ein Gebot der Stunde. So bilden sich mir nicht zwei getrennte Ströme ab, hier die Waldorfpädagogik, dort die Erlebenspädagogik, sondern die Erlebenspädagogik verorte ich gewissermaßen als eine Unterströmung der Waldorfpädagogik, die auf die tiefen Erlebnisse ausgerichtete Grundströmung der Waldorfpädagogik.

Und so ist der Begriff, den wir am EOS-Institut in Freiburg in die Runde geben, der Begriff „Erlebenspädagogik", eigentlich ein Lesezeichen, ein Bookmark für die guten alten Ideale der Waldorfpädagogik.

W.W.: Schauen wir uns einmal die Gesamtsituation an den Schulen in Deutschland an: Die meiste Zeit verbringen die meisten Jugendlichen vor den Bildschirmen und haben dort ihre Erlebnisse, die Schule ist dagegen eher trocken und vermittelt kaum Erlebnisse, hat überhaupt keine Chance, gegen die Erlebnisse am Bildschirm zu punkten. Welche Elemente aus der Erlebnispädagogik müßte man in die Schulen einbringen, damit dieses Mißverhältnis korrigiert oder wenigstens etwas aufgeweicht wird?

M. Birnthaler: Alles, was den Unterricht lebendig macht, ist hier prinzipiell gewinnbringend und hilfreiche Trumpf im Ärmel der Lehrer. Allerdings sollte klar ausgesprochen werden, daß Erlebnispädagogik keine Spaß- oder Eventpädagogik ist und sein darf. Zudem sollte Erlebnispädagogik auch nicht in Reservate abgestellt werden, wie z.B. auf eine Klassenfahrt oder auf die Schulpausen beschränkt werden. Das ist zwar erfrischend, aber falsch verstandene Erlebnispädagogik, Erlebnispädagogik als Kunst am Bau. Erst wenn der Schulalltag von den Schülern als erlebnisgetränkt und spannend empfunden wird, wenn der Schulalltag also nicht als grau, sondern als bunt und saftig erlebt wird, sind die Chancen gut, daß die Medien nicht als Ersatzbefriedigung für einen langweiligen Schulalltag herhalten müssen.

Gegen die Medien zu punkten schafft aber auch nicht die Erlebnispädagogik. Zumindest nicht im direkten Vergleich, sozusagen im pädagogischen Duell um die Aufmerksamkeit der Schüler. Allerdings kann die Erlebnispädagogik mithelfen, einen Damm gegen die Flut der Medien aufzurichten.

Hier liegt auch das Herzensanliegen der Erlebenspädagogik: auf dem Felde der Sozialen Intelligenz etwas beizutragen, so daß der Flucht in die virtuellen Welten etwas entgegengesetzt werden kann. Wenn die jungen Menschen bereits in der Schule erleben, daß sie echte Gemeinschaft leben können, daß sie in der Schul- und Klassengemeinschaft sozial getragen werden, werden sie nicht mehr so schnell in die virtuellen Welten und die dortigen Gemeinschaften abdriften.

Vier Schichten der Gewaltprävention

W.W.: Inwiefern sind erlebnispädagogische Maßnahmen geeignet, auch an Schulen als Gewaltprävention zu wirken?

M. Birnthaler: Ich bin fest davon überzeugt, daß Erlebnispädagogik an Schulen ganz stark gewaltpräventiv wirken kann. In den Diskurs über Gewaltprävention möchte ich ein Modell einbringen, das wir das HERO-Modell nennen. Dabei geht es um vier Stufen, die in dem Begriff HERO abgebildet werden. Wir differenzieren vier verschiedene Schichten der Gewaltprävention.

W.W.: Was wäre denn z.B. die erste Schicht, vermutlich die H-Schicht?

M. Birnthaler: Genau. Das ist die Form von Gewalt, die ganz tief im Menschen schlummert, die eine fast animalische und eruptive Kraft und Qualität hat, die auch in der Entwicklung der Menschheit am weitesten zurückliegt. Hier will ich das Biogenetische Grundgesetz bemühen, das besagt, daß der Mensch in seiner persönlichen Entwicklung kurz das rekapituliert, was die Menschheit epochal im Ganzen durchgemacht hat. So gesehen schlummern im Menschen Energien, die die Menschheit kollektiv entwickelt hat, und zwar vor Tausenden von Jahren in alten Kulturen. Wenn wir so zurückschauen, kommen wir zu einer Kultur, in der die Empfindungsseele entwickelt worden ist, also z.B. in der altägyptischen Kultur. Wenn ein Mensch nun heutzutage in ganz tiefen Schichten eine Kränkung erfahren hat, kann es sein, daß bei ihm die Empfindungsseele wundgescheuert ist, verletzt worden ist. Und dann entsteht aus dieser Verletzung heraus eine Form von Gewalt, die die Qualität dieser tiefsten Stufe hat.

W.W.: Und auf welcher Weise begegnen Sie dieser ersten Gewaltform erlebnispädagogisch?

M. Birnthaler: Das ist das H-Konzept; H steht hier für „Held", die „Helden-Pädagogik". Das ist eine Pädagogik, die sich stark an den Einsichten aus dem Glen Mills-Experiment orientiert. Das Konzept von Glen Mills treibt verblüffende Blüten und Erfolge.

W.W.: Können Sie das Konzept von Glen Mills kurz beschreiben?

M. Birnthaler: Glen Mills ist das in Amerika recht bekannte und aufsehenerregende Schulexperiment in Pennsylvania, das über 1000 vor allem großkalibrige Jungs für ein bis eineinhalb Jahre beherbergt. Ihr charismatischer Leiter, Dr. Ferrainola, der selbst in jungen Jahren als Schläger die Straßen unsicher machte, hat dort den Traum, Jungs, die auf die schiefe Bahn geraten sind, wieder auf die rechte Bahn zu bringen. Seine Idee ist verblüffend einfach. Er polt die Subkultur, in der die gewalttätigen Jugendlichen sich eingenistet haben, einfach in eine neue „Subkultur" um, die sich jetzt aber an hohen menschlichen Werten orientiert. Solidarität statt Endsolidarisieren, Disziplin statt Gewalt, Hilfsbereitschaft statt Ausbeutung sind an der Glen Mills School nicht nur Lippenbekenntnisse. Es gibt dort z.B. einen ganz klaren Regelkodex: Die Würde des anderen muß unbedingt beachtet werden, es gibt einen straffen Tagesablauf, keinen Schlendrian, es gibt ein fürsorgliches Mentorensystem. Die Jungs, die in der amerikanischen Kultur des Zero tolerance groß und vor allem hart geworden sind, werden so gegen den Strich gebürstet. Kommen sie als Jugendliche vom Schlag „hart und grausam" nach Glen Mills, verlassen sie die Schule, wenn die Roßkur anschlägt, mit dem Beinamen „hart, aber herzlich".

Verwechseln sollte man das Konzept aber nicht mit den Boot-Camps, die oft mit in den gleichen Topf geworfen werden. In diesen Boot-Camps wird dagegen versucht, den Willen der jungen Menschen zu brechen; Morton Rhue, der auch „Die Welle" geschrieben hat, hat das Prinzip der Gehirnwäsche in seinem Buch über die Boot-Camps eindrücklich beschrieben.

Von dem Glen-Mills-Projekt gibt es auch Nachahmer in Deutschland, wie die schon erwähnte Konfrontative Pädagogik von Professor Jens Weidner. Hier werden strikte Grenzen, Widerstände gesetzt, und es gibt auch ein sehr klares Wertesystem, durch das sich die jungen

Menschen bewähren und nach oben dienen können. Sie werden z.B. belohnt, wenn sie Gewalt im Umfeld eindämmen können, wenn sie selbst erfolgreich über die Einhaltung von Antiaggressions-Regeln wachen. Das sind die Grundzüge der Heldenpädagogik.

W.W.: Machen Sie das auch, oder schildern Sie nur, wie es andere machen?

M. Birnthaler: Wir greifen darauf zurück, aber wir sind nicht Glen Mills. Doch immer wieder klopfen diese gestrandeten Jungs auch bei uns an. Vor zwei Wochen hatten wir z.B. eine Gruppe von Straffälligen, die uns von einem Jugendgefängnis geschickt wurden, und mit ihnen haben wir tatsächlich Teile dieses Programms durchgezogen.

Gewalt aus innerer Leere

W.W.: Was wäre die zweite Schicht, die E-Schicht?

M. Birnthaler: Das sind etwas weniger tief eingegrabene Gewaltmuster, das sind Schichten und Schleusen, in denen die Gewalt weniger blind, sinnlos und animalisch ist. Diese Gewaltschleusen öffnen sich, wenn im Menschen grobe Verletzungen aus der Zeit, als er die Gemütsseele entwickelte, aufbrechen. Die Zeit der Gemüts- und Verstandesseele wurzelt in der Epoche der griechischen Kultur.

W.W.: An welche Gewaltformen denken Sie hierbei?

M. Birnthaler: Das ist die Form der emotional heißen, affektiven Gewalt. Diese Gewalt beschreibt auch Rudolf Steiner, und er erläutert, daß diese Gewalt meist falsch eingeordnet wird. Die meisten würden nämlich denken, daß sie aus einem psychischen Druck entstehen würde; er weist aber darauf hin, daß nicht der seelische Druck die Gewalt erzeugt, z.B. durch Belastungssituationen, durch Leistungsdruck, durch gesellschaftlichen Druck, sondern Auslöser ist eigentlich das Gegenteil. Dies sind Vakuumphänomene, Saugphänomene. Aus einer inneren Leere, aus einem Vakuum heraus, wird die Gewalt gesaugt.

Im Grunde entspringt die Gewalt also letztlich aus einer subtilen Verzweiflung und tief frustrierenden existentiellen Langeweile. In dieser Langeweile fühlt der Mensch sich unausgefüllt, erlebt in sich keine Perspektive, keine Ziele, keine Lebensaufgabe, er spürt in sich nur die innere Leere. Er erlebt die Schule als Spielwiese, den Alltag als Käseglocke. Das führt zu allerhand kleinen Frustrationen, und die Summe dieser Frustrationen schlägt dann in Form von Gewalt wieder zurück. Quasi als eine Art Rache für die Pein der Langeweile, die ihm durch die Schule und von der Gesellschaft zugefügt wird.

Das Gegenmittel hier ist E, Erlebnispädagogik. Erlebnispädagogik schafft es, daß der junge Mensch wieder zu wirklichen Erlebnissen kommt, die ihm ermöglichen, seines wahren Wesens gewahr zu werden. Seelische Abenteuer führen dazu, daß der junge Mensch nicht dieses Vakuumgefühl, die tödliche innere Leere entstehen läßt.

Seelische Gewalt

W.W.: Was ist der dritte Bereich?

M. Birnthaler: Dies ist eine Ebene von Gewalt, die noch weniger tief verankert ist, also die typischen seelischen Frustrationen, wenn z.B. eine Schmach erlebt worden ist, persönliche Erniedrigungen, Nadelstiche in die Seele. Im Vergleich zur zweiten Gewaltform, der heißen, affektiven Gewalt, ist diese Gewalt wesentlich subtiler. Ich möchte sie als die gemeine Gewalt charakterisieren, da sie erstmalig bewußt und absichtsvoll eingesetzt wird. Hier kommt es zur seelischen Gewalt, die heute häufig als Mobbing oder Bullying an die Oberfläche tritt. Das sind Intrigen, die gesponnen werden, Ausgrenzungen, die vorgenommen oder entsprechend erlebt werden.

Die pädagogische Antwort darauf ist im HERO-Konzept das R, der Respekt. Das kennt man auch aus der Hip-Hop-Bewegung, die förmlich einen Kniefall vor der Tugend des Respekts macht. An dieser Stelle kommen vor allem die sozialpädagogischen Instrumente zur Geltung, wie z.B. gewaltfreie Kommunikation nach Marshal Rosenberg. Hier empfehlen sich auch die frappierend effektiven Kooperationsübungen, Initiativspiele, Wahrnehmungsspiele, Sinnesspiele aus dem Bereich der Erlebnispädagogik. Sie schaffen Vertrauen auf einem Boden, der im Sozialen als verbrannter Boden gegolten hat und auf dem nur noch Konflikt und Mobbing gediehen sind.

Kriege in der Seele des Menschen

W.W.: Was wäre der vierte Bereich der Gewalt?

M. Birnthaler: Eigentlich waren wir mit der dritten Form der Gewalt schon in der Gegenwart, der vierten Kulturepoche, dem Zeitalter der Bewußtseinsseele, aber mit dieser vierten Form der Gewalt werden wir in Zukunft immer mehr konfrontiert werden. Man kann sie auch als spirituelle Gewalt, als böse Gewalt bezeichnen, und stellt den Gewalttyp im kommenden Zeitalter des Geistselbst dar. Dies sind alle Formen mutmaßlicher Gewalt, richtig böse Gewalt, alles, was notfalls auch mit schwarzer Magie zusammenhängt, also alle Einflußtore dämonischer schwarzer Gewalt und Kräfte.

Ich habe jedoch die Befürchtung, daß diese Form von Gewalt noch viel zu wenig erkannt und untersucht ist. Man sollte sich zunehmend fragen, warum sich Menschen an Gewalt berauschen, man sollte sich fragen, wie es sein kann, daß aus Gewalt ein Lustgewinn gezogen wird. Ich erkläre mir das Epiphänomen des Lustgewinns dadurch, daß diese Lust, dieser Rausch der Gewalt den Menschen in eine andere Bewußtseinsregion katapultiert, aus der heraus dann eine Lustbefriedigung stattfindet. Das ist in meinen Augen eine Art umgekehrte Erlebnispädagogik, denn bei dieser Form von Gewalt werden alte schwarzmagische Mysterienkulturen berührt, mehr oder weniger bewußt. Dieses Prinzip ist im Grunde aus der Geschichte bekannt, z.b. der Kindermord von Herodes, welcher sich dadurch einen Machtzuwachs aneignete. Solche schwarzmagischen Methoden findet man sicher auch bei den Nazis.

Und hier entsteht aktuell das Problem, daß sich Jugendliche in diese Gewaltphänomene hineinstürzen, ohne daß sie wissen, was mit ihnen in diesen Energiefeldern der Gewalt geschieht. Sie erleben lediglich brodelnde Energiefelder, durch die sie seelisch Kräfte bekommen und sich dabei im Blutrausch fast werwolfartig verwandeln, fast wie in einer Anti-Initiation.

Wer sich für die dunkle Seite der Gewalt interessiert, wird auf Bücher wie „Die Welle", „Geil auf Gewalt", „Im Schatten der Wächter" oder auf die Forschungen von Sutterlüty, Gugel oder Dave Grossman stoßen. In seinem Buch „Wer hat unseren Kindern das Töten beigebracht" schildert Grossman als amerikanischer Militärpsychologe, wie die Killerspiele die Menschen verrohen können und sogar den menschlichen Tötungsinstinkt sukzessive ausschalten können.

Zum Gänsehautkriegen empfohlen seien auch die Harry-Potter-Bände. Dort wird die stufenweise Inkarnation des Bösen durch die Anwendung grausamer schwarzmagischer Gewalt und ritueller blutiger Opfer zu Buche gebracht.

W.W.: Und wie begegnen Sie dieser Form von Gewalt? Was ist O?

M. Birnthaler: Ihr begegnet man, im HERO-Modell gesprochen, mit der höchsten Stufe der Erlebnispädagogik, indem man beim Jugendlichen Idealismus erweckt, indem man eine Art edlen Opfersinn – bitte nicht falsch verstehen – im positiven Sinn entwickelt. Man müßte hier etwas suchen, wie William James es gefordert hat: daß man so etwas wie das moralische Äquivalent des Krieges sucht. Man könnte auch sagen, daß man das moralische Äquivalent dazu sucht, was die jungen Menschen damals in die Kriege und heute in die Gewaltforen saugt. Im Grunde geht es dabei um Kriege in der Seele des Menschen. Hier wäre das anzusiedeln, was Kurt Hahn als Dienst am Nächsten bezeichnet hat, was Rudolf Steiner als Pädagogik des Idealismus beschreibt, indem er die Waldorflehrer dazu anspornt, Felder zu schaffen, auf denen der Jugendidealismus befriedigt wird. Das sind Felder, die dieser letzten Stufe von Gewalt, der elementar bösen Gewalt, etwas entgegensetzen können.

W.W.: Beschreiben Sie zum Schluß noch einige Ihnen wichtige Bereiche Ihrer EOS-Academie.

M. Birnthaler: Wir haben unsere Academie 2002 gegründet, vor dem Hintergrund, daß in der Pädagogik, auch an Waldorfschulen bestimmte Grundsehnsüchte der Jugendlichen nicht erfüllt werden können. Wir sind überzeugt, daß die aktuelle und nachwachsende .Generation beflügelnde Impulse über die konventionelle Pädagogik hinaus braucht.

Begonnen haben wir mit einzelnen Ferienlagern und einer überschaubaren Ausbildung, alles aus bescheidenen Verhältnissen heraus, fast eine Gründung in einer Garage.

W.W.: Bill Gates hat auch so angefangen!

M. Birnthaler: Der Arme! Im Laufe der Jahre haben wir uns weiterentwickelt und mit viel Herzblut unsere Vision gepflegt. Es sind auch verschiedene neue Themen und Bereiche hinzugekommen, neue Projekte. Neben den Klassenfahrten und Lagern sind wir auch im Bereich von Teamtraining gefragt, auch von sehr großen Konzernen, um dort Gemeinschaftsbildung und Spiritualität anzuregen. Und natürlich ist auch das Mobbingthema vermehrt auf der Tagesordnung.

2009 sind wir vom Sozialministerium als kleinster deutscher Anbieter und Träger für den Freiwilligendienst anerkannt worden. Mittlerweile geben wir jungen Menschen die Gelegenheit für ein FSJ, ein Jahr lang ihren Idealismus in einer sozialen Einrichtung

EOS

EOS Zentrum Freiburg (Villa Mez frontal)

sinnvoll einzusetzen. Unsere Organisation hat auch das staatliche Qualitätssiegel für ihre Angebote und das Management erhalten, als einzige Erlebnispädagogik-Einrichtung in Deutschland sozusagen den TÜV bekommen.

Unternehmensbiographisch sind wir mittlerweile in unserem zweiten Zyklus, in unserem zweiten Jahrsiebt, und hierbei geht es um den Aufbau des Lebensleibes des Unternehmens. In Freiburg sind wir mittlerweile fast 20 feste Mitarbeiter, und eine ähnliche Zahl arbeitet in den anderen internationalen Standorten. Vorgesehen ist, daß auch in den assoziativ verbundenen Repräsentanzen in den verschiedenen Ländern zukünftig auch Erlebnispädagogen ausgebildet werden können.

W.W.: Wenn ein Jugendlicher von Ihnen hört, was kann er bei Ihnen machen, wie lange kann er oder sie bei Ihnen welche Kurse absolvieren?

M. Birnthaler: Ich erlaube mir dazu einen kleinen biographischen Streifzug. Kinder beginnen z.B. im Alter von acht Jahren und nehmen an einem Ferienlager von uns teil, von Artus bis Zirkus ist alles möglich, können dann mit 14 in die Jugendlager wechseln, machen dann z.b. das Hero-Camp, um eine innere Ausrichtung, eine tragende Vision für die Jugend zu finden. Mit 15 Jahren kann man dann z.b. ein PAKT-Lager belegen, auf dem man eine Art Rüstzeug von Fähigkeiten und Fertigkeiten erwirbt; mit 16 kann er dann in die Pionierausbildung einsteigen. Das ist eine zweiwöchige komprimierte Schulung in Erlebnispädagogik mit einer darauffolgenden Bewährungsprobe als Jugendleiter bei einem Ferienlager. Hier machen die Jugendlichen ihre ersten pädagogischen Gehversuche, übernehmen standhaft Verantwortung für andere Jugendliche und wachsen nicht selten über sich hinaus. Wenn wir diesen Bilderbuchweg weiter nachzeichnen, kann man ab dem 18., 20. Lebensjahr zu uns in die Ausbildung kommen, in unsere Academie. Diese Academie dauert einen oder zwei Monate, je nach Interesse und Zeit der Teilnehmer. Hier schulen wir die Teilnehmer ganz intensiv, sie tauchen jeden Tag in die Erlebnispädagogik ein, in die Erfahrungen, die man mit den Kraftfeldern der Erlebnispädagogik machen kann. Meist sind das Gruppen von zwölf bis 15 Teilnehmern, in denen die Menschen auch an sich selbst wachsen, neue Formen der Gemeinschaftsbildung erleben, sich also als Persönlichkeit und als Gemeinschaft finden können. Alternativ besteht auch die Möglichkeit, daß sie in einen berufsbegleitenden Kurs gehen, der zwei Jahre dauert, über zwölf Wochenenden, zusätzlich noch drei Hard-Skill-Wochenenden und ein Praktikum mit zwei Wochen Ferienlagereinsatz und einem Abschlußprojekt.

Das wäre ein Königsweg in die Erlebnispädagogik hinein. Später können die Absolventen dann Lagerleiter werden, manche wechseln auch in die Projektleitung oder werden Dozenten und Trainer. Wieder andere folgen einem Ruf, hängen ihren alten Job an den Nagel und suchen ihr Glück und ihre Erfüllung als Erlebnispädagogin und Erlebnispädagoge.

So lange wir in einer Kultur leben, in der die Schulung des Intellekts eine größere Bedeutung hat als die Herzensbildung, werden Erlebnispädagogen immer mehr gefragt und geschätzt sein.

Interviewer und Autoren

 **Michael Alberts,** geb. 1961 in Schleswig, Studium der Diplompädagogik (Wirtschaft/Politik), Ausbildung als Management- und Organisationsassistent und Schulungsleiter in der Wirtschaft, Waldorfschulgeschäftsführer. Seit 2005 Geschäftsführer und Einrichtungsleiter in der anthro. Jugendhilfe, Ausbildung zum systemischen Berater und Familentherapeuten, Online-Beratung für Jugendliche.

 **Renate Hölzer-Hasselberg,** geb. 1946. Ausgebildete Krankenschwester, Heilpraktikerin für Psychotherapie. Tätigkeit in der Psychiatrie am Gemeinschaftskrankenhaus Herdecke. Studium der Waldorfpädagogik in Dornach/Schweiz und Zusatzstudium der Psychotherapie. Fortbildung zum Schul- und Entwicklungsbegleiter in anthroposophischen Einrichtungen und Kindergärten.

 **Matthias Klaußner,** geb. 1969 in Hagen, Ausbildung zum Schauspieler, seit 1993 bis heute kontinuierliche Tätigkeit am Theater. 2003–2006 Studium der Kulturwissenschaften (Uni). Ab 2005 Ausbildung zum Waldorfpädagogen im Fernstudium Waldorfpädagogik und Coaching e.V. Seit 2007 Klassenlehrer an der FWS Leipzig. 2009 Bachelor Lehramt für Musik und Deutsch. Vater von drei Kindern.

 **Wolfgang Weirauch**, geb. 1953 in Flensburg, Studium der Politik und Germanistik. Studium der Theologie an der Freien Hochschule der Christengemeinschaft. Herausgeber der FLENSBURGER HEFTE, Politiklehrer, Vortragsredner, Mitarbeiter beim Fernstudium Waldorfpädagogik und Coaching e.V.

Die Titelbildgestalterin

 **Veronika Emendörfer / VER**Ⓞ, geb. 1957 in Stuttgart, Studium der Aquarellmalerei in Regensburg. Seit 2000 freischaffende Künstlerin in Darmstadt mit eigenem Atelier. Mitglied im Berufsverband Bildender Künstler (BBK), Frankfurt/Main). Seit 1982 regelmässig Ausstellungen in privaten und städtischen Galerien. Gestaltung von Buchtiteln, Kunstkarten und Kalendern. Aquarellkurse bei der VHS Darmstadt. www.veronika-emendoerfer.de

Notizen:

Notizen:

Notizen:

Notizen:

Notizen:

Notizen:

Notizen:

Notizen:

Notizen:

Notizen:

Notizen:

Jugendideale

208 Seiten, kart., € 14,–   ISBN 978-3-926841-62-9
Jugend läßt sich als einen Entwicklungsabschnitt verstehen, in dem zum ersten Mal ein Bewußtsein im Menschen dafür erwacht, daß er als Individualität einer gesellschaftlichen Umwelt gegenübersteht, an deren Zustandekommen er keinen Anteil hat.– Die Jugendlichen beginnen zu begreifen, wie die Welt der Erwachsenen funktioniert, und von welchen Prinzipien das Handeln dort bestimmt ist. Sie erleben die Welt um sich herum als fertig, abgeschlossen und unveränderbar.-

In diesem Band geht es vordergründig weniger um die vielfältigen Problem- und Konfliktfelder der Jugend, als vielmehr um ein grundsätzliches Verständnis von Jugend und Jugendidealen: Was ist das Wesen der Jugend? Welche Fragen haben Jugendliche? Was wollen sie bewirken? Was sind Ideale? Haben Jugendliche noch Ideale?

Nur auf der Grundlage eines solchen Verständnisses kann man die wirklich existentiellen Nöte der Jugend begreifen.

Mit Beiträgen u.a. von:

Friedrich Benesch, Cornelia Elter-Schlösser, Veronika Hillebrand, Henning Köhler, Peter Krause, Florin Lowndes, Christophe Rogez, Arfst Wagner, Wolfgang Weirauch

---

Sucht
Neue Drogenwirkungen, Onlinesucht, Beziehungssucht

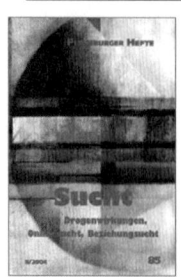

240 Seiten, kart., EUR 15,-   ISBN 978-3-935679-20-6

Süchtig sind nicht nur die anderen. Süchtig sind wir – fast – alle: sei es nun durch die Zigarette vor dem Frühstück, die Chat-Bekanntschaft am Vormittag, die Schokolade am Nachmittag oder durch den Rotwein vor dem Schlafengehen. Sucht ist eine heimtückische Kraft, die sich der meisten Menschen mehr oder weniger stark bemächtigt hat, auch wenn wir davon oft kein Bewußtsein haben.

Mit diesem Buch widmen wir uns verschiedenen Formen der Sucht, der Veränderung der Drogenszene im letzten Jahrzehnt, besonders den weichen Drogen wie Cannabis und Alkohol, und ihren teils katastrophalen Folgen; ferner der Beziehungssucht und der aktuellsten Sucht, der Onlinesucht: Chatsucht, Online-Sexsucht, Computerspielsucht, SMS-Sucht. Wir stellen in diesem Buch das vielfältige Gesicht der Sucht dar und zeigen, wie sehr sie den Menschen verändert.